中国政法大学通识选修课教材

A Liberal Education Series:
Ten Lectures on Modern Chinese Women

通识大课堂：
近代中国女性十讲

高翔宇　主编

中国政法大学出版社
2025·北京

声　明　　1. 版权所有，侵权必究。

　　　　　2. 如有缺页、倒装问题，由出版社负责退换。

图书在版编目（CIP）数据

通识大课堂：近代中国女性十讲 / 高翔宇主编.
北京：中国政法大学出版社，2025. 9. -- ISBN 978-7
-5764-2205-4

Ⅰ. D442.9

中国国家版本馆CIP数据核字第2025UM6534号

出　版　者	中国政法大学出版社
地　　　址	北京市海淀区西土城路25号
邮　　　箱	fadapress@163.com
网　　　址	http://www.cuplpress.com（网络实名：中国政法大学出版社）
电　　　话	010-58908524（第六编辑部）58908334（邮购部）
承　　　印	保定市中画美凯印刷有限公司
开　　　本	720mm×960mm　1/16
印　　　张	14.5
字　　　数	220千字
版　　　次	2025年9月第1版
印　　　次	2025年9月第1次印刷
定　　　价	59.00元

主　编：高翔宇

编委会：（以章节撰写为序）
　　　　岳　颖　高翔宇　许颖轩　刘　灿　刘　素　孙依阳
　　　　阳序言　胡弼渊　蔡　洁　秦雅萌

编写前言[1]

在大学教育中,通识教育是一个与专业教育相对的概念,"通"意指博学通达,取各种知识融为一炉而贯通,"识"在于见识深广,以达丰富人的情感、意志与健全人格的增进,增强文化底蕴和人文精神,引导大学生在多元的文化环境中辨别是非善恶,树立正能量的价值观,强化历史使命感与社会责任感,塑造知行合一的思想底色,成为引领未来的时代新人。1998年教育部印发了《教育部高等教育司关于加强大学生文化素质教育的若干意见》,明确提出了中国大学的通识教育高质量发展的目标,这意味着大学教育开始了从专门化向通识化的转型。注重培养"通才"的通识教育与训练"专才"的专业教育之间相辅相成。其中,通识教育在全面提升人的素质层面扮演着至关重要的角色,通过学习一门研究人、社会、人与社会相互作用的科学,可以避免专业教育知识结构的狭窄,打破专业之间的壁垒,拓宽专业教育以外的人文科学知识,锻造学生的批判性思维能力以及多样性、开放化的创造能力。

编者所任教的中国政法大学是一所以法学学科为优势和特色,兼有政治学、社会学、经济学、管理学、哲学、历史学、文学等学科协同发展的多学科型大学,既是"中国法学教育的最高学府",同时被誉为"中国人文社会科学领域的学术重镇",正致力于法治中国建设的世界一流大学。除了法学等专业教育外,学校尤其重视通识教育立体式课程体系的构建,在培养方案中设置了通识核心课程、通识主干课程、通识选修课程等各层次的课程类别,以

---

[1] 本书所引用的报刊文章均来源于民国时期,因此部分文章未有作者署名。

满足不同专业学生的选课需求和学术旨趣。同时，学校深化推动"新文科"建设，坚持"法学与其他专业并进"的原则，深度促进法学教育与人文教育的补益及融合，在开设的人文社科通识类课程中注重贯彻"法大人文，人文法大"的育人理念，将课程思政元素融入教学全过程，突出弘扬中华优秀传统文化和革命文化的正能量导向。为此，学校制定了《中国政法大学本科教材建设规则与标准》，支持法学以外通识课程教材的建设，鼓励教师自主编写教材和申请特色教材立项，从而保障课程教学充分反映学科特色与教研领域的先进成果。

就性别结构看，中国政法大学的学生男女比例长期保持在1：2以上，女生占据本校学生群体的大多数，对于女性文化、女性历史、女性文学、女性主义法学等议题保持较高的关注热情。基于此，开设近代中国女性相关的课程具有重要的现实意义。通过讲授妇女与近代中国社会的变迁、妇女争取权利的奋斗历程、妇女在中国革命中的贡献，有助于学生增强性别平等意识，尤其对于以法学专业为主体的院校而言，更能启发学生贯通历史、现实与未来，自觉维护人格权、生命权、身体权、健康权等妇女权益，为护航妇女事业提供法治保障，消除妇女就业歧视、破解生育困境、提升职场竞争力，合力推动建构一个女性友好的社会环境，从而促进男性与女性的平等发展。

《近代中国女性、战争与革命》课程于2019年12月获批开设，2020年9月起正式面向全校学生开放，每学期分设2个教学班，课容量设定在100～200人。课程开设至今已讲授10余次，学生选课意向活跃，预选人数与正选人数之间的抽签比例最多可达3：1，授课效果理想，反响热烈，每学期的学生评教均达到优秀等级，并入选教务处发布的"督导与您面对面"推广案例。

值得一提的是，经由《近代中国女性、战争与革命》课程对学生兴趣的引导与培育，以部分选课学生为发起人，创办了"薪火"历史文化研习社，于2021年4月1日正式成为校团委下属的学生社团，开创了"由课程走向社团"的新模式，多次荣获学校"十大社团""金星社团""银星社团"以及"人文日新奖"等荣誉。这一以课程为依托的学生社团，秉承"以历史研习为基础，以女性文化为特色"的学术宗旨，推出与课程密切相关的课程外教学活动，包括"本科生工作坊""历史文化研读班""师生对谈沙龙"等丰富多样的形式，通过第一课堂与第二课堂的互补与联动，实现了课堂内外协同育人的有效衔接,打通了历史研习、法学教育、女性文化、社团建设等四个维度,实现了"教学时效"与"学习长效"的统一。

《通识大课堂:近代中国女性十讲》一书即为中国政法大学通识选修课《近代中国女性、战争与革命》课程教材,为本科生课程教学用书,服务于逐渐建设成为学校一流本科课程的教学需要。本书的定位是学术型教材,与传统型教材之间的差异表现在,传统型教材往往侧重于知识的单向传输,学术型教材在传递新知的过程中,探索教学模式与教学方法的创新,重点并非在于单纯的知识点讲解,而是在教学环节中择取经典案例,设定沉浸式、开放式、启发性的研讨情境,竭力营造学术争鸣的良好环境。

本教材追踪反映学界的前沿理论与新动态,注重科研反哺教学,积极将科研过程融入本科教学环节,将科研成果转化为本科课堂教学,促进学术成果向课堂教学的通俗性传播与创造性转化,健全教学与科研的一体化互动模式,强化教学素材与科研课题之间的契合度。在选题与取材方面,本教材不求全历史事实的广度,而是突破传统同类课程以时间为叙事线索的讲授体系,以问题意识为导向,采用主题式的教学案例,由点及面,以点、线、面结合的方式切近历史现场,联动微观、中观与宏观的研究图景,突出专题特色、思想深度及方法论启示,探索丰富课程内容取材的多样性元素,从而深化推进特色教材的改革与建设,激发学生探索科学新知的兴趣,促进学生自主创新的理论自觉与科研素质的提升,以适应新时代本科教育教学及人才培养目标的发展需求。

《近代中国女性、战争与革命》通识选修课每学期总计33学时,每周3学时,授课周次为11周,其中理论教学为30学时,实践教学为3学时。为配合课程教学进度起见,本教材分成10讲来编写,另附1个实践教学案例。根据《中国政法大学教材编写管理办法》,建议字数以每学时0.5万字为宜,因此每讲篇幅控制在1.5万字左右。同时,各讲配备教学提要、教学目标、延伸阅读书目及课后思考题,供选课学生自主练习之用。

依照选题素材的相关性,本教材按问题意识进行栏目划分,将10讲编排为5个主题,每个主题由2讲构成,分别是"女性、时尚与现代性"(摩登女子的时代弄潮)、"女性、政治与民主"(近代女子参政运动)、"女性、媒介与消费"(民国电影女明星)、"女性、道德与法律"(1935年北平社会侧影)、"女性、战争与民族主义"(大抗战史背景下的女性叙事)。区别于此前以革命史观为主线的逻辑框架,本教材突破了以历史时间的演进为序的结构安排,各主题的讲授各有侧重点,借助经典案例解读,以小见大、见微知著,勾连女性与政治、女性与法律、女性与媒介、女性与消费、女性与战争、女性与革命之间的关系,在对研究位面进行细致剖解的基础上,切入妇女解放与民族解放的宏大叙事及其脉络化谱系,从而在政治文化的视野下深入理解近代中国妇女解放运动的历史进路。本教材通过用心用情讲好女性故事与中国故事,激昂巾帼之志、厚植家国情怀,助力当今妇女事业的高质量发展。

就各主题的立意而言,主题一"女性、时尚与现代性",主要讨论民国时期审美风尚的变革,探究伴随着城市现代化与大众休闲娱乐转型,涌现出的"摩登女郎"与"健美女性"这两类为追求时髦与自由解放的"新女性"群体,揭示她们在围绕资本及社会阶层博弈的同时,也重构着对女性主体性身份的责任与想象。主题二"女性、政治与民主",聚焦近代中国历史上分别发生于民国初年新政权初立之际及五四新文化运动过后的两次女子参政运动,比较两次女子参政运动发展的递进脉络,理解女性在革命运动中为争取男女平权事业的艰难性与曲折性。主题三"女性、媒介与消费",选取阮玲玉与胡蝶为人物个案,一方面探讨男性凝视下电影女明星的苦情与悲剧,审视女性在商品化经济浪潮中遭遇的物化,分析其所经受的新闻媒体与社会舆论风波的裹挟;另一方面挖掘她们自身在影艺圈之外所附带的商业价值,女明星从事商业活动还成为民国时期明星文化与消费文化高涨的社会氛围中特定的新潮现象。主题四"女性、道德与法律",着眼于新生活运动这一时期发生在北平的女作家刘荷影救济案与刘景桂、逯明情杀案,观照在引发社会反响的背后,所牵动的女性伦理观念、国家权力与话语、"新女性"形象再造等多重镜像,同时结合本校法学教育的显著特色,发掘民国时期律法精神在公共事件中日渐深化的趋向。主题五"女性、战争与民族主义",透过"娜拉事件"以及《木兰从军》文本"故"事"新"编所反映的时代面向,以之为研究视窗,窥探战前与战时两个时期、国统区与沦陷区两大政治版图,在中国共产党领导的革命根据地以外开展的女性的文化救亡活动,由此建构战争年代女性、英雄与家国观念交织的社会图景。

具体而言,各讲的内容概要如下:

第一讲《多维与矛盾：民国时期"摩登女郎"的形象建构》：在近代中国女性解放思潮的冲击下，女性从家庭私领域走向社会公领域，兴起了女体公开化的历程，孕育着女性、时尚与现代化的种种元素，推动着女界审美风尚的变革。与此同时，男权文化的审美机制对于女性往往存有偏见，在民国时期的上海催生出"女性嫌恶症"这一特定情境下的本土用词。若借助历史社会学方法解读"摩登女郎"遭遇男性凝视的原因，不难发现，"摩登女郎"表面上的前卫，实则是部分男性作者对女性的臆想与规划，女性享受溢美之词以甘愿跳入他们打造的美的枷锁为代价，男性对"摩登女郎"爱恨交织，体现了他们自身情感上的矛盾。这背后牵连着女性社会角色的多维期待、近代女学的"失控"、男性作家融入上海大都市的焦虑。图文形塑的"摩登女郎"折射出民国时期社会转型中的政治、经济与思想维度的现代性与传统性、中与西、男女两性的博弈。

第二讲《另一种"摩登"：民国时期的女性健美风潮》：1930年—1940年间以上海滩为中心，兴起了一场追求健康美、自然美的女性健美风潮，成为摩登都市与海派文化的重要景观。一方面，健美女性通过身体改造运动，促使"娜拉"启蒙意识的觉醒以及作为历史主体身份的进步维度。另一方面，尽管她们在女性气质与民族主义、消费主义的协商层面建构出不同于"摩登女郎"的另一种审美风尚，但两者本质上仍是以父权制文化为前提，围绕社会阶层、资本与时尚现代性展开的话语博弈。况且，这些缺乏经济自主权的健美女性不仅无法摆脱其桎梏，而且对于近代中国妇女运动与阶级解放、民族解放合一的时代主潮仍有隔阂。"摩登女体"的身体实践并不能有效解决民国时期知识女性与劳动妇女的生存出路，"女性休闲"需要走出物化女性与资本操纵的陷阱，唯有争取两性在政治资源、经济资源、社会资源上的平等，才是女性主义赋权的根本道路。

第三讲《启蒙之先声：辛亥革命前后女子参政运动的"鼓"与"呼"》：从晚清起，"男女平权"和"女子参政"的思想逐渐为思想家们所提起。随后，一些先进的知识女性将这种思想加以实践。辛亥革命时期一群中国女性为革命呼号奔走，参与推翻清政府和创建中华民国的运动。辛亥革命后她们积极上书请愿，要求获得女子参政之权利。然而，书面请求和议场争辩仍没能获得女子参政权，女子参政运动最终黯然收场。从这一时期女子参政的讨论中发现这场女子参政运动的失败存在根本缺陷，女性参政者们将女子参政的希望寄托在男性掌权者身上，以一味请愿的方式来期待男性的自觉行为，本身就是一种不成熟的表现。但辛亥革命前后妇女争取参政权的思想与实践仍对后世妇女解放具有重要的贡献。

第四讲《觉醒之强音：北京女子参政运动与"五四"后政潮演进》：五四运动以后，自由平等思想进一步传播，"联省自治"为女子再申参政权利提供了契机。1922年，女子参政协进会、女权运动同盟会在北京相继成立，借时任总统黎元洪命宪法起草委员会拟定新法之机，进行上书请愿运动，要求修改宪法明定女子参政权利。运动先后持续一年时间，得到国会议员支持，并通过舆论宣传在社会各界逐渐扩大影响。最终虽因北京政局动荡致使运动陷入低潮未能达到预期目标，却构成了国共两党在妇女工作领域合作的雏形，为推进妇女运动打下坚实的社会基础，将妇女解放事业融汇到新民主主义革命的洪流中。

第五讲《阮玲玉自杀案：诉讼纠纷、媒体钩沉与女明星命运沉浮》：阮玲玉自杀事件是20世纪30年代中国影坛的大事件，关于其死因的探讨及引发的社会舆论长期存在于中国影人的批评研究中，并呈现出多元融合的趋势。阮玲玉与张达民、唐季珊的情感纠葛以及所引起的报刊舆论风波，反映了女性个体名誉遭遇污名化的尴尬，揭示出女明星这一群体的命运浮沉与社会思潮、大众文化、市井心理等之间的深层关联。而社会各界通过阮玲玉自杀事件而引发的对于女性意识、女性形象、女性职业等"新女性"建构问题的讨论，揭示出女性、媒介及各方权力之间的多重话语博弈，是20世纪30年代妇女解放运动的重要体现。

第六讲《影后出马：胡蝶的商业活动与民国娱乐产业的勃兴》："电影皇后"胡蝶是民国时期的风云人物，不仅在影艺事业方面取得了同时期女明星难以比肩的成就，还在商业领域敢为人先，发展商业活动。种种迹象表明，不论从参与商业活动的数量还是经营的形式，胡蝶都远超同时期的其他女明星。在"女明星"身份之外，胡蝶主动构建了"商人"形象。自发迹之初，胡蝶就和父亲开设以她的名字命名的"胡蝶公司"，后来又利用自己的名气和人脉为丈夫潘有声的商业活动提供帮助。广告代言是胡蝶商业活动的主体，胡蝶先后为化妆品、布料、香烟等商品代言，还通过现场宣传等方式为剧院、泳池等商业场所造势，其活动几乎覆盖了当时市民在衣、食、住、行等方面的生活细节。授权自己的名字以及头像成为商标，则是女明星胡蝶"跨界"的创举，这枚小小的商标凭借胡蝶的名气得到了消费群体的有力回应，虽引发了一些争端，却在一定程度上推动了民国商标法的进步。

第七讲《刘荷影救济案：新生活运动与北平市政府对妇女的改塑》：1935年3月，北平女作家刘荷影沦为妓女一事经媒体报道后引起了全国各界的关注。刘荷影的社会身份及其生命经历激发了大量的社会舆论，并得到了不同社会群体基于不同意义的评论与建构。知识界将刘荷影案上升到妇女解放、两性关系、社会改良运动等诸多议题进行论述，凸显了社会公众性别意识与舆论的多元。考虑到刘案引发的舆情，正在大力推行新生活运动的北平市政府将刘荷影送入妇女救济院，并通过媒体对其进行了符合国民政府所宣扬的"新女性"形象的改塑。通过对刘荷影案的解析，不仅能为观察民国时期北平市政府对女性形象塑造的具体过程提供参考，亦可看到民国时期不同社会主体对性别的介入与应对。

第八讲《刘逯情杀案："情义"与"法理"之间北平社会再审视》：1935年3月16日，刘景桂于北平志城中学女校枪杀其情敌滕爽，引发了普罗大众和法律界人士的共同关注。围绕刘逯情杀案，时人就性道德、社会中的性别不平等、妇女解放运动等议题展开了诸多讨论。与媒体相比，法律职业者的评述则拥有不同的问题意识、论证思路，其往往依据实定法，侧重于对案件进行教义学分析，且这些分析有较为相似的方法论。这种倾向于教义学的分析方法可被视为新兴法律文化的体现，与清代的"情、理、法"案件审理的传统之间存在明显断裂。由此，发生于北平的刘逯情杀案可作为切入点，用以观察北平地区时人在道德、社会和法律三个领域上的分裂看法，进而呈现出20世纪初妇女解放运动和中华民国成立以来司法近代化的影响。

第九讲《"娜拉事件"：战前"妇女回家"思潮与政治话语博弈》：1935年元旦，磨风艺社在南京进行了《娜拉》的公演。然而，扮演"娜拉"的小学女教师王光珍及三位参演的女中学生遭遇了学校解聘、开除或斥责的处分。社会各界对王光珍的声援，将"娜拉事件"推向了风口浪尖。然而，王光珍却陷入了失业、失家、失誉的尴尬境地，折射出了自"五四"至20世纪30年代女性在性别解放历程中的诸多困境。从更深层次而言，不同政治立场的党派围绕文艺话语权展开的竞逐与博弈，以及全面抗战前夜对女性性别角色重塑问题上的分歧，使得"娜拉事件"更显扑朔迷离。在"娜拉事件"当中，媒体宣传、女性启蒙、政治与民族国家话语等多元而复杂内涵的相互交织，演绎了性别解放与政治话语的双重变奏。

第十讲《木兰从军：战时孤岛与大后方对传统女性故事的现代讲述》：抗战时期，"孤岛"上海与"文化城"桂林，先后出现了讲述"木兰从军"故事的热潮。以欧阳予倩创作的几个代表性文本为切口，探讨战争年代女性英雄的制造，抗战时期家国观念的新内涵，以及桂剧改革视野中的木兰故事等主题。通过考察战时两个不同地域"木兰从军"故事的讲述过程，结合木兰从军故事与"前文本"的差异、抗战时期上海与桂林不同的战时文化氛围，分析战时语境下"木兰从军"故事中的现实隐喻。这一论题的展开借助跨地域、跨媒介的视野，以文本解读为中心，重建历史现场，解读抗战期间"木兰从军"故事在不同地域叙事差异形成的原因，发现战时文化语境中的新问题。

实践教学案例《〈柳堡的故事〉：新中国电影的一抹温柔》，将学生观影、分组报告、自由讨论、教师评议等教学手段相结合，在理论讲授的基础上开辟师生对话的研讨空间，从教材第九讲观照的"娜拉事件"这一专题出发，选取由新中国第一位女导演王苹（早年用名：王光珍）执导的《柳堡的故事》作为聚焦对象，从观影赏析中透视这部被誉为"新中国电影的一抹温柔"的影片与"娜拉"精神遗产之间的关系，挖掘其如何在"双百方针"的背景下应运而生，释读其所反映的社会主义主旋律的历史叙事、革命战争年代女性追求自由爱情的故事，以及女性主体形象的成长历程等丰富内涵，从而使课程教材涵盖晚清至新中国各历史时段的内容，并形成完整的时间脉络。

本书主编为高翔宇，在编订课程教学大纲的基础上，负责教材的选题取材、内容规划、体例设计，统筹协调教学提要、教学目标、延伸阅读书目、课后思考题，编写实践教学案例，担任教材的统稿、润色与修改工作，确保全书语言风格保持基本一致，力求生动性与严谨性、通俗性与专业性、科学性与可读性的统一。参与本部教材的编写者来自全国各高校、科研院所的专业教师及研究生，编写人员均专门从事近代中国女性方面的教学与研究，具备扎实的学术功底与创新的研究能力。各讲的编写人员情况如下：

第一讲由岳颖（清华大学马克思主义学院）撰写，第二讲由高翔宇（中国政法大学人文学院）撰写，第三讲由许颖轩（中国人民大学历史学院）撰写，第四讲由刘灿（中国社会科学院近代史研究所）撰写，第五讲由刘素（四川师范大学影视与传媒学院）撰写，第六讲由孙依阳（中国政法大学人文学院）撰写，第七讲由阳序言（遵义师范学院历史文化与旅游学院）撰写，第八讲由胡粥渊（哈佛大学法学院）撰写，第九讲由蔡洁（华北电力大学马克思主义学院）撰写，第十讲由秦雅萌（北京理工大学外国语学院）撰写。

  本教材以近代中国妇女解放与社会政治文化转型及其牵动的民族社会革命思潮为探讨对象，聚焦近代中国女性在战争与革命这一历史进路中的角色转型问题，针对不同历史阶段、不同成长环境、不同职业特征、不同生活样态的女性群体进行了较为系统和深入的考察，具备一定的理论价值和实践价值。作为大学通识选修课教材，以丰富的教学设计与授课体系，挖掘了近代中国妇女运动与社会革命、民族解放合一的本质属性，构建起政治文化视野下女性文化谱系的基本框架，探寻了妇女解放与政治革命、思想转型、文化重建、社会变迁之间的潜在逻辑，其观点符合时代主旋律，助力弘扬正能量，以期解决教学中的难点和热点问题，形成对该教学领域的理论成果，可以为国内其他高等院校开设"近代中国女性"主题的课程提供理论参考与经验借鉴，成为辅助高校教学工作者在课程建设与教学改革方面的教材用书。

  近代中国女性的教学与研究是一项跨学科、综合性的课题，要求教学人员具备多学科的人文素养、开阔的研究视野以及性别平等的价值观念，并且近代中国女性的课程拥有强烈的现实关怀，深切关涉新时代的妇女事业与妇女发展，能够提供鲜明的社会导向，这对于课程讲授者培养高尚的情怀、追求高远的理想、增进道德的修养、提升人生的境界提出了更高目标。编者拟结合学界研究的新动态，对课程设计不断调整、修订、完善，努力使《近代中国女性、战争与革命》通识选修课建设成为本校学生喜欢爱听、学有收获的优质课程与精品课程。此外，编者还出版了专著《近代中国知识女性的文化谱系》，与本教材互为补充并配合使用。由于时间紧、任务重，本教材在选题、体例、内容、系统性等方面仍有诸多不足之处，欢迎学界同仁给予批评与建议。

编者

2025 年 1 月

目 录

编写前言 ·· 001

主题一 女性、时尚与现代性

第一讲 多维与矛盾：民国时期"摩登女郎"的形象建构 ················ 003
  一、视觉塑造："摩登女郎"的多面镜像 ································· 005
  二、男性凝视："摩登女郎"遭遇的尴尬 ································· 007
  三、场域内外："摩登女郎"与政治文化转型 ·························· 015

第二讲 另一种"摩登"：民国时期的女性健美风潮 ······················ 025
  一、女性健美与主体性身份的建构 ······································· 027
  二、资本消费与物化女性的危险 ·· 032
  三、民族主义话语与女性休闲的破产 ···································· 037

主题二 女性、政治与民主

第三讲 启蒙之先声：辛亥革命前后女子参政运动的"鼓"与"呼" ······ 047
  一、晚清女子参政权思想的萌芽与发展 ································· 049
  二、民国初年女性争夺参政权的努力与阻力 ·························· 053
  三、辛亥革命时期中国女子参政的价值启示 ·························· 061

第四讲 觉醒之强音：北京女子参政运动与"五四"后政潮演进 ······ 065
  一、北京女界参政团体的成立及请愿运动 ····························· 067
  二、北京女子参政运动的宣传阵地 ······································· 072

三、北京女子参政运动的踟蹰与进步 ………………………………… 076

主题三　女性、媒介与消费

第五讲　阮玲玉自杀案：诉讼纠纷、媒体钩沉与女明星命运沉浮 ……… 083
　一、阮玲玉涉讼案始末 …………………………………………………… 084
　二、报刊追踪与舆论升温 ………………………………………………… 087
　三、媒介传播中"新女性"意识的渗透 ………………………………… 093
第六讲　影后出马：胡蝶的商业活动与民国娱乐产业的勃兴 …………… 100
　一、父亲与丈夫的襄助者 ………………………………………………… 102
　二、胡蝶与商业代言 ……………………………………………………… 106
　三、"胡蝶"商标之争端 ………………………………………………… 109

主题四　女性、道德与法律

第七讲　刘荷影救济案：新生活运动与北平市政府对妇女的改塑 …… 125
　一、刘荷影案的舆论观感 ………………………………………………… 126
　二、北平政府当局的舆情应对 …………………………………………… 130
　三、自我言说、社会公众与官方代言的立场分野 ……………………… 133
第八讲　刘逯情杀案："情义"与"法理"之间北平社会再审视 …… 142
　一、刘景桂枪杀事件始末 ………………………………………………… 144
　二、媒体评论：旺盛的公共情感与妇女解放运动的余波 ……………… 145
　三、司法近代化进行时：案件所见内部法律文化 ……………………… 150

主题五　女性、战争与民族主义

第九讲　"娜拉事件"：战前"妇女回家"思潮与政治话语博弈 …… 163
　一、媒体炒作："娜拉事件"的一波三折 ……………………………… 165
　二、失业、失家、失誉：王光珍之遭遇与女性集体性困境 …………… 168

三、"娜拉"的出路：民族救亡语境下的女性抉择 …………………… 174

第十讲　木兰从军：战时孤岛与大后方对传统女性故事的现代讲述 …… 181
　一、"孤岛"电影：家国之间的女性英雄 …………………………… 183
　二、大后方桂剧：西南社会现实的侧影 …………………………… 188
　三、多重视野下的"木兰从军" ……………………………………… 197

实践教学案例　《柳堡的故事》：新中国电影的一抹温柔 …………… 200

主题一

女性、时尚与现代性

第一讲

多维与矛盾：民国时期"摩登女郎"的形象建构

◆ [教学提要]

近代以来，女性开始走出闺门参与社会活动，引领了新时尚和对美的重新定义。部分男性却对于审美趋势的改良持保守态度，在当时甚至创造出"女性嫌恶症"一词表达不满情绪。"摩登女郎"其实是一些男性创作者依照自身对女性的想象刻意设计出来的前卫形象，女性为了获得认可和赞美，有时不得不迎合这种期待而陷入男性设定的美丽陷阱。这些男性对待"摩登女郎"的态度矛盾复杂，既喜欢又反感，既被吸引又感到排斥，反映了内心深处的焦虑与冲突。在不同声音的背后，折射出人们对女性角色变化的多元期待，以及男性生活在摩登都市中承受的精神压力。"摩登女郎"这一形象既反映了民国时期的中国社会在现代化转型过程中经历的冲击和变革，也在特定的文化叙事场域展现了男女两性之间权力关系的重构。

◆ [教学目标]

1. 通过系统探讨民国时期"摩登女郎"在不同文化和艺术作品中的形象建构，使学生掌握并分析女性、时尚与现代性之间杂糅共融的文化谱系。

2. 在发掘"摩登女郎"在视觉塑造中多面性的基础上，揭示男性凝视下"摩登女郎"遭遇的物化与尴尬，阐发"摩登女郎"在不同场域内外的角色表现与民国时期政治文化转型的相互作用。

3. 理解"摩登女郎"不仅是时髦新派的代表，还是性别政治和思想文化变迁的镜像，深入揭示近代妇女解放演进过程中的五彩风貌，以及当时文化知识人对于"新女性"人格形象的规范和期望。

◆ [案例导入]

五四新文化运动以来,以烫发、旗袍、高跟鞋为显著特征的"摩登女郎"应运而生,并一度引领着都市文化女性审美的新潮。她们树立的女性气质,被冠以上层贵族的身份标识,乘坐高贵典雅的汽车,出没于高楼大厦,穿梭在人群集市,充分体现了东方现代都市的风韵,却对人情世貌与风俗习惯构成了强烈的视觉冲击,给予了20世纪初叶的上海滩现代性解释的文化定向。[1]

以往针对近代上海"摩登女郎"商业报刊形象的讨论,通常以《良友》和《玲珑》等具有典型代表性的刊物为主要对象。然而,本讲选择《妇人画报》作为研究对象,认为其具有值得深挖的研究价值。一方面,《妇人画报》发行量大,订阅人数众多,具有典型性和代表性。该画报由良友图书印刷公司创办,是国内第一家以图像出版为主的民营出版机构,在20世纪30年代的上海颇负盛名。《妇人画报》创刊于1933年,因1937年日本全面侵华战争停刊,共出版48期,历任4任主编。尽管经营时间较短,却成为商业报刊的成功典范。另一方面,画报形式的特殊性是其研究价值的重要体现。在中国社会中,女性长期局限于闺阁,只有妓女的照片才会在刊物中出现,因此"用图片来开拓女性的公共空间在中国现代史上是一大突破"。[2] 视觉文化是理解和剖析现代文化及现代主体形成的重要切入点,在某种意义上,"视觉文化"可以说是"现代文化"的同义词。[3] 自第二任主编郭建英开始,《妇人画报》的图片内容大幅增加,包括摄影、插画和漫画。摄影部分除了广告、风景和世界风俗照外,还包括大量国内外女性照片,主要是明星与国内名媛。插画部分以郭建英的作品最具代表性,他以简洁的线条勾勒女性形态,服务于文字内容,充满幽默与讽刺性。《妇人画报》图文并茂,展现了多元的女子形象,如运动女性、女学生和"摩登女郎"等。文字板块包括小说、话题讨

[1] 曹星原:《在摩登女郎与女画家之间:民初上海现代性文化的重新定位》,载姜进等:《娱悦大众:民国上海女性文化解读》,上海辞书出版社2010年版,第123~124页。
[2] 李康化:《漫话老上海知识阶层》,上海人民出版社2003年版,第70页。
[3] 吴靖:《文化现代性的视觉表达:观看、凝视与对视》,北京大学出版社2012年版,第1页。

论、评述和科普等内容。值得注意的是，图片与文字、文字与文字之间的传达意图经常产生矛盾，这固然是不同作者创作的缘故，也反映了20世纪30年代上海社会的结构性问题。

本讲不仅关注《妇人画报》报刊上的"摩登女郎"形象"是什么"及"有何矛盾"，还探讨其"为何矛盾"。"摩登"与国家民族命运紧密结合，"摩登女郎"延伸了"摩登"的意涵，在时尚与潮流领域引领风骚。但不可忽视的是，《妇人画报》创刊时即强调其社会性功能，主张不仅要拥有前沿的时尚定位，还要培养拥有解放思想、人格与美丽身体的国民女性，不过希望借助一种轻松消遣的视觉与语言形式来传达这份用意。[1]

一、视觉塑造："摩登女郎"的多面镜像

《妇人画报》对"摩登女郎"直观性的呈现为读者带来了强烈的视觉冲击和刻板印象。从第1期到第48期，每期封面均有"摩登女郎"形象，大部分为真人摄影，小部分为漫画，人物外貌特点相似。"摩登女郎"成为一个鲜明的群体代言词，代表着一类年轻女性：她们乌黑的波浪卷发不过肩，眉形模仿欧美风格——细长弯曲，唇形勾勒细致，脸上涂有腮红。她们穿着修长的旗袍，开衩不低，展示出身材曲线；手涂蔻丹，脚穿高跟鞋，配饰如手套、帽子、手提袋等无不精致。《妇人画报》从头到脚，从眼神、笑容到气味，全方位塑造了"摩登女郎"的标准，这种标准是中西方特质的融合。不过，有一种"摩登女郎"难以模仿，她们的魅力并非仅依靠装扮塑造，如许多模特是当时知名的名媛，她们往往被介绍为某某之妻或之女。从装扮上看，这些人风格清秀，并无浓妆艳抹，但因其出身或高学历，在上海的社交场合备受追捧。

"摩登女郎"的关联词除了"时髦"，还有"交际"。社交礼仪也是《妇人画报》的内容之一，教导女性如何举止优雅、充满魅力。在交际方面，刊物传达的理念是气韵比外貌更重要。它以外国女明星为例，告诉女性读者要有个性、爱笑、充满神秘感。《唇之造型美》中写道："唇之美是女性脸部整个的美，有着美丽之唇，且善于唇之表情的女子，最能使男子强力地感受到

---

[1] 《卷头语》，载《妇人画报》1933年第1期。

她的魅力哪。"[1]葛烈泰·嘉宝是《妇人画报》青睐的外国女明星,多次出现在刊物上。该刊分析嘉宝霸屏银幕7年之久的原因,除了演技外,便是个性,冷艳中带着神秘,捉摸不透,充满魅惑,引得女明星竞相模仿。[2]

"摩登女郎"的性格和情感主要在20世纪30年代的散文和短篇小说中得到呈现。这些文章多以男性视角叙述,因为《妇人画报》的投稿者大多为男性。故事中的年轻男主人公通常深爱一个女子,她年轻貌美,性格自由开放,在社交场合中与众多男子谈笑风生,让男主人公感到自卑而不敢接近。"摩登女郎"既多情又薄情,一边享用男子提供的福利,出入咖啡厅、歌舞厅、赛马场和高尔夫球场,一边又不将真心献给任何人,惹得男人又爱又恨,却无法放下。在作者们的笔下,"摩登女郎"拥有神奇的魔力,她们凭借独特的气质和魅力,仿佛使众多男子既拜倒在石榴裙下,却又无奈地成为深情的被弃者。

至于一个女子结婚后是否仍可称为"摩登女郎",《妇人画报》中并未明确回答。从"摩登女郎"到贤妻良母并非断裂式或平行式的瞬时转化。"摩登"最重要的概念在于"时髦",在民国时期只要一个都市女子打扮得足够时髦洋气,社交举止足够圆滑逢迎,她就依然是"摩登女郎"。然而,当时人们对已婚女子产生了双重期待。她们既要有"摩登女郎"的魅力与时尚,将圆滑的社交技巧运用于夫妻之道上,又要作为贤妻良母,掌握科学的育儿知识。《做妻子的秘诀》中提到,"主妇们:如果你想有快乐的家庭,有情人般的丈夫长相厮守,那责任全在你身上了"。[3]从某种程度上说,女性被置于更严密的枷锁之下,陷入以美丽为名的陷阱,这个陷阱的另一个名字叫"新妇女"。

人物的塑造离不开环境,"摩登女郎"群体的发展壮大背后是一个繁华都市——上海。"摩登女郎"出现的环境主要包括新式教育的大学、舞厅、咖啡厅、西餐厅、游泳池等休闲娱乐场所,以及理发店、商场等美容时尚场所。中国传统文化元素几乎在这座都市销声匿迹。《妇人画报》中的化妆品与保健品广告也几乎都是洋货,出镜率最高的化妆品品牌"四七一一"即来自德国。

---

[1]《唇之造型美》,载《妇人画报》1934年第23期。
[2]瑜:《她们为什么都模仿嘉宝?》,载《妇人画报》1933年第1期。
[3]菲:《做妻子的秘诀》,载《妇人画报》1933年第1期。

上海是中国近代最早对外开放的城市之一，上海公共租界在中国租界史上开辟时间最早，存在时间最长。到 20 世纪 30 年代，上海已是世界闻名的大都市，从城市建筑到生活样式再到女性的发型与肤色，无不极力复刻着纽约与巴黎的样态。

走出来，站到阳光下——这是《妇人画报》关于"摩登女郎"传达的最为先进与积极的理念之一。中国传统要求女子"大门不出，二门不迈"，出嫁称为"出阁"，礼教带来空间的封闭与隔绝，也带来权力的不对等。"摩登女郎"的"时髦"，也体现在对空间自主性的掌握之上。《妇人画报》中绝大部分的中国女子摄影都是以户外为背景，如亭台楼阁、春郊秋叶、体育赛场、沙滩泳照、车上马背、户外舞蹈，等等。可见，女性能够出现的场合基本与男性无异。

二、男性凝视："摩登女郎"遭遇的尴尬

"摩登女郎"的形象在近代中国的文化语境中呈现出复杂的矛盾性。一方面，她们被视为现代化和西方时尚的象征，展示出与传统女性迥然不同的外貌与行为；另一方面，她们因挑战传统价值观而受到社会的批评和排斥。这种矛盾不仅体现在中西美与内外美的博弈及共存中，也反映在 20 世纪 30 年代特定语境下的"女性嫌恶症"中，进一步延伸至女性社会角色的多重期待和复杂定位。通过剖析"摩登女郎"形象呈现的矛盾之处，我们可以揭示她们如何在这种复杂的文化语境中寻求自我认同与生存空间。深入探讨她们的形象及其文化意义，不仅有助于理解近代中国女性在西方与本土文化交融中的处境，还能够审视现代化进程中传统与现代价值观的碰撞与调和，从而为理解当代女性在全球化背景下的身份构建提供历史参照。

（一）中西美与内外美的博弈及共存

"摩登女郎"是源自西洋的词汇，当时国人坦然承认中国女性对欧美女性装扮与气质的模仿。《维娜斯型之变迁》认为美随着时代变迁有不同标准，过去东西方美的标准各异，乡村和城市女子的美亦有不同，但随着交通便利和地域间距的缩短，"巴黎的流行可以传到东亚，好莱坞的风尚可以支配世界，

女性美也渐渐有了统一的倾向"。[1]论者对现代女性美的定义大多借鉴欧美标准。《好莱坞十位标准美人》总结了美女应具备的特质：健美的条件，超俗的特点，特殊的个性，内在充沛的感情与充满生命活力。美应是天然的健康的美。[2]《什么是美?》指出，人工的美是"效颦"，中国女性的节食细腰不仅不美，还伤身。[3]《表情美漫谈》则经由运动健康的美延伸出"流动之美"的概念："过去的女性美大都是根基于静止之美，现在的女性美却是产生于流动之美。健康是流动美中不可或缺的要素。"[4]凡此种种，皆体现出在国人心目中，外国女性的美在于那种由运动塑造出的健美体魄与活力姿态。因此，翻阅各类杂志便会发现，其上所刊登的外国女性照片大多是从事体育运动的健将形象，如打网球、骑马、游泳等，阳光倾洒之下，她们紧实有型的肌肉线条闪耀着健康活力的美感。

"摩登女郎"的"时尚"还体现在"人工美"的妆容上，尽管这与"健康美"的标准相悖。有论者强调，女性万不能什么妆都不化就出门，从少女时代就要外出化妆。[5]还有论者认为，中国"摩登女郎"的妆容似乎难以与欧美女性媲美。一方面，鉴于当时化妆技术普及程度欠佳，且不少女性缺乏系统的美妆知识，致使妆容效果不尽如人意，建议教育部考虑将美容术纳入女生的必修课程范畴，助力提升女性整体妆容审美与实操能力。另一方面，中国的"摩登女郎"在追逐欧美时尚潮流时，往往流于表面，未能将潮流元素有机融合，遂特向"摩登女郎"们敲醒警钟：你们的眉型已经过时了，勾勒唇的形状也过时了，不再流行"上电刑"的卷发了，巴黎的女人开始脱掉高跟鞋改换平底鞋了。[6]甚至这一时期还有论者武断地表示，除了妆容比不上欧美女人，中国"摩登女郎"的神态也比不上她们，"现代中国女性的表情力，远不如欧美的女性。这是一个不能掩饰的事实"。[7]

关于"摩登"这一西洋产物，中国男性既希望国内女性效仿学习，同时

---

[1] 郑君平:《维娜斯型之变迁》,载《妇人画报》1934年第20期。
[2] 《好莱坞十位标准美人》,载《妇人画报》1933年第2期。
[3] 穆因:《什么是美?》,载《妇人画报》1934年第15期。
[4] 《表情美漫谈》,载《妇人画报》1934年第15期。
[5] 魏佩贞:《从运动场到化妆室——摩登女学生的化妆术》,载《妇人画报》1934年第15期。
[6] 仑:《流行线》,载《妇人画报》1935年第34期。
[7] 《表情美漫谈》,载《妇人画报》1934年第15期。

第一讲　多维与矛盾：民国时期"摩登女郎"的形象建构

又充满恐惧，担忧它教坏了传统女性。故而，他们对美的标准的定义在中西方间游走不定，矛盾之处令人费解。以舞蹈为例，这项兼具优美与健身的运动传入中国后，受到社交男女的追捧。在《中国女子体育专门——学校学生之舞蹈》中，论者的态度前后矛盾。同是舞蹈，仅仅因地域不同，其艺术价值的评判便天差地别：在某些语境里，舞蹈宛如承载着"宇宙与人体节奏"的高雅艺术，可一旦换个地方，却又被贬低为"妖娆晦涩"的低俗表演。谈及学校教学场景，舞蹈被视作有助于学生强健体魄、培养优雅气质的高尚活动，是美育教育不可或缺的重要部分；然而转移到舞场中，舞蹈竟又成了部分人以挣钱为目的、低俗地卖弄风情的行径，仿佛艺术的格调全然由所处场所决定，这般双重标准实在难以自洽。不过，论者最终也未明确年轻女性是否该跳舞，只是指出西洋女子跳舞并不涉及这些问题。[1]

诚然，有人指出，"摩登女郎"也不能完全西洋化，还需保留一部分中国传统特质。在身材上，理想之态当兼具"小姐身型"的婀娜轻盈与"古典美"的温婉韵致。至于发色，欧美女性金色、棕色的头发，与中国传统审美大相径庭，故提醒国内女性切勿盲目跟风模仿，"黑发是东方的美和特征……何妨簪上大红的山茶花呢？"论者将这种想象的妆容称为"混合着古典的西班牙的风味哪！"[2]

伴随着近代西学东渐的潮流，国内开始宣扬崇尚外国的肌肉美感，但有论者指出这仅是空泛的口号罢了，实际上社会层面的主流审美仍偏爱林黛玉式的柔弱美。在《妇人画报》的漫画中，骨瘦如柴依然最受青睐。刊物在刊登欧美女明星的健美体格照的同时，又向"摩登女郎"传授减肥之术。在中西方审美系统的博弈中，"摩登女郎"成为牺牲品：她们既是社会期许的时髦先锋，又是丧失自主审美的消费客体。例如，当西方白人以健美的黑为美时，国内女子纷纷去游泳晒黑，"昔日惟恐其不白者，今日却惟恐其不黑"。又如，一些男性还认为女性的裙子、裤子、旗袍越来越短有损礼教，从而搬出传统道德来口诛笔伐，甚至夸张地称，这些"摩登女郎"若在内地，依照当地绅士和乡长所执的规矩，违规者有可能被判处投水或者活埋的残忍处置。[3]耐

---

[1] 晁德：《中国女子体育专门——学校学生之舞蹈》，载《妇人画报》1933年第1期。
[2] 仑：《流行线》，载《妇人画报》1935年第34期。
[3] 嘉谟：《关于裸腿的出现》，载《妇人画报》1934年第19期。

人寻味的是，刊登此文的同期竟还以详图介绍了当年女子新潮泳衣的各种流行款式。

关于内外美的争论，《妇人画报》中同样存在明显矛盾。其一是内外美的地位之争。《萍心随笔》一文指出女人的美貌很有用，是征服男人的有利武器，可谓"装饰是女人的第二生命"，但美并不是万能的，"较有价值而常被女人忽略的素质是温柔和蔼"，最讨人喜欢的持久性格是宽容、温和、慈爱和善良。这篇文章对于内在美与外在美究竟孰轻孰重并未给出明晰观点，犹如"骑墙派"，但提出了一个自认为折中的解决路径——规劝女人切勿过度沉溺于打扮，以免引发他人的反感与厌恶[1]。然而，究竟什么是"过度"？人们会"厌恶"什么？文中没有论及。不过，在一些论者看来，内在美比外在美更重要，在当时流行的女界风尚之中，美貌竟沦为商店货架上那些"贱价的货品"，不再稀贵，自然也不值得大书特书。[2]对此，民国时期的作家黄嘉德在《谈女性美》中感慨，经济分工导致美对于男女两性而言有着不同地位。在男性经济权的支配下，美作为女性获得男性青睐与庇护的交换条件，成为她们实现阶层跨越的某种渠道，而这种悲哀并未因新式教育的普及而有所改变。[3]其二是女性需要内外美的原因，即服膺于男性本位审美话语规训的需要。曾任《良友》杂志主编的马国亮提出，女性穿着时髦服饰和参与打球等高雅运动，并非出于自我愉悦，"社会是一个男性支配的，以男性为中心的社会。一个女子无论对于她的装饰怎样的狡辩，她总不能掩饰她的爱美是为取悦男性的原故"[4]。照此情形来看，"摩登女郎"所标榜的"modern"，似乎仅仅是披上了一层西洋风格的华丽外壳而已，实则沦为在恋爱场域中巧施手段、捕获男人芳心的全新套路。她们打破传统封建装扮的束缚，展现出自由的光辉，吸引了中国女性对都市时尚的无限憧憬。但从本质上看，"西洋"是否等同于"现代性"？上个世纪的欧美女界并非国内想象的女性天堂。欧美女性虽获得了身体自由，却并不意味着她们不屈从于男性的审美立场。在《竞艳图》中，既展示了美国女性在进行背部晒色比赛，由男性裁判评判谁的肤

---

[1] 蓝萍心：《萍心随笔》，载《妇人画报》1935年第27期。
[2] 琼哈罗：《审计你特殊的个性》，赛瑛译，载《妇人画报》1935年第33期。
[3] 黄嘉德：《谈女性美》，载《妇人画报》1934年第24期。
[4] 马国亮：《时代女性生活之解剖——美学上之检讨》，载《妇人画报》1934年第15期。

色最好；又展示了英国某地的女性眼睛比美大赛，参赛者除了眼睛外的脸部都要蒙起来。这些比赛强调女性身体部位的展示和比较，突显出在男性主导的社会中，女性身体依然遭遇物化和商品化的尴尬。在父权制文化的统治下，女性"美"的定义实际上是由不平等的两性关系所决定的。男性通过健美与时尚的权力运作，引导女性迎合男性审美的标准，并为此进行身体的改造与革命。[1]

（二）20世纪30年代的"女性嫌恶症"

20世纪30年代初，穆时英在其作品《被当做消遣品的男子》中首次提出了"女性嫌恶症"一词。该词所包含的情绪逐渐成为国内新感觉派小说的标签，其创作题材多取自半殖民地大都市的病态生活，通过描写都市生活中的灯红酒绿和世态现象，揭露剥削阶级的堕落与空虚。[2]新感觉派作家一方面对纸醉金迷的都市生活有着深刻的体悟，另一方面则通过男性视角描绘"摩登女郎"的复杂心理，从而揭示出这种生活方式背后的消费隐喻。新感觉派作家刘呐鸥、穆时英和黑婴等人是《妇人画报》的活跃投稿者，在当时，"女性嫌恶症"情绪也贯穿于该杂志的内容中。主编郭建英虽非新感觉派作家，但他的绘画同样体现了这一主题。

从精神分析学的角度看，"女性嫌恶症"属于精神障碍类疾病。弗洛伊德指出，歇斯底里患者大多为女性，其病因在于欲望的压抑，症状通过身体宣泄，情绪因"本能"和"阻力"的拉扯而焦虑易怒。[3]对于民国时期那些有"女性嫌恶症"的男患者而言，他们的表现也是矛盾的：一方面经受不住女性的诱惑，另一方面从精神上厌恶女性。如《厌女》第一章标题所示——"喜欢女人的男人厌女症"，上野千鹤子通过列举几位男性人物，生动描绘了他们一边沉迷于女性的温柔乡，一边又表现出对女性的鄙视和逃避。[4]

《妇人画报》中的"摩登女郎"形象是男性欲望的化身，通过刊载物化"摩登女郎"的图片满足男性的凝视和幻想。例如，郭建英绘制的插图通过夸张的曲线和撩人的烟雾，为男性读者提供了无限的臆想空间。又如，黄嘉音

---

[1] 蔡洁：《摩登与弄潮：近代中国的文化与社会》，北京出版社2022年版，第216页。
[2] 王琼、汤驿编著：《中国现当代文学作品赏析》，同济大学出版社2019年版，第110页。
[3] [奥]西格蒙德·弗洛伊德：《性学三论》，徐胤译，浙江文艺出版社2015年版，第30页。
[4] [日]上野千鹤子：《厌女》，王兰译，光启书局2023年版，第1页。

的插图象征男性"拜倒"在女性之下的不满和矛盾情绪[1],在当时甚至采取了一种直白而露骨的表达:"长长的生长了的可爱的脚,不知道踢伤了几个愚男的心房?"[2]报刊媒介通过这种戏谑俏皮的语言,将女性的价值定义为吸引男人的魅力,谁身边围绕的男人越多,谁就越成功,成为所谓的性感尤物,颇具调侃的味道。这种男性凝视带来的女性虚荣并非毫无代价。《女性美的科学的分析》指出,美丽的女性必须符合某些具体的数字标准。[3]更有甚者,将妩媚、情感、理解力、品性和装扮等要素分解成百分率,列入详细的计算表中,它们共同构成了衡量女性诱惑力的因素。[4]这种通过数字、公式来计算女性的吸引力的方式,隐藏着男性本位的审美标准对女性的控制与支配。无独有偶,彼时社会风气丕变,物化女性的不良倾向滋生蔓延,一系列新词汇也随之应运而生,诸如"衣架子""活动广告""花瓶"等。其中"花瓶"则是指那些没有工作技能,只会装饰漂亮,做办公室点缀品的女人。[5]这无疑是当时女性被物化、被矮化的鲜明例证,也是性别不平等在社会用语层面的深刻映射。

在民国时期,"女性嫌恶症"更生动地体现在摩登"掌篇小说"中。这种文学体裁的特点是短小精悍,着重描写都市爱情故事,心理刻画细腻,语言时髦,不追求情节的完整性,青睐意识流的叙事方式。[6]在这些小说中,男主角普遍对爱恋对象爱恨交织,一方面因若即若离、求而不得而日思夜想;另一方面对女人视自己为掌中玩物而气愤屈辱。他们既不满女人的拜金与多情,又厌恶自身没有定力,做出愚蠢的飞蛾扑火行径。在他们的笔下,不专一、撩男手段高明、流连交际圈是"摩登女郎"的典型做派,这一切都让小说中的男主人公深恶痛绝。《妇人画报》的小说中有不少淳朴深情男主被"摩登女郎"抛弃的故事。有趣的是,作者笔下专一可爱的女性并非"摩登女郎",而是社会底层的女性,比如为生活所迫的贫穷舞女和妓女,她们见惯了

---

[1] 黄嘉音绘:《挣扎于裸腿之下的可怜虫》,载《妇人画报》1934年第19期。
[2] 《水之诱惑》,载《妇人画报》1934年第20期。
[3] 关燕生:《女性美的科学的分析》,载《妇人画报》1934年第24期。
[4] 琼哈罗:《审计你特殊的个性》,赛瑛译,载《妇人画报》1935年第33期。
[5] 黄嘉德:《妇女职业问题》,载《妇人画报》1934年第20期。
[6] 温江斌:《一种"摩登主义"的"轻文学"——〈妇人画报〉中的"掌篇小说"研究》,载《中国现代文学研究丛刊》2017年第11期。

一些男性市侩的嘴脸，反而易对偶尔示好的男主交出真心。

此处用两篇有代表意义的小说来举例。在第一篇中，阿惠是来自农村的清贫大学生，是都市小姐们的"工具人"，被她们使唤去买票，和小姐去郊外时提很重的皮箱，看守游泳小姐的泳衣，替小姐写作业。在他看来，一个男生被一群小姐围着转是很有面子的事，因此阿惠也在男性群体中赢得关注。但他坦言，自己打心里瞧不上这些城里小姐，对都市小姐们的情感是"50%之轻视，25%之便利感和25%之亲爱味"。[1]在第二篇中，女主人公菲是一个混迹于男人圈子而获得不少好处的女作家，她一直向男人寻找物质和精神的双重慰藉，这让爱恋她的男主深陷痛苦之中。男主明知菲是在消遣他，打发空虚寂寞，但还是忍不住顺从她，觉得这个女人很有手段，"我是怎样的愚笨啊！被这样玩弄着，永远是俘虏！永远是命令！永远是屈服"。但男主离开菲后又难以忍耐，要去找她，哪怕被羞辱也在所不惜，"去找她罢！去跪在她脚下说着那些给人笑着的话罢！去做俘虏罢！"这种既让男人欲罢不能，又让男人恨得切齿的情绪，在创作的文本中造成了他们嫌恶女性的反噬。[2]

在民国时期，嫌恶女性的情绪不仅表现在男性对未婚女性身上，也体现在丈夫对妻子的态度中。《妇人画报》中的作者经常塑造这样的丈夫形象：忍受妻子的吵闹与老妈子式的唠叨，做妻子的钱包，是妻子的奴隶。这种男性自我贬低式的写作手法本质上在于表现对女性的不屑，将自己描述成为家庭的清净牺牲一切的"可怜虫"。有作者直言婚姻至少有一部分是奴役，这奴隶是丈夫一方，"我以为一百个男人里有九十九个是为了结婚而牺牲的，而一切女人则毫无牺牲"。在他的眼里，太太是一天天好吃懒做的人，家务交由仆人，自己则跟朋友购物打牌抽烟，浪迹在外。他还惧怕太太成为主宰自己一切的物主，进而沦为她财产的一部分。[3]

（三）女性社会角色的多重期待

清末民初以来，女性群体逐渐引起政治关注，妇女解放运动如火如荼地展开。1920年—1930年间，"新女性""新妇女"等词汇频繁出现。政治家和知识分子纷纷表达对新型女性角色寄予的理想。然而，"新女性"并没有统一

---

[1] 章志毅：《阿惠先生之一生》，载《妇人画报》1935年第27期。
[2] 尤子玄、黄苗子：《女作家菲》，载《妇人画报》1935年第30期。
[3] 沈文：《独身者的骄傲》，载《妇人画报》1936年第38期。

的定义，涵盖范围广泛，包括打扮时尚前卫的"摩登女郎"、受过新式教育的女大学生、拥有职业的女性以及具有独立自由思想的女性。《妇人画报》中的杂文和时评除了揭露女性的现状，还表达了对"新女性"的社会角色的想象。不过这些期待常常存在自相矛盾的情况，甚至流露出"女性嫌恶症"的一面。

男性投稿者们一方面期待女性在职业上独立，另一方面又希望强化她们主妇和母亲的角色光环。这既是晚清"国民之母"思想的延续，又反映出妇女解放运动让知识分子感到失控甚至产生了"于国不利"的恐惧。保守论者批驳现代女性总想跑出家门以求与男子平等的观念，称"摩登女郎"并非学习的楷模，并流露出嫌恶她们的态度。他们认定"家庭始终是一般女性发展才能与个性的最佳环境"，家庭组织才是人类社会最珍贵的表现，性格与生理因素要求女性必须担起家庭责任。[1]甚至有男性认为，现代女性的种种作为会导致人种退化的悲剧：首先，女性选择对象全凭心意而不考虑后代的健康，这样会减少健康孩子的诞生。其次，现代女性忘记了自己的使命，"忘却了自己的生存于世界的理由是做母亲……如果女人不答允做母亲，那末谁来做母亲呢？"[2]再者，他们对职业女性也颇有微词，若母亲投入工作的时长大于照顾孩子无疑将造成人种的衰落，因为她们无暇好好喂奶。进而，《妇人画报》宣传以下妇女观，譬如女子真实的希望是脱离了她们的职业，而回到健全的母性，回到温和的家庭生活，这些观点均意在支持"妇女回家"的论调或"贤妻良母"的主张。

"摩登女郎"作为"新女性"的突出代表，成为民国时期部分旧式酸腐文人眼中被嫌恶的头号对象。尤其是一些男性知识分子既鼓励又反对女性成为"摩登女郎"，即使是鼓励者也难以掩盖其轻蔑鄙视的情绪。在近代，"摩登女郎"的身份标签饱受争议，初时颇受赞扬，被视为妇女解放的成功产物，后来逐渐变为拜金与责任感丧失的代名词。在某些男性的认知里，这些女性背离了男性群体原本期望女性接受教育的初衷，一些女性的行事作风甚至还起到了负面的示范效应。就拿从内地奔赴而来的女工群体来说，不少人决然地抛弃了农村的家庭，把全身心融入繁华都市生活设定为自己的首要追求目

---

[1] 黄嘉德：《时代女性的悲剧》，载《妇人画报》1934年第15期。
[2] V. H.：《人种的悲剧》，载《妇人画报》1937年第48期。

标,这无疑被视为离经叛道之举。

《妇人画报》对"摩登女郎"的批判是从多方面进行的。由于她们过度脂粉化、洋化、商品化,加深了一些保守派男性对女性的歧视。他们认为,追求洋货的"摩登女郎"阻滞了民族工业,妨碍了内地女性的职业发展。"摩登女郎"对美的追求也无益于自我解放,女人手的唯一用处是保养,用牛乳泡、指甲蔻丹、光滑来取悦男性。[1]手本是反抗压迫、解放自己的最好武器,但"摩登女郎"将自己束缚起来,这样美的手还比不上农妇粗糙的手。此外,在西学东渐的影响下,"摩登女郎"虽然在穿衣、教育、社交等方面变得前卫,但她们只学到了摩登的皮毛,思想上的解放并不彻底。在古今对比的视角下,"摩登女郎"从一个极端走向另一个极端——从绝对服从到骄奢淫逸,这被称为"摩登的放纵主义"。[2]

三、场域内外:"摩登女郎"与政治文化转型

史书美认为,上海不应仅被理解为一个地点(place),而应视为一个空间(space)。[3]通过场域理论来看,在高度分化的社会中,整个社会由多个相对独立的小社会组成。这些小社会是由特定关系构成的空间,每个小社会都有其自身的运作规则和必然性。[4]布迪厄认为,相比于科学场和文化场,新闻场更容易受到经济、政治等多方场域的影响。[5]作为近代先锋与保守思想争论的平台,报刊以微缩的窗口透视了近代中国思潮的复杂面貌。在20世纪30年代的上海,殖民文化、资本主义、世界主义的现代性文化实验等,都是"摩登女郎"矛盾形象的渊源。

(一)政治场域:妇女报刊中的国家与女性角色塑造

近代妇女报刊滥觞于维新变法运动,在适应政治改良的诉求下,维新派强调"国民"这一政治概念,将西方"天赋人权,人人平等"的思想传入中

---

[1] 罗蒙:《我们的手》,载《妇人画报》1933年第9期。
[2] 秋旻:《罗马型的女性》,载《妇人画报》1935年第34期。
[3] [美]史书美:《现代的诱惑:书写半殖民地中国的现代主义(1917—1937)》,何恬译,江苏人民出版社2007年版,第374页。
[4] [法]皮埃尔·布迪厄、[美]华康德:《实践与反思——反思社会学导引》,李猛、李康译,中央编译出版社1998年版,第134页。
[5] [法]皮埃尔·布尔迪厄:《关于电视》,许钧译,南京大学出版社2011年版,第83页。

国。知识分子因此将女性群体纳入国民主体，从"国民之母""新贤妻良母"到"女国民"的概念，均是20世纪初政治改良运动的产物。这些观念在30多年后的《妇人画报》中依然有所延续，包括女子教育对国家的重要性、兴女学的必要性、女子参政的可行性以及对女子劳动的重视等。

辛亥革命后，中国妇女报刊迎来了第一个热潮，奠定了妇女报刊在中国报刊界的一席之地。在五四运动的影响下，越来越多的男性知识分子意识到解放妇女对于推动中国近代化的重要作用，纷纷加入办报阵营。值得注意的是，政治运动激起的创办妇女报刊热潮，创办者基本是政治运动者，目标主要在于借用媒体宣扬自己的政治理念，不以营利为目的，刊行时间通常也较短。与之相比，以《妇人画报》为代表的商业报刊，则通过满足读者的阅读需求来扩大销量，根本目的是盈利。由于经济活动无法脱离政治场域的影响，商业报刊尽管目的较为单纯，却依然需要在采稿时多方权衡，既不能明显违背当局的意图，又要迎合读者的猎奇心理和与时俱进的政治需求。因此，商业报刊不可避免地面临各种矛盾和挑战。[1]

关于"摩登女郎"究竟应具备"贤妻良母"与"新女性"的何种特质的论争，形成了成熟的两派阵营。"贤妻良母"与"国民之母"的精神内涵密不可分，均以国家与民族利益为由解放女性，让女子受教育的目的在于训练她们具备培养下一代智识的能力。因此，学堂教授的内容多为家政、育儿与体魄强健等知识。若脱离这一初衷，女子教育便会受到妇女报刊和社会娱乐的反对。[2]《妇人画报》常刊登批判上海女子教育的文章，指责男女同校败坏风气，或学校仅教授女子社交礼仪和上层阶级艺术，忽视实用的家庭管理知识。这一观点的根源在于当时社会对女性权利的限制，女性的价值被限定为母亲职责，承认女性地位的前提是其母亲身份的导入。

1915年以来，贤妻良母思想成为女界的主流理念。当时的商业报刊《妇女时报》为避免触碰政治禁忌，不敢宣扬激进的女性解放思想，如出走家庭或与男人争夺职业。[3]1934年，类似的历史情境再次出现，"新生活运动"

---

[1] 刘人锋：《中国妇女报刊史研究》，中国社会科学出版社2012年版，第136页。

[2] 张丽萍：《报刊与文化身份——1898~1981中国妇女报刊研究》，中国书籍出版社2012年版，第111页。

[3] 刘人锋：《中国妇女报刊史研究》，中国社会科学出版社2012年版，第131页。

试图将女性塑造成温顺恭谦的传统形象,力推女子回归家庭,倡导简约朴素的打扮及遵循"礼义廉耻"的举止,打着恢复中华传统文化之名,行巩固国民党统治之实。这些思想均在《妇人画报》中得以体现。

作为商业报刊,《妇人画报》在策略上尽可能避免涉及政治,每期的时评和杂文只占少量篇幅,主要内容集中于时尚与科普知识,如育儿、美妆和两性交往等。这些主题不涉及政治立场,具有更高的稳妥程度以及更强的读者吸引力。然而,《妇人画报》难以完全脱离政治场域而成为纯粹的时尚杂志。主编在发刊词中便明确表达了兼顾思想先进性与知识时尚性的意图。由于商业报刊的主要读者是具有一定文化水平的中产阶级,他们自然对政治有了解的需求。因此,适量的时评与杂文不仅增加了报刊的影响力,也回应了读者的兴趣。

女学生是《妇人画报》中重点关注的"摩登"群体,其身上的矛盾性映射出社会上流行的政治思潮。这种矛盾性反映了政治场域对女学生的双重期待,两者相互牵引,使女学生形象既被肯定又被质疑。一方面,女学生被视为女子教育的产物,肩负着移风易俗的使命,主张恋爱自由、享有与男子同等的社会权利,并可自主支配自己的身体,如实现装扮自由。另一方面,保守派认为女学生的最终归宿应成为"新贤妻良母",但学校教育未能教会她们如何持家育儿,而是偏重教授社交知识和交际舞等,由此产生了将她们视同妓女的偏见,因为这些保守派认为她们仅追求外表以吸引男性,不注意学问的增进。[1]

不可忽视的是,"劳动"在《妇人画报》多次出现。受马克思主义和工人运动影响,劳动被视为解放个人和阶级的手段。因此,一些论者认为"摩登女郎"的双手只用来保养,仍在于迎合男性的芳心,无异于对自我的隐形压制与剥削,只有粗糙的农妇之手才最美。然而,这一观念未能引起广泛共鸣,受国内政治局势影响,20世纪上半叶的中国无法像苏联那样提供给女性较为充分的劳动机会。有论者犀利指出,女子教育的有限性和封建性在于将女子的价值实现限制在家庭中,社会未能提供足够的女性就业岗位,导致女

---

[1] 张丽萍:《报刊与文化身份——1898~1981 中国妇女报刊研究》,中国书籍出版社 2012 年版,第 122 页。

学生毕业后的主要归宿仍是嫁人。[1]在这样的预期下，接受新式教育成为提高未婚女性身价的手段，因其得以彰显家庭的经济实力和开放的思想，至于在大学期间觅得良婿也是家庭默认最为划算的结果。

在《妇人画报》中，尽管都市女性具备摩登特征，但由于社会主流观念仍宣扬贤妻良母，致使现代职业女性的特质几乎排除在"摩登性"之外，仅在零星文章中出现，未能引起广泛关注。西方经济大危机后，德、日政府主张女性回归家庭，将职场留给男性，女性则定格于"持家育儿"的方位，美国亦在此趋势下鼓励女性离开职场。在历史短暂倒退与停滞时期，女性群体首当其冲。在《妇人画报》中，旨在让女性复归健全的母性的妇女观频繁出现，"五四"以来的"新女性"痕迹反而在报刊中渐无踪影。

(二) 经济场域：消费主义与"摩登女郎"的时尚陷阱

"摩登女郎"并非以特定阶级为划分标准，而是以外表特征相集合的群体。在消费导向的城市中，"摩登女郎"涵盖了妓女、女艺人、女学生和女工等各群体。由于"摩登女郎"是一种动态的身份标志，她们需要始终维持外表的时尚感，这使得女性陷入了消费主义的陷阱，难以摆脱。此外，《妇人画报》中还描绘了一类"摩登女郎"——名媛。这些名媛通常衣装淡雅清丽，但她们的身份，例如名贵之女或妻子，使她们也被归入"摩登女郎"的行列。

在近代妇女解放运动中，女性拥有职业的重要性被反复提及。然而，在《妇人画报》对"摩登女郎"的塑造中，职业女性出现频率极低，这反映了一种悖论的现象。一方面，从理论上倡导女性进入职场实现经济独立；另一方面，教导女性如何在商场和娱乐场所消磨时间。"摩登女郎"的身份实现了从"摩登"女学生到"摩登"家庭主妇的平稳过渡。当时，婚后女性由男性养活被视为理所当然，女性甚至以此为荣。《妇人画报》上常见婚后男性投稿抱怨妻子的消费欲望过高，但他们并未采取有效阻止措施，也不认为这种消费不合理。正如凡勃伦在《有闲阶级论》中指出："明显地不参加劳动就成为金钱上的优越成就的习惯标志，就成为声望所归的习惯标志。"[2]对于家庭主

---

[1] 罗蒙：《毕业的贺礼》，载《妇人画报》1933年第7期。
[2] [美]凡勃伦：《有闲阶级论——关于制度的经济研究》，蔡受百译，商务印书馆1964年版，第32页。

妇而言，体面地度过闲暇时光也是一种"职业"，这种生活方式取决于家庭的经济实力，尤其是男性的经济实力。相比学生时代，"摩登女郎"的消遣活动更加丰富，不仅频繁出入商场购买时兴款式，还会被丈夫带入社交圈。在欧美近代贵族文学中，舞会、宴会、下午茶等成为不可或缺的场景，主办场所及规格不仅体现了女主人的能力，也是家庭地位的象征。"摩登"家庭的主妇也需要举办类似活动。

需要说明的是，真正的职业女性难以做到时装前卫，一是摩登时装不适合长期工作，高领紧身的设计不利于生产性劳动；二是摩登时装主要适用于社交场合，当时常见的女性职业，如中学教师，不适合穿着此类摩登时装。服装是金钱文化的一种重要表现，同任何其他消费类型比较，"有闲阶级"在服装上为了夸耀而进行的花费，情况总是格外显著，风气也总是格外普遍。[1]从《妇人画报》的插图可以看出，西化的摩登服饰穿着烦琐，高跟鞋、紧身衣遑论舒适，许多饰物如胸针、帽子上的装饰物、不挡风的手套显得多余。然而，这种包装风格更能凸显女性的高雅、纤细与弱不禁风。这一形象符合富贵人家的女子设定，她们的体态、肤色与农妇大相径庭，因为家庭不需要她们从事生产性劳动，她们的主要功能是外出装点门面。因此，由他人供养的摩登消费便具有了特殊的象征意义。

《妇人画报》不仅展现了"摩登女郎"的外表特征，还通过男性视角传达了她们的性格与行为举止。近代上海的城市结构和社会机制都深深注入了工业资本主义的血液，"效率"成为最显著的特征。在这种高效的都市环境中，男性若不紧跟时代步伐，不仅会被"摩登女郎"抛弃，也会被这座快速发展的城市所摒弃。文学作为时代的一面镜子，从晚清时期上海报刊盛行的鸳鸯蝴蝶派小说到20世纪30年代的掌篇小说，都反映出社会风气的转变。男女交往周期变短，性行为更加开放，情感的主导权逐渐移交到"摩登女郎"手中。男主人公们最为诟病的是，在他们的臆想中，"摩登女郎"将肉体出卖，抛却了传统的贞洁观念；与妓女不同的是，"摩登女郎"的物质交换方式更加隐晦，她们从男性手里获取的不仅是金钱，还有在娱乐场所免费流连的

---

[1] [美]凡勃伦：《有闲阶级论——关于制度的经济研究》，蔡受百译，商务印书馆1964年版，第122页。

机会，从而结识更多潜在的顾客。这种批判不仅仅针对女性的贞洁问题，也更多地反映了男性在这一工业化进程中的无力感和被抛弃的恐惧。男性在这种快节奏、高效率的都市中，若无法维持经济上的优势，就会被"摩登女郎"及其象征的消费文化所排斥。

值得深究的是，这种男性嫌恶情感的根源何在？小说批判的是"摩登女郎"的不忠，进一步而言是她们频繁的抛弃行为，使男性在两性的情感关系中成为受害者。当钱财耗尽，便是"摩登女郎"另觅新欢之时。然而，掌篇小说中的男主人公是否真正在意这段短暂的感情？他们明知这种关系不过是萍水相逢的陪伴或交易，在意的其实是"被抛弃者"这一角色设定。正如前述，在《妇人画报》的掌篇小说中，很多男主人公来自农村，往往是手头拮据的大学生，他们扮演了女学生的提款机和佣人的角色，目的在于通过被女性簇拥来获得融入都市的成就感。这种短暂的融入在金钱耗尽后迅速破灭，使他们清醒地认识到这一关系仅是赤裸的金钱交易。与其说男性在意与"摩登女郎"交际后的狼狈与羞耻，不如说他们在意的是这座都市带给他们社交憧憬的同时，也施加了被抛弃的命运。

上海作为近代中国的经济和工业中心，吸引了大量外来人口涌入，生产方式带来的都市疏离问题逐渐显露。在新感觉派作家的笔下，人被切割和异化，时间概念被放大，光怪陆离的都市秩序由无数商品逻辑构成。不仅是"摩登女郎"，男性也成为被都市消费的对象。相比之下，成为"摩登男郎"的成本更高，阶层跃升的途径也更为有限。因此，他们厌恶"摩登女郎"的复杂情绪中还包含了一层"嫉妒"，嫉妒她们利用性别便利获得都市的入场券。都市幻想被赤裸的金钱本质打破，知识分子的迷茫与彷徨昭然若揭。可见，小说中男性情感的复杂性可谓是对社会工业化进程中个体疏离感与无力感的深刻揭示。这种情绪在文学作品中得到了充分表达，突显了现代都市生活中的阶级矛盾和两性关系的暧昧特征。

（三）文化场域：知识分子的文化抗争与电影文化

在郭建英担任主编期间，《妇人画报》对文学性的重视显著增强，新诗、散文和掌篇小说在刊物中占据了重要地位。施蛰存、穆时英、刘呐鸥和黑婴等人都是《妇人画报》的活跃投稿者，他们的作品使"摩登女郎"的形象在新感觉派小说中栩栩如生。

第一讲　多维与矛盾：民国时期"摩登女郎"的形象建构

充满现代主义文学色彩的新感觉派作品，成为20世纪30年代上海知识分子在多元文化主义场域中的避难所。当时，帝国主义、资本主义、社会主义和军国主义等多种文化力量都试图将知识分子纳入自己的阵营。知识分子的政治立场暧昧摇摆，频繁更换阵营的现象并不鲜见。在上海生活、受过西方教育或有访日经历的作家们受到一种更大格局的文化场域影响——世界性的现代主义文化。然而，这种文学尝试在当时却遭受了左翼文学派别的猛烈抨击。以鲁迅为代表的革命作家认为，施蛰存等人的现代文学作品体现的是资产阶级趣味，带有鲜明的法国颓废主义色彩。西餐、交际舞、摩登女郎、男女之情等文学内容除了体现腐化的上流社会生活外，对民族主义话语的丰满毫无建树。

为了抵制政治立场的束缚，出现了一批"死抱住文学不放手"的"第三种人"，他们坚持将文艺性与美学性置于政治之上。有趣的是，若干新感觉派作家早期也曾受到马克思主义思想的影响。例如，施蛰存是从外地来到上海的现代派小说家，他早期的作品多以乡村为背景。然而，经历了上海的都市生活后，他的文学创作取向偏移至以保罗·穆杭为代表的法国颓废主义的印象派、感觉派，及以横光利一为代表的新感觉派。这种现代性的文学实验在当时的国内政治场域中只能借助于去政治化的世界主义标签进行，但这一标签也使上海新感觉派作家长期遭受非议。不过，强压之下，他们对文学自主性的捍卫意愿愈发强烈。

虽然这些作家试图摆脱多元文化的束缚，但多元文化仍在《妇人画报》的小说中留下了复杂的烙印。这些矛盾隐藏在都市场所、"摩登女郎"和男欢女爱之中。他们通过西方美人的标准来审视"摩登女郎"。受法国颓废主义影响，"摩登女郎"代表着神秘和难以抗拒的诱惑，这种对法国女人气质的迷恋在《法国女人的魅力》中得到了充分体现："世界上也许法国女人是最深知男性的弱点，是最会迎合男性的虚荣心的了……并且她总能使你迷惑她，因为她知道怎样来迷惑你。"[1]但当这些特质迁移到中国女性身上时，男性知识分子则往往带有讽刺的情绪，认为"摩登女郎"擅长玩弄男性。文本想象的距离性使得外国女性在这些作家的心目中拥有一种特殊地位，即对外国女人的描写通常带有一种崇敬和迷恋的态度，她们被视为独特的、神秘的存在，这

---

[1] 王孔嘉：《法国女人的魅力》，载《妇人画报》1935年第33期。

与对中国"摩登女郎"的讽刺形成鲜明对比。

在民国时期这些新感觉派作家的笔下,"摩登女郎"也有其可怜之处。许多女性由于生活所迫,不得不攀附男性,年轻的姿色成为她们在上海立足的最佳交换物品。但即使她们最终交付了真心,却也往往难以如愿。"真心"——这个昔日传统文人热衷宣扬的主题,在商品化与工业化的都市中已经成为廉价而多余的东西。作家通过对异化社会中"摩登女郎"的物化性描写(如鳗鱼般的身段),不仅表达了对近代社会中情感异化的批判,也夹杂着对都市生活的向往。作家穆时英作为上海娱乐场所的常客,正是这种矛盾态度的典型代表。

这些新感觉派作家的同情心主要集中在那些命运与男主人公相似的"摩登女郎"身上,她们同样在努力融入都市生活的过程中遭遇挫折,甚或被甩出轨道。总而言之,这些作家既批判了资本主义奢侈放纵的生活方式,同时也对那些从农村融入城市失败的青年表现出深切的同情。并且,通过细腻描摹的新感觉派手法,他们还传达出都市生活所带来的"天堂般"愉悦体验。作品通过这种复杂的叙述视角,将"摩登女郎"形象生动地呈现在读者面前,使其成为文学作品中批判现实、反思社会的重要符号。

在描写"摩登女郎"的过程中,这些作家深刻揭示了现代都市生活的矛盾性。他们既批判了都市生活的异化与弊病,又不可避免地对其迷人特质怀有某种程度的向往。情色作为《妇人画报》小说中的重要主题,包裹着世界性的现代主义外衣,在作品中获得了"合法"地位。这种模棱两可的立场使新感觉派成为20世纪30年代最贴近世界现代主义文学的小说派别,他们在专注文艺技巧的同时,巧妙地保持了政治上的相对中立。

此外,作为近代中国的文化大都会,上海电影业对"摩登女郎"形象亦产生了重要影响。近代以来,上海迎来了现代主义潮流和扑面而来的社会文化变革。在这个既充满理想主义又充斥日常竞争的时代,影坛经历了尤为剧烈和复杂的变迁,堪称中国电影史上的独特时期。这个时代为我们留下了丰富且具有挑战性的文化遗产,而银幕上"摩登女郎"及其身世命运的荣辱兴衰,正好象征了当时繁荣的都市现代性、日益尖锐的社会分歧和政治乱象。[1]

---

[1] 张真:《银幕艳史——都市文化与上海电影:1896—1937》,沙丹、赵晓兰、高丹译,上海书店出版社2019年版,第363~365页。

第一讲　多维与矛盾：民国时期"摩登女郎"的形象建构

视觉文化的繁荣对社会幻想的建构和预设具有深远影响。弗莱德伯格曾借用本雅明的理论，将电影观众描述为"想象性的游荡者"。[1]观众坐在影院里，大屏幕上"摩登女郎"的一颦一笑引得男士浮想联翩，女士则暗自模仿，这些银幕上的"摩登女郎"成为被注视的客体。上海电影业的繁荣不仅体现在大量优秀影片的涌现，还在于一批出色电影编剧的崛起，他们挖掘出了银幕上的"摩登女郎"，催生了如胡蝶、阮玲玉等红极一时的女明星。并且，观众对"摩登女郎"的印象并不会随着电影的谢幕而消失。电影工业对市民的影响延伸至影院之外，通过报纸、杂志、海报的形式继续传递着欲望的对象，这些媒介所展现的女性形象比电影主题更能抓取公众的目光。

然而，电影文化工业给中国女性带来了种种矛盾。一方面，电影赋予她们解放自己和改变命运的契机；另一方面，代价是将女性身体打上商品化的烙印。电影将女性的灵魂商品化——美丽和神秘的灵魂被规定了一套特定的范式。例如，当时盛行的明星选举活动便是男性凝视下的产物，女明星选举成为企业商业营销牟利的噱头，满足一些酸腐男人围观的猎奇心理，并充斥着物化女性的色彩。一部分女性要想成为"摩登女郎"，便钻进了这个既定的框架，崇尚刺激、性感、浪漫和变化无常。从某种程度上说，画报是低级的银幕艺术，虽呈现静态的视觉效果，却同样将对"摩登女郎"的塑造权紧紧掌握在文化生产者手中。

从19世纪晚期起，上海的画报在展示和再现摩登都市的吸引力与危险性方面发挥了显著作用。画报通过文字与图像的有机结合，生动、即时且富有创造性地记录了现实情境，可被视为电影的史前形式，促生了本雅明所见证的机械复制时代的"视觉无意识"的形成。[2]至20世纪30年代，画报和电影通过对"摩登女郎"形象的影像塑造，共同构建了一个充满想象力和商业化的女性形象。这种形象不仅象征着现代都市文化，同时也是商品化社会的产物。电影和画报作为重要的文化生产媒介，彼此互动、相辅相成，深刻影响了当时女性的社会定位和自我认知，共同揭示了现代都市文化和性别文化

---

[1] 郑炀：《想象力与中国电影的"元语言"：基于清末民初幻灯与电影在沪放映的考察》，载《电影新作》2023年第3期。

[2] 张真：《银幕艳史——都市文化与上海电影：1896—1937》，沙丹、赵晓兰、高丹译，上海书店出版社2019年版，第108页。

的复杂性和多层次性。

◆ [延伸阅读]

1. 李欧梵：《上海摩登——一种新都市文化在中国（1930—1945）》，毛尖译，浙江大学出版社 2017 年版。

2. 连玲玲：《打造消费天堂——百货公司与近代上海城市文化》，社会科学文献出版社 2018 年版。

3. 张勇：《摩登主义：1927—1937 上海文化与文学研究》，中国社会科学出版社 2015 年版。

◆ [课后思考]

1. 如何理解"摩登女郎"遭遇男权世界物化的尴尬，以及她们为突破男性凝视的桎梏做出的努力？

2. 上海都市现代化的新潮及其孕育的海派文化为"摩登女郎"提供了怎样的生存环境与发展空间？

3. 如何释读男性文人对"摩登女郎"的复杂情感及其背后所隐藏的融入现代化都市的欲望和困境？

第二讲

另一种"摩登":民国时期的女性健美风潮

◆ [教学提要]

民国时期女性开始流行健身健美运动,追求健康美和自然美,成为摩登都市的一道风景线。健美女性通过锻炼,开始更加重视身体自主权,并在社会扮演更重要的角色。但无论她们以何种装扮和气质亮相,形象塑造上仍旧受到男性立场和传统男权的影响。这些健美的女性不过是富人的妻子或情人,因缺乏经济独立权,在追求社会地位、金钱和时尚的过程中仍旧遭遇父权制宰制的命运。尽管健身健美这一方式有助于展示女性的主体性身份,但并未真正解决知识女性和劳动妇女的生活问题。摆脱被男性物化和资本控制的困境,促进男女两性在政治、经济和社会资源上平等,汇入阶级解放与民族解放的历史洪流,才是女性争取权益的根本道路。

◆ [教学目标]

1. 聚焦女性解放与"身体革命"在健美运动、大众文化和民族主义中的多维体现,通过探究健美论述与民族主义的相互作用,分析健美运动对于塑造女性气质、推动女性赋权以及重构女性主体性身份方面的独特意义。

2. 讨论消费文化中物化女性的风险,揭示资本如何利用霸权逻辑操纵女性形象,发掘健美女性在跻身商品经济热潮与攀登社会阶层的过程中遭遇的挑战。

3. 理解民国时期健美女性因无法摆脱被凝视的客体化地位所经历女性休闲的破产,揭示健美女性在"摩登"与"反摩登"的话语交织中追求自我价值的困顿及摆荡。

◆ [案例导入]

  "身体革命"是女性解放的一项重要议题。古代中国的家庭伦理将女性规训于深闺大院之内，以层层衣物包裹着身体，"三寸金莲"成为封建社会女性出嫁的资本。然而在近代中国，列强的入侵、通商口岸的开放、启蒙思想的传入，促使中国女性的社会生活发生了从传统迈向现代化的急剧转向。伴随着从帝制迈向共和的政治重建与社会转型，女性的"天足"取代了"缠足"。1930年—1940年间，在西学东渐的影响下，五光十色的摩登都市文化催生了崇尚健康美、自然美的女性健美运动，成为民国时期海派文化定向与女性主义思潮进路中一道不可遮蔽的历史景观。这场以上海为中心的健美风潮，引领了当时女性审美风尚的变革，同时吹来了一股时尚与现代化的新风，构筑了女性社会生活中追求时髦的新样态，从视觉上刷新了城市的总体气象，并带动了社会上两性关系的良性转变。这些健美女性既摒弃了古代社会的"病态美"，也区别于同一时期"摩登女郎"关于"人工美"的形象建构，而是试图通过追求女子运动，表达融入都市现代性的主体欲望，进而赋予"新女性"的主体人格标识。

  然而，民国时期的健美女性由于缺乏经济自主权，脱离了以民族主义话语为主潮的女性解放。一方面，健美女性不过是另一种"摩登"对于海派文化的书写与建构，她们在消费主义与资本逻辑的操纵下，不断接受着以健美为名义的身体规训，陷入自我物化的藩篱，使得健康美与肉感美、曲线美之间的界限逐渐混淆，以致健美文化偏离了女性休闲的正面轨道，甚至走向了反面极端的情色想象。另一方面，健美女性还无法看到何为"娜拉走后"的方向与出路，最终成为都市"花瓶"的点缀及男性凝视下的"他者"形象，这也从侧面证实了鲁迅关于"不是堕落，就是回来"的预言。尽管女性健美风潮是女性休闲哲学孕育下的产物，但女性主义的解放，不单依赖于女性"发现身体"与"自我觉醒"，更重要的是以社会革命为根本前提，从而推动性别文化秩序的重构。

第二讲 另一种"摩登":民国时期的女性健美风潮

一、女性健美与主体性身份的建构

1930年—1940年间,知识精英与社会大众围绕塑造女性的审美风尚展开了激烈讨论,批判传统社会推崇的"病态美",转而主张以女子运动为助力的"健康美"的文化建构。健美运动的兴起,既是西学东渐牵动社会生活变迁的产物,也是民族主义话语波及国人心理的衍生品。女性在从事健美运动的过程中尝试驾驭身体主动权,并积极探索重建主体性身份,成为"新女性"为自我命名及赋权的特定方式,但也难免遭遇被男性物化的尴尬。在资本操控的机制下,健美的活动被贴上商品化的标签,以致健美的身体成了被异化的身体。

民国女性健美风潮是西方文化的"舶来品",是近代女性审美观念嬗递与改造身体行动的一场改良主义实验。西方政治理念、学术思想、文化流派以不同形式传入近代中国社会。健美运动作为一种女性休闲活动的新样态,也在西学东渐潮流的裹挟下孕育而生。民国时期报刊上所刊载的西方健美女性形象,并非婀娜苗条之姿,而是高大壮硕、体魄矫健、皮肤黝黑、肌肉丰盈,在运动场内外,无不展现出充沛昂然的活力。《益世报》刊文称西方上流社会的女性"间或涉略乘马、滑雪、打网球诸课目",普通女子则热衷于游泳这一"水中之体操",称"泅泳者入水之后,水之压力及于身体,乃天然之按摩……增益体格之美"[1]。《玲珑》杂志也以西方健美者为榜样指导国内读者进行强身锻炼,高倡口号"你要健康么?请注重运动"[2]。

在当时的中国,西施、林黛玉这种以柔弱为美的形象一度牢牢占据着男性的芳心,正是由于男性畸形的审美观,才致使"提倡林黛玉式女子,遗传至于今日",也使得传统社会盛行所谓"楚王好细腰,宫中多饿死""赵飞燕能作掌上舞"之现象。[3]论者检讨了古代文化典籍到处充斥着"人比黄花瘦""弱不禁风""春愁""春困""慵惰"等关于女人"病态美"的颂歌,

---

[1] 《西方运动界一瞥:游泳最宜于女性》,载《益世报(天津版)》1933年6月14日,第12版。
[2] 参见《玲珑》1933年第3卷第34~35期合刊。
[3] 志勤:《女健儿身手惊人》,载《玲珑》1931年第1卷第28期。

本质上是将女性视为男性玩偶的结果。[1]有鉴于此，知识文化人高喊"打倒病西施""打倒林黛玉""奔向健美之路去"的口号，呼吁中国女性"提起你们倦疲萎靡的精神，放弃你们那等于自杀的娱乐……为你的身心求安全，为你未来的命运求光荣"[2]。

在论者看来，理想中健美女性的体格健硕，具备"蓬发""玉臂""身长玉立"等要素。至于如何获得健而美的身体，户外运动是健美术的第一要义，游泳、舞蹈、高尔夫球、网球、篮球、排球、骑车闲游、骑马、江面划船、旅行皆在竞相推荐之列。[3]其次，轻松不费时的"柔软操"对于保持身体的生机活力也大有裨益。[4]再次，健康饮食和规律作息也是女性健美的"强化剂"，如"早晨、下午各饮一杯鲜牛乳，不饮浓茶，不吸香烟，饭后吃少许水果""早起早眠，每天以睡八小时为适宜，不足及超过均有损失"，唯有好的睡眠质量才是精神焕发的前提。[5]还有论者制定衡量健美的水平，称须具备"不用脂粉的化装""废除一切妨碍身体的装束和修饰""多从事运动的锻练""注意起居饮食的卫生""多事适宜于身心发达的娱乐"等要素。[6]总之，妙龄女子所追求的意中之美，"是有耐久性的，光彩焕发的，引人注目的，换一句话说，便是由健康而得到的美"[7]。

以上关乎体能、饮食、睡眠等方面的现代科学知识潜移默化地影响着健美生活方式的变迁。值得探讨的是，健美女性除了成为文化知识人言说妇女解放与妇女运动的"客体角色"外，是否在健美运动的过程中也试图建构"主体角色"？是否一定程度上实现了女性启蒙与女性赋权？健美女性解除囚禁身体的牢笼，追求矫健的体魄，呈现勇敢开放、阳光洒脱的新风貌，将康健身体的改造作为"悦纳自我"的重要途径，抹除外国列强之于"东亚病妇"的刻板印象，确认"新女性"的身份标识，并在动态的社会空间中以健美的身体融入摩登都市生活，从而彰显出对于现代性文化的欲望与想象，书

---

[1] 周乐山：《健美与文学》，载《千秋（上海1933）》1933年第6期。
[2] 丽光：《奔向健美之路去》，载《电影月刊》1932年第16期。
[3] 戴敏芝：《健美与娱乐》，载《妇女生活（上海1932）》1932年第1卷第11期。
[4] 方译：《"健美运动"之基础》，载《北洋画报》1935年第26卷第1279期。
[5] 琦：《怎样维护健美》，载《现代家庭》1937年第3期。
[6] 钱品珷：《健康美座谈：妇女的健康美》，载《康健世界》1936年第11期。
[7] 《妙龄女郎怎样趋健美之路》，载《玲珑》1937年第7卷第12期。

第二讲 另一种"摩登":民国时期的女性健美风潮

写健美人生的风景。

从学校的校后、校花选拔到健康小姐的竞逐,从体育健将到电影明星,健美女性的队伍来源折射出海派文化多元的时代面向,她们希冀成为身体行动的掌控者,并深化着女性身体之于现代都会文化的接纳、认同与想象。

1932年的《妇女生活》杂志调研了上海各女校校后、校花的选拔盛况,发现她们无一不凭借健美形象脱颖而出。据悉,崇德女校夏志勤女士"为该校皇后,健而美也是她过去的荣衔",交通大学陶纯女士"是该校的校花,也是健美闻名者",爱国女校关柳珠女士"酷爱运动,故健美的荣誉蜚声沪上"[1]。1936年,南京金陵女子大学由体育系发起"健康小姐"竞选大赛,每一年级选出一位健美小姐,并于该校西园草地上举行了加冕典礼,由西女教授为获奖者戴上花冠,在轻松艳丽的情调中,体育系同学表演快乐舞、欢迎舞、俄国舞、荷兰舞,数百位师生在碧油油草地上狂欢,无比快活。[2]具有"野玫瑰""野猫"之誉的女明星王人美,则是女性健美风尚的引领者,引人入胜的便是她顾长壮健的身材、丰硕黝黑的体格,她以灵活、活泼、不可捉摸的表演,被影迷观众视为"中国健美女性的典型"[3]。以"甜姐儿"形象享誉影坛的黎莉莉,格外令人注目,她在写真中身着运动服,手持锻炼器材,姿态自信满满,赤裸的双腿富于力量,健康活力的美感展露无遗。[4]在《体育皇后》等影片中,黎莉莉则以运动、自信、洒脱的健美面貌示人,在当时颓废沉迷、暮气重重的环境中,"充满了青春的朝气,充满了健美的思想"[5]。游泳运动员杨秀琼成为社会大众眼中健美健将的典范,其先在第五届全国运动会上包揽女子游泳竞赛的全部金牌项目,又在菲律宾马尼拉第十届远东运动会上斩获多项自由泳、仰泳等单项及集体冠军,享有"南国美人鱼"之誉。杨秀琼自此一鸣惊人,应南京国民政府之邀先赴南昌参加新生活俱乐部游泳场开幕礼剪彩,又去庐山游览,还前往当时的首都南京向社会公众表演游泳技艺,并与时任国民政府主席的林森合影,返港途经上海之际到

---

[1] 琪:《女学生健美者》,载《妇女生活(上海1932)》1932年第1卷第11期。
[2] 《金陵小姐加冕典礼:七位健美姑娘当选》,载《星华》1936年第1卷第3期。
[3] 梦子:《银星的健美评》,载《妇女生活(上海1932)》1932年第1卷第11期。
[4] 《中国的健美明星》,载《新人周刊》1936年第2卷第41期。
[5] 《体育皇后》,载《联华月刊》1933年第7期。

高桥海边浴场游泳，则出现"万人争看美人鱼"的轰动场面，甚至只能由警卫开道，以疏解水泄不通、极度拥挤的交通状况。由于赴宴会、拜名流等应酬活动过多，杨秀琼疲惫不堪，不得不称病休息。[1]需要注意的是，杨秀琼皆以时髦打扮出场各类活动，这似乎背离了当时国民党在新生活运动中限制女性奇装异服、禁止女性烫发等规定，但各界对杨秀琼的关注和追捧显然基于政治的立意，因女子游泳健美具有"体育救国"这一政治文化的象征意涵，契合了人们对通过改造国民身体为救国途径的社会心理。

健美女性改造女体的积极实践，也是女体公开化的过程。她们作为"可移动的身体"，穿梭于学校、体育场、公园、游泳池、海滩等地，在流动的公共空间与消费空间中描绘女性有声有色的城市生活。

例如，自1932年7月建成开放的高桥海水浴场便将健身娱乐与消暑疗养、休闲度假一体化，常有"标题党"打出"女明星大集会：浦东海水浴场"等旗号招揽顾客。一些媒体为吸人眼球起见，刊登黎莉莉、陈燕燕、王人美等女明星在高桥海水浴场戏水的合影，享受日光浴与海水浴带来的兴致，以此渲染这种盛暑游泳的狂热气氛。[2]《社会日报》也报道过高桥海水浴场热闹非凡的景象：旅客"大都是上海的有闲阶级，和中产阶级"，那里有天然的沙滩，其上设有大餐桌、小花园、草厅、帐篷等设施，人们一边享用美食，一边谈笑风生，冲破了闷热的天气，海风阵阵拂来，海面上冒烟的航船乘风破浪，沙滩上最惹人注目者"有几个少女，穿着游泳衣……一字的排着，另外一个男子捧着照相机同她照相……这里也可说是曲线美的集合处所"[3]。游泳池也成为健美明星青睐的场所，有论者观察"随着夏之神底降临……虹口游泳池是明星们最常光临的，次之市中心区游泳池也常见明星芳踪，唯不如虹口之盛"[4]。

摩登都市的女性健美运动成为现代化转型及民国上层女性社会生活的文化展演，某种程度上意味着女性借助身体话语的表达，实现女性主体意识的觉醒、女性主体行动的开展、女性主体力量的浮现。所谓女性的主体性，意

---

[1] 陈建华：《摩登图释》，浙江大学出版社2023年版，第272~273页。
[2] 陈建华：《摩登图释》，浙江大学出版社2023年版，第297~300页。
[3] 杜鹃：《高桥的海滨浴场》，载《社会日报》1936年7月18日，第4版。
[4] 徐德：《明星与游泳》，载《时代电影（上海）》1937年第8期。

指女性认识到自身是自主自立的社会主体，不再将男性视为优越化的参照坐标，而是以女性主义为价值本位，不仅要成为性别意义上的"女人"，更要作为独立的"社会人"。就此意义而言，健美运动成为改造女体形象并为女性赋权的一种有力实践。

一方面，女性开始学会重视自己的身体，促进了"发现身体"这一女性主义觉醒。这表现在女性经由健美运动健壮了体魄，唤醒了对自我身体和权力的关注，能够用积极的身体状态来适应摩登化的都市节奏，在轻松的大众休闲娱乐中完成了对自我身体的掌控，从而获得精神愉悦的权利。并且，由于身体作为感受主体性意识的重要场域，拥有康健的身体既是女性体验主体性身份的有效途径，也成为女性获得自尊自信的载体。[1]因而，女性凭借能动的健美身体，得以建构一种青春、时尚与现代性的"新女性"形象，成为确立自我认同以及争取人生主导权的特定方式。

另一方面，女性借助健美与体育为自我赋能，破除了传统性别刻板印象中对于男性气质与女性气质的严格区分，能够实现与男子平等竞赛，这冲破了男女两性在运动场内外绝对区隔的性别权力关系。《玲珑》杂志展示了上海全市运动会上几位"身手惊人"的女健儿形象，有"二百米跳远第一之钱行素女士""跳高第一之张宝瑾女士跳高时之姿势""推铁球第一之韩琬璋女士""跳远第三之王雪华女士"以及"孙晓霞女士之健强体格"，记者为她们的飒爽英姿钦佩不已。[2]一位球迷将某次球赛中女球员的表现记录在案，称她们年轻力壮，或人高矫健，或果敢泼辣，无一不可称为新世纪健美女性，甚至觉得普通男子若与之比赛也未必胜算十足，并表示此番推崇绝非过誉之词。[3]《学校生活》杂志则捕捉到一位热爱运动的女学生，她具有大丈夫气概，自然洒脱地穿着运动衣和男生一起打篮球，投射精准，如入无人之境，在球场上毫无"你男我女"的观念。[4]被誉为"五虎将"之一的短跑运动员孙桂云，自幼生长于哈尔滨，受益于父母的熏陶与引领，在哈尔滨第二次联

---

[1] 熊欢等：《凡身之造：中国女性健身叙事》，社会科学文献出版社2021年版，第165~167、210~211页。
[2] 志勤：《女健儿身手惊人》，载《玲珑》1931年第1卷第28期。
[3] 球迷：《女性健美》，载《图文：新型综合趣味图画周刊》1946年第2期。
[4] 轻烦：《一个健美的女生》，载《学校生活》1933年第63期。

合运动会、第十四届华北运动会上接连夺得女子五十米、百米、跳远项目的冠军，又在杭州第四届全国运动会上创下七秒二的五十米跑和十三秒四的百米跑新纪录，可谓"在运动历程中最光荣的一页历史"[1]。

可见，两性气质并非完全遵循"生理决定论"，以往认为女子体力柔弱、不适合从事激烈体育竞赛的观点，则是基于"社会建构论"的价值评价。女性主义的目标并非旨在消除作为客观事实的两性生理性别的差异，而是要消弭基于社会文化建构而成的社会性别所带来的影响，这缘于社会性别的潜在规训限制了女性主体角色的表现与发挥。[2]健美女性用乐观积极、勇敢向上的身体实践，为破除两性的性别刻板印象贡献了女性主体经验与主体力量。

二、资本消费与物化女性的危险

早在女性健美运动兴盛之前，以烫发、旗袍、高跟鞋为特征的"摩登女郎"一度引领着都市文化女性审美的新潮。她们树立了小资产阶级的女性气质，被冠以上层贵族的身份标识。"摩登女郎"游荡于咖啡馆、跳舞场、跑马场，爱慕虚荣、肤浅享乐、拜金主义，挥霍如土，朝三暮四，盲从自由恋爱、自由结婚、自由离婚，颠覆了传统社会的两性关系与家庭伦理，逐渐引起包括进步人士、文化民族主义者、国民党官方统治者等在内的"集体性批判"[3]。

既然"摩登女郎"的"道德反叛"遭致社会的非议与诟病，如何在民族主义与女性气质的平衡之间开辟出一条有效的新途径？如此，拥有健而美身体的女性成为与"摩登女郎"竞逐的凭借。"反摩登"成了健美女性的一个重要身体叙事。

《妇女生活》杂志刊登了李瑞云女士对于"摩登女郎"的质疑："一个女子，穿了漂亮的衣服，高跟皮鞋，烫着时髦的头发，搽上浓厚的脂粉……有苗条的身材，杨柳般的细腰，纤纤的玉手，秋波的眼，樱桃的嘴……这样她又算为'美'吗？不！绝对的不能……现代女子的'美'……第一个先决条

---

[1] 飞：《健美的孙桂云》，载《中国学生（上海1929）》1930年第2卷第4期。
[2] 李石：《告别"第二性"：性别平等与女性认同》，中信出版集团2025年版，第179页。
[3] 董玥：《谁惧怕摩登女郎?》，载姜进等：《娱悦大众：民国上海女性文化解读》，上海辞书出版社2010年版，第168~178页。

件，就是有没有'健'全的体格"[1]。与此同时，还有"敬告摩登女子"的劝诫，停用那些"毁容不持久"的舶来化妆品，勿为无用的消耗。[2]《华年》杂志刊文直接将"摩登女郎"视为健美女性的敌人，上海的舞女、公司中的女职员、游艺场中的女招待，出卖"女子色相的娱乐"，可谓"毁灭健和美的洪炉"[3]。

从"反摩登"的话语叙事中可以看出，健美女性希望通过康健的身体融入现代化变革与转型的浪潮。需要注意的是，"摩登女郎"总体上还是资产阶级与上层社会的专属。至于健美女性则显示出中产阶级或"平民化"的取向，但却在时尚品质、商品化与资本经济盛行的都市生活中，建构出不同于"摩登女郎"的身份区隔，并不断进行着女性气质与消费主义、民族主义话语之间的协调，从而赋予城市现代化转型之于女性身体的新要义。她们渴望被上流社会所接纳，冲破"摩登女郎"独领风骚的地位。由此，健美运动满足了平民女性跻身小资产阶级行列的愿望和诉求，强化了扎根于海派都市文化生存的身份认同，力图扭转原先相对于"摩登女郎"的边缘化地位。实际上，健美女性标签化身份确认的背后，隐喻的是同"摩登女郎"之间围绕阶级、资本与社会身份等议题展开的话语竞逐及博弈。换言之，健美女性可谓"另一种摩登"。《时代日报》描摹"康健美的典型"中的"四个标准"实与"摩登女郎"无异："（一）四圆：面圆、颈圆、前臂圆、足踝圆；（二）四白：皮肤白、眼球白、牙齿白、腿儿白；（三）四黑：头发黑、眉毛黑、睫毛黑、瞳孔黑；（四）四红：舌头红、嘴唇红、牙龈红、面颊红"[4]，可见，女性追求健美风潮本质上仍是两性权力关系中的一场不平等的情感劳动。

值得注意的是，如果借助"物化理论"分析，在许多女性意识中间存在着一个男性的权威，使得她们不免站在匿名制父权文化的"他者"观看与凝视之下。女性的健美身体作为被打量的对象，男性成为观看的承担者，"起决定作用的是男人的眼光，它塑造女性的形体，她们的外貌被编码成强烈的视

---

[1] 李瑞云：《谈谈健美》，载《妇女生活（上海1932）》1932年第1卷第11期。
[2] 戚天别：《健美的基础》，载《妇女生活（上海1932）》1932年第1卷第11期。
[3] 《健美女子的去路问题》，载《华年》1933年第2卷第17期。
[4] 火星：《康健美的典型》，载《时代日报》1933年1月23日，第1版。

觉和色情感染力"[1]。这注定了女性将在健美风潮中失去对身体话语的主导权,遭遇追求主体性人格的失败,并依旧无法脱离客体角色的地位。

诚然,在以父权制为前提的大众审美凝视下,任何女性的身体都不可能是完美无缺的,很多女性为此感到焦虑,并以父权制中的审美标准进行百般挑剔,不但忧心于自然变老,甚至厌恶自己的身体。一些女性认为,如果不服从于所谓标准化的身体改造,将不免遭受男性社会排斥和边缘化的境遇。[2]如有论者制定了"女明星的健美标准",将身长、体重、颈部、手腕、腰部、大腿、小腿、足踵等各部位做出"确切的规定",进行物化言说,使女明星在银幕内外的身体塑造成为男性品头论足的焦点。[3]女性为了弥补容貌和身材的缺陷,竭力奔向健美的大军,从姿态到动作、从着装到身材、从运动形式的选择到运动空间的流动,打造着完美女体的身体竞赛,接近着男权文化对于审美风尚流变的定义,展开女性之于美与身体变革的战争。由此,健美运动在当时还隐含着男性物化女性的意图和妄想,使得女性在健身健美的过程中成为"被观看""被凝视"的客体对象;而这种物化是对女性生理性别的"性物化",致使身体及部分器官从社会价值中剥离,由"个体"沦为"身体",同时也将导致自我物化的焦虑。[4]也就是说,在女性气质与男权文化的协商过程中,不仅损耗了女性解放运动的精神资源,而且无意间丧失了女性主体性身份的建构与实践。

男性通过对健美活动的程序化操演,在某种程度上提供了女性身体形塑的规范和指南,这虽满足了当时男性特定的审美需求,却使得健美女性经历了被物化的羞耻感。

因此,健美话语不仅关涉女体改造本身,更深层次关涉家庭、社会、职场以及性别权力架构的诸多层面,进而对女性情感与心理形成一种隐性而强效的影响。这关联着带有性别色彩的"身体技术"概念,男权社会所定义的审美观操纵着女性的健美准则,与现代性的摩登文化合谋铸就了困住女性的"美丽牢

---

[1] 佟新:《社会性别研究导论》,北京大学出版社2011年版,第238~242页。

[2] 吴华眉:《身体的哲学:当代女性主义身体观研究》,中国社会科学出版社2021年版,第149~151、170页。

[3] 《女明星的健美标准》,载《电声(上海)》1940年第9卷第4期。

[4] 沈奕斐:《透过性别看世界》,上海人民出版社2019年版,第185~196页。

笼"。单就身体形象建构的层面而言，女性健美者只要踏入公共领域，便在男性主导的霸权"凝视"之下沦为视觉消遣的对象，失去了行动主体应有的自在与从容，"它提醒我们，每次离开家后，我们的身体就处于被展示的状态"[1]。

除此以外，女性的健美活动还被不良行为所冒犯，从而忽视了女性自身应有的价值和尊严。健美女影星王人美在游泳时即遭遇过一次意外，"有人在水底下，乘着大家兴高采烈之时，突伸过一双手去，直向王小姐"，此举违背公序良俗，且明显带有骚扰性质，"不过池中人多手杂"，也究查不出恶作剧的始作俑者。[2]

不可否认的是，健美女性为契合男权审美文化的诉求，存在着自我物化的一面。她们执迷于吸引男性凝视的目光，过分关注自己的形象，烦恼镜中有瑕疵的身体，为换取想象中的性感和美丽以健美的指南进行严苛的身体形塑，甚至过度修饰自己的外表，耗费了不少心力和经济资源，一定程度上降低了她们参加社会活动的热情，限制了近代中国妇女运动以"合群"之力走向纵深发展。从这个角度看，健美运动无疑导致了女性主体性的失坠，相反强化了女子的边际地位，并且还会成为"另一种摩登"。换言之，无论是"摩登女郎"还是以"反摩登"话语标榜的健美女性，皆是在深化男性凝视前提下的女性身体话语的建构。这种健美女性的主体性身份从"确立"到"丧失"的悖论，确实值得审思。

1920年—1930年间，堪称中国现代工业发展进程中的关键时段，彼时工业生产呈急速迈进之势。民族资本主义的蓬勃兴起以及商品制造业的持续繁荣，迫切依赖消费者强劲的购买力作为支撑，并使得社会风气为之一变。外界舆论大肆鼓吹她们去迎合当时审美风尚的急剧变革，女性群体沦为被"改造"的对象，使得女性的衣着打扮、身体塑造等各方面，都必须满足新兴消费市场对所谓"时尚"的需求，至于女性自身的意愿与诉求却往往被掩盖在这喧嚣的时潮中。[3]也就是说，市场与资本主义对女性的消费活动进行隐蔽

---

[1] [意]毛拉·甘奇塔诺:《服美役：美是如何奴役和消费女性的》,张亦非译,北京联合出版公司2024年版,第38~39、59页。

[2] 不识:《王人美水中遇暴》,载《大亚画报》1933年第391期。

[3] 王跃祺:《"阴影之阴影"：20世纪30年代的"摩登女郎"批判》,载艾尤主编:《中国女性文化》(2023·总第24辑),社会科学文献出版社2023年版,第292~293页。

的诱导和操纵，使得健美女性在消费文化的驱动下蒙上了"服美役"的阴影。

进而，在资本经济风潮的席卷下，健美走向"商品化"，逐渐脱离了体能运动本身，忽略了"健"字，而侧重对"美"的展示和塑造，促使女性"美"的风景与五光十色的摩登文化、海派文化相互融合，更显示出扑朔迷离的一面。不少以"健美"为名的商品刺激着健美女性的观感与社会大众的购买欲，特别是一些药品吸引着健美运动的参与者，为健美女性开具了消费引导的指南和妙方。

其中，"健美露""美奴宁""补女容"等品牌皆在推荐行列。为增进健美产品的说服力，商家还特邀专业医师进行"鉴定"：或标榜拥有妇科痛经对症治疗的奇效，或有助于提升女子美丽的容貌，凡年老色衰者可"回复青春，体躯越加康健"〔1〕。

各种以"健美"为名义的符号，为女性建构出另一种标准的身体模具，促使她们在革除女体牢笼的同时，又给身体套上了新的锁链。健美文化以多样化的形态呈现，迫使女性屈从于审美焦虑与审美文化，使得运动的参与者纷纷成为"被规训的身体"，并固化为新的刻板印象。商品经济、消费市场为从事健美运动的女性设置了某种壁垒，健美的女体陷入商业化的漩涡，与资本、阶层、权力、社会身份相互联结。女子以"被控制的身体"从事健美运动，并与情感生活、妊娠生育之间建立起强制性的纽带，沦为"被凝视的他者"的角色建构。

20 世纪 30 年代的上海滩，享有"东方好莱坞"之美誉，成为近代中国电影产业的生产主阵地，电影工业与报刊媒介齐头并进、蓬勃发展，弥漫着商业文化浓郁的气息。健美女性除了在各大画刊杂志上表现形体之美，还被搬上了电影的银幕，经过技术的加工和制作者津津乐道的渲染，成了市民阶层消遣的对象。

其中，《健美的女性》（1933 年）、《健美运动》（1934 年）、《中国的健美女性》（1936 年），这三部以"健美"为主题的电影，在社会大众中间造成了很大的反响。一方面，"健美"被歪曲为"曲线"的同义词，致使社会各界愈加难以辨认"健美"之于女体"自然美""健康美"的真实点；另一方面，

---

〔1〕 金文安：《妇女理想中的体格——健美》，载《新闻报》1935 年 12 月 17 日，第 16 版。

满足了观看者凝视女性的想象噱头，在媒体上也产生了千奇百怪的时髦读解。并且，"健美"的概念一旦被滥用，在强力的炒作渗透下，便走向了物化女性的极端。换言之，影片侧重的并不是如何打造康健的身体，而只是为男性猎奇女性打开方便之门。

文学家茅盾先生揭露了以"健美"为题材的各类电影在某些情况下沦为吸引男性的噱头，并隐藏着规训女性的企图。女性审美风尚的流变始终是社会演化与文化制度更替共同作用下的产物，在不同的文化语境下，呈现出各自迥异的特点和价值取向，反映出差异化的社会阶层与权力结构。健美运动并不能真正帮助广大妇女完成女性主义的解放。在茅盾的论述中间，"布尔乔亚"作为资产阶级的一个代名词：

现在，我们也常常听到"健美"的呼声……封建社会的生活是静定的，所以男子对于女性美的要求是娇弱文雅贞静。资本主义社会的生活却是动的，冒险的，所以布尔乔亚的男子要求壮健活泼的女性美……我们在"健美"的幕后将看见仍是布尔乔亚所疯狂地追逐着的肉感的刺激，荒淫，颓废。"健美"仍旧无补于女子的被侮辱的地位！真正意义的"健美"要在女子被解放而且和男子共同担负创造新生活那责任的时候！[1]

总之，现代化的工业生产不断引导健美女性对于消费主义的欲望，导致健美与曲线之间的边界模糊化。健美女性与"摩登女郎"无异，只是身份标签、命名方式不同而已，她们在身体话语的形塑层面具有高度的同质性，皆难以摆脱当时社会对于女性气质规训的隐形控制，困守在遭遇凝视与物化的公共空间与消费空间，并遮蔽了女性休闲背后蕴藏的经济关系。

三、民族主义话语与女性休闲的破产

消费主义文化虚构了女性休闲的社会场域，商品化市场处心积虑地满足女性之于美貌的诱惑及其女体的改造，鼓吹女性追求审美风尚的自由，使得女性的身体利益在公共化范畴获得了空前重视。值得注意的是，民国时期的

---

[1] 茅盾：《健美》，载《茅盾创作集》，上海永生书店1936年版，第304~305页。

女性休闲活动仍是一种奢侈品，只是上层社会的舒适体验。这些健美女性缺乏独立自主的经济权，唯有充当社会的"交际花"与大众文化投射欲望的对象，才能"区分又模糊了阶级差别"，进而实现她们对于资产阶级物质生活的向往。换言之，父权制的统治结构不仅疏离了女性主体性的地位，而且重新定义了两性关系并巩固了男性充当权力主宰者的权威地位。[1]就此意义而言，女性休闲与健美文化必然走向破产。

首先，民国时期健美运动的兴起与西学东渐有着千丝万缕的联系，西方文化输入中国的时代风尚带来了全新的审美标准和生活方式，既展现出与中国传统文化的碰撞与融合，同时也促使中国女性加强对自身身体的关注和塑造。

从引介西方健美形象的情况看，论说者着重强调"美丽"的功能，以图文并茂"说故事"的方式，讲述西方女性如何通过健美改造人生的范例，认为健美不仅是保持女性年轻美貌的重要条件，同时有助于现代社会女性的择偶与婚姻。对此，《铁报》在刊文表示中，经过铁血宰相俾斯麦的影响，男性青年择选配偶时，无不希望女性拥有"硬健的体格"，故流行"体格美女"的社会风尚；[2]《女朋友》则撰文视健康为维持日常生活的能力，称"美是维持情感生活的权威者"，因此"健美的女子，是有资格结婚的，那病态的女子……是谈不到结婚问题的"[3]。

这种审美文化意识形态的导向决定了一部分女性从事健美运动只是追逐时尚新潮的狂欢，她们效仿国外女明星的身体塑造，目的在于取悦于男性，跻身上流社会阶层，主要是为了个人主义的享乐与虚荣，并不具备世界主义的时代面向。除此之外还需要看到，论说者以西方健美女性为模仿的镜像，进而批判中国女性的"病态美"，隐喻着近代知识精英以"西方文化"改造"东方文化"的诉求，这也折射出南京国民政府统治下的民国社会对于文化自信力的缺失与不足。

其次，摩登都市盛行的女性健美风尚脱离了民族主义话语主潮，女性参

---

〔1〕［美］芮塔·菲尔斯基：《现代性的性别》，陈琳译，南京大学出版社2020年版，第91～101页。

〔2〕怀：《德意志妇女的健美特征》，载《铁报》1937年6月7日，第4版。

〔3〕金碧华：《健美与婚姻问题》，载《女朋友》1932年第1卷第9期。

与者未能把握历史的主动力,缺乏回应救亡图存使命的时代关切。实际上,当时绝大部分健美女性并不具备担负"国民之母"与"女国民"的主体性身份资格,无法将自身解放与民族社会革命同向同行,更看不到国家未来的前途与出路。

民族复兴思潮成为革命进路上最具影响的话语强音,促使近代中国体育运动的发展与救亡图存的感召紧密结合在一起。基于此,早在女性健美风潮兴起之初,有识之士便敏锐地指出,女性休闲的赋权活动要适应时代的变奏,现代女性气质的建构与女性身体的改造也应自觉地嵌入民族主义的重要论述,"病态的母亲,只有造成残弃或软弱的子女"[1],女性唯有锻造健而美的母亲身体,才能生产出健康的儿童,并为中国革命注入健康的血液。换言之,女性身体不仅是属于个人的,同时还从属于"国家化"的范畴,正所谓"提倡健美的少女才是第一流的爱国份子,无健美的少女,就无强盛的民族"[2]。这缘于近代国人将国家利益与国族话语作为女体改造前提的思想,时人普遍认为,女性身体孱弱导致无法生育健康的后代,这是造成中国积贫积弱的根源之一。鉴于国民体质强弱与国家强弱之间唇齿相依的关联,唯有女性拥有康健的身躯,才能实现强国优生,点燃民族复兴的希望之灯。[3]因此,健美运动被赋予了双重使命与目的,除了使女子个人具备"新女性"的特质外,还要将挽救衰颓的国运作为动力,遂有呼声表示"女子们,你们觉得身体衰弱吗!患病痛苦吗!民族危险吗!那末赶快锻练体格,既可解决以上的困难,又可作一位新时代的女子,这真是一举两得的事,何乐不为呢!"[4]

在 20 世纪 30 年代国难危机日益严峻的背景下,女性解放的革命性、时代性、民族性特征更显示出浓郁的色彩,饱含民族苦难的抗争与情绪持续高涨,强调"强国保种"与女性"身体国家化"的叙事逐渐成为主要潮流。《健美画刊》在发刊词中明确言说了这一政治深意:西方人士此前讥讽中国人为"东方病夫",如今"我们要夺回我们的'美'……恢复我们的'健康',

---

[1] 玲:《中国女子的健美》,载《智识》1930 年 5 月 7 日,第 4 版。
[2] 《宣言》,载《中国摄影学会画报》1930 年第 5 卷第 230 期。
[3] 陈路遥:《中国早期媒介女性形象物化研究》,九州出版社 2020 年版,第 96~97 页。
[4] 剑尘:《健康美座谈:健康美的养成(上)》,载《康健世界》1936 年第 10 期。

提倡'健美'的运动",对于积弱的中国而言是绝对必要的。[1]《妇女杂志》在论述中也突出女体改造与优生传种、增进子女幸福、提升未来国民素质的关系,"世界上多一个健康的妇女,在数百年后,便要多至几百的健全国民,这样的推算,试问妇女的健康,关于民族的强弱,若何的重大?而且健康是美丽的辅助剂,是本身独立生活的基础"[2]。《时代日报》在刊文中着重强调,女性唯有自觉摒弃养尊处优的生活,革除孱弱沉暮的风气,形塑健美的体魄,方可将"慢性灭亡的病根"铲除殆尽。[3]

然而,除了一些爱国者的呼吁外,上述进步的言论鲜少引起健美女性的真正重视。总体而言,健美女性被物质与消费的欲望包围吞噬,遁入商品化的陷阱。《妇女生活》杂志刊文批判那些受到"洋化"侵袭的享乐者,"大买其西洋的衣料、手袋、皮鞋等",阻碍了国货的销路;同时提醒健美女性扭转铺陈浪费的奢靡之风,代之以爱国、朴实、勤俭的美,并承担起购买国货的自觉。[4]《申报》刊文也对此表示:"假定妇女能猛然反悟个个用国货,洋货就几乎可以断路绝迹……妇女同有负起提倡国货,挽救国家之责任"[5]。可见,这种"非理性"的情感表演,注定了健美风尚是一场徒劳无益的身体实践。

值得注意的是,民国时期即便是女性通过健美实现了身体层面的解放,但在精神层面仍免不了被民族主义话语下的性别政治所牵制。这缘于妇女解放从发端伊始便牵连着民族救亡的隐喻,当时文化知识人的一个普遍的心态在于,将拯救妇女弱势的困境视为振兴国家的重要途径。因此,妇女解放并非孤立存在的议题,不仅关涉妇女自身的权益与地位,更与国运的兴衰紧密相连。由此,国家话语与国家利益占据了强势地位,使得女性本位让位于国家本位,相较于民族主义思潮的持续高涨,以女性主义为核心的启蒙显得并非紧要迫切。照此看来,女性尽管在健美活动中获得了主体性的身份体验,但究其本质则是一场由男性文化知识人充当言说主体并主导审美风向的运动,

---

[1]《刊前语》,载《健美画刊》1932年第1期。
[2] 叶曾骏:《妇女的健康》,载《妇女杂志(上海)》1930年第16卷第6期。
[3] 东方生:《女性健美论》,载《时代日报》1934年8月16日,第2版。
[4] 郭秀仪:《从健美到俭美》,载《妇女生活(上海1932)》1932年第1卷第1期。
[5] 王珂:《妇女与提倡国货》,载《申报》1935年11月7日,第15版。

这种"男倡女和"的健身健美依旧"是一场以民族健康而不是女性解放为旨归的女性身体改造运动",虽赋予了女性主体解放的可能性,"但是以国家主权为统驭性前提的国家建制中的'妇女'又要面对新的压抑……女性自发性体育实践很难获得历史意义,只有与国族利益维系在一起,才有可能被纳入到有希望有未来的新女界范畴内"[1]。

再次,多数健美女性缺乏自主的职业,尚未实现经济权的独立,误用、滥用"自由恋爱"的概念,本质上仍旧与传统社会的性别秩序无异。她们被编织于当时社会的话语体系内,难以避免地沦为都会文化的"花瓶"与消沉堕落的"娜拉",并在麻醉的享乐中摇曳着女性主义解放的困顿、焦虑与迷茫。

1923年12月26日,鲁迅在北京女子高等师范学校文艺会上发表了题为《娜拉走后怎样》的演讲,提出了"不是堕落,就是回来"的重要命题,成为分析"新女性"离开家庭后"何去何从"的经典诊断。鲁迅指出,一方面,女性难以解决女性角色之于社会角色的桎梏,"如果是一匹小鸟,则笼子里固然不自由,而一出笼门,外面便又有鹰,有猫,以及别的什么东西之类";另一方面,"梦是好的;否则,钱是要紧的",即女性在掌握经济独立收入的基础上,建构性别角色的主体意识,方可真正成为女性启蒙与女性赋权的主宰者。[2]

可见,鲁迅揭露了经济独立之于女性解放进路的核心要义。女性之所以在两性权力关系中位于弱势者的地位,实则根源于经济基础的压制。从表面上看,健美女性混迹于与男性资本家的周旋之间,得以与其"共享餐桌美食"。但实际上,在不具备自主经济权的前提下,她们本质上或多或少仍处于男性资产拥有者的附庸角色的状态。她们在阶级分化的社会中依然处于被支配者的边缘,由此导致了物质基础和消费主义对于健美文化的异化。

最后,尽管在自由主义与文化主义的女性主义学说的论者看来,女性休闲有益于提升个人生活质量、表达主体行动、增进人际关系、扩大社交网络,

---

[1] 王云:《社会性别视域中的近代中国女子体育》,江苏人民出版社2012年版,第336~337页。
[2] 鲁迅:《娜拉走后怎样》,载《鲁迅全集(编年版)》(第2卷),人民文学出版社2014年版,第359~361页。

培育女性的主体性身份,改变女性固有的社会性别角色,促进两性关系和谐发展。[1]女性休闲在助力男女平权的范畴确有一定独特意义,不仅可使女性更好地发展自我的身体价值,而且能够为女性开拓社会生活的新视野。然而,教育水平、经济能力、劳动收入等决定了女性休闲深入日常生活的程度和限度。女性参与休闲活动并不完全意味着女性权利的发展,她们对于健康、时尚和美的塑造,在表达审美自主意识的同时,无形中也强化了传统性别刻板印象对于女性角色的桎梏。[2]

民国时期以健美风潮为主要内容的女性休闲仍充斥着阶级与社会身份的区隔,多数健美女性既缺少独立的职业收入,而且在"家务劳动社会化"还是一纸空文的情境下,女性的发展依旧困守在"没有工资的家务"领地,专注于扮演"新贤母良妻",忙于非生产性的琐碎家务劳动……"治理家政,却很老练,烹饪、缝纫、洗衣等操作,样样来得"[3]。况且,不少健美参与者误解了健美运动的出发点,将之视为有助于美貌与择偶、增进婚姻与家庭生活和谐的资本,偏离了女性休闲与女性发展的良性轨道。她们侧重于体面的消费,以美化容貌和女体改造为代价,误解人生价值的真谛,甚至企图将身体资本转换为社会资源以及"获取文化资本的机会",以此作为跻身特定社会阶层的上升通道,[4]这不免丧失了女性独立的人格与主体性的尊严,本质上还是满足个人之于美丽和康健的想象,并深化着男性凝视与父权制社会对于健美文化的建构。

总体而言,健美女性只是摩登都市中的少数社会群体,对于广漠的时代战场与中国社会的底层情形仍有隔阂,其对于身体改造的话语实践,难以真正探索出一条女性主义解放的历史出路。在新旧时代性别文化转型的变革风貌谱系下,健美风潮孕育的文化景观并非具备典型性,只是民国上海滩在特定历史时期与特定消费空间下建构的社会性别表演符号。

---

[1] [美]卡拉·亨德森等:《女性休闲——女性主义的视角》,刘耳、季斌、马岚译,云南人民出版社2000年版,第144~145页。

[2] 石红梅:《马克思主义妇女观和中国特色女权主义实践》,中国社会科学出版社2017年版,第78~87页。

[3] 张孟昭:《我的妻:健美适乎其中》,载《千秋(上海1933)》1933年第6期。

[4] [英]克里斯·希林:《身体与社会理论》,李康译,上海文艺出版社2021年版,第215~216页。

实际上，女性休闲应当避免消费主义与物化女性的陷阱，引导女性"发现身体"的自觉，关注自己的身体力量，拥有自主选择女性身体实践的表达权利，并破除传统社会对于女性审美的规训和压制，消除父权制强加给女性的有形与无形的话语控制，从而促使女性追求个性的发展与主体的自由。在民国社会五彩斑斓的摩登都市里，健美女性只有充分把握经济权的主动性，通过职业自主的途径，投入生产劳动，获取经济资源、政治资源、文化资源的增长，并投身于民族国家话语的时代主潮，才是女性休闲与女性赋权的唯一途径，才能最终实现女性解放与民族复兴进路的同步发展。

◆ [延伸阅读]

1. 游鉴明：《运动场内外：近代江南的女子体育（1895—1937）》，广西师范大学出版社 2025 年版。

2. 蔡洁：《摩登与弄潮：近代中国的文化与社会》，北京出版社 2022 年版。

3. 张鑫：《"美丽经济"近代上海化妆品业研究（1903—1949）》，中国社会科学出版社 2023 年版。

◆ [课后思考]

1. 民国时期兴起的女性健美风潮与大众文化、民族主义之间存在着怎样的联动？

2. 如何看待民国时期女性健美运动对于女性赋权及女性主体性身份建构的影响？

3. 如何认识标榜"反摩登"话语的健美女性其实是"另一种摩登"形象的塑造？

主题二

女性、政治与民主

第三讲

启蒙之先声：辛亥革命前后女子参政运动的"鼓"与"呼"

◆ [教学提要]

晚清以降，随着西方思想的传入，一些先进知识分子开始倡导男女平等。戊戌变法后，金天翮在《女界钟》中提倡男女平权和女子参政。辛亥革命时期，知识女性通过创办报刊等途径宣传妇女解放，将妇女运动与革命运动结合，涌现出以秋瑾、唐群英为代表的女革命家，投身到革命中去。革命胜利后，她们采取请愿和辩论等一系列行动，力求争取男女两性政治权利的平等，但女子参政权在当时并未得到法律的认可。尽管这场运动最终以失败告终，但辛亥革命前后女子参政运动的"鼓"与"呼"对推动后世妇女解放事业产生了深远影响。

◆ [教学目标]

1. 深入探讨辛亥革命前后女子参政运动兴起的历史背景、具体过程及历史意义，挖掘晚清时期女子参政思想的萌芽。

2. 爬梳民国初年女性争取参政权利的曲折进路，分析共和政权建立初期政治民主化困境的阻力因素。

3. 阐发辛亥革命前后中国女子参政运动蕴含的时代价值与现实启示，使学生掌握女性、政治与民主之间的复杂关系。

4. 理解女性在近代中国政治舞台上的角色扮演，及其在推动社会文明进步中所占据的关键地位，培养学生自觉增进性别平等意识，助力建设女性友好型社会。

◆ [案例导入]

从有历史记载的文明时期开始,中国的女性就被排除在参与国家事务和政治活动之外。"男尊女卑"的观念长期以来主导着人们的思想。早在商周交替之际,武王起兵伐纣的誓词就说:"古人有言曰:牝鸡无晨;牝鸡司晨,惟家之索",指责商纣王惟妇言是听。[1]《诗经·大雅·瞻卬》里也有"哲夫成城,哲妇倾城。懿厥哲妇,为枭为鸱。妇有长舌,维厉之阶。乱匪降自天,生自妇人。"[2]从该文献中可以看出,作者错误地认为,才能见识超凡的男子能够立国使国富强,而这样的女子就会倾败国家,聪明的女子就像不祥的鸟,妇女能言善辩,是祸患的根源。但除了极少数因为皇帝年幼而太后及外戚等参政以外,事实上当权者根本不让女性插手政治,普通阶层中绝大多数的妇女尚难享有参政权利。鲁迅先生曾在《我之节烈观》中对此评论道:"所以历史上亡国败家的原因,每每归咎女子。糊糊涂涂的代担全体的罪恶,已经三千多年了。男子既然不负责任,又不能自己反省……所以女子身旁,几乎布满了危险。"[3]明末清初,李贽、唐甄等思想家们就对这种"女祸论"进行了批判。

到了晚清,列强入侵,富国强民、复兴中华的思想开始应时而起,维新派人士提倡和弘扬"男女平等"等先进思想,开始对于女子参政提出了有别于传统的意见和主张。1912年,女子参政同盟会在南京成立,标志着女子参政活动从"分群"走向"合群",唐群英等担任会中主要领导,提出男女平权、普及女子教育等纲领,并曾多次上书要求在《中华民国临时约法》(以下简称《临时约法》)中明定男女平等的选举权和被选举权,甚至大闹临时参议院,但均遭拒绝。1912年8月,袁世凯公布国会组织选举法,以及在同盟会改组国民党的成立大会上,也未能承认女子拥有选举权与被选举权。运动虽以失败告终,却充分显示出觉醒时代女性维护自身合法权益的勇气。本讲通过讲述1894年—1913年辛亥革命前后中国女子参政的思想来源与活动史实,评析这一时期女子争取参政权"知"与"行"的特点、关系和历史意义。

---

[1]《尚书·周书·牧誓第四》,载(汉)孔安国传、(唐)孔颖达正义、黄怀信整理:《十三经注疏·尚书正义》,上海古籍出版社2007年版,第423页。

[2]《诗经·大雅·瞻卬》,载程俊英、蒋见元:《诗经注析》,中华书局1991年版,第923页。

[3] 鲁迅:《我之节烈观》,载《鲁迅全集》(第1卷),人民文学出版社2005年版,第128页。

第三讲　启蒙之先声：辛亥革命前后女子参政运动的"鼓"与"呼"

一、晚清女子参政权思想的萌芽与发展

（一）女公民则应有参政之权——戊戌维新时期的女子参政思想

康有为曾在《大同书》中对女性历来被剥夺参政权的这一现象进行了尖锐的批判，指出"万国卿相尽男儿，举朝职官未见女子"[1]，女子"纵天地予以奇才，无复有发愤展布之日……非徒抑塞人才，遏夺人权，亦暴殄天地之精英甚矣"[2]。在康有为看来，天下为公的世界里，只要是人就都应该视为公民，在合众国里女子也应为公民，也应同男子一样有参政之权，因此，想要打造太平盛世，首要之事就是以女子作为公民。在中日甲午战争失败和戊戌变法失败以后，康有为出于社会大同的理想和目的，将女子当作同男子一样的公民看待，期望女子能够像男子一样有公民权，人人平等，可以参与到正常的社会生活当中，为国家的富强出一份力量。这不仅仅是他对未来女子的期望，也是他对未来社会人人平等的理想。将女子当作国家的一份子，当作国家一半之公民，成为了后来女子争取参政思想的来源之一。

这一时期，先进女性卢翠在《女学报》上发表《女子爱国说》，公开主张女子参政。她认为，"中国四万万人，吾辈实占二万万，向使吾辈皆如西国女子，人人读书，人人晓普通之学，人人习专门之业，不特于一家之中，大有裨益，即一国有事，亦岂无以报效于毫末哉！……夫民也者，男谓之民，女亦谓之民也。凡我同辈亦可以联名上书，直陈所见，以无负为戴高履厚之中国女子也"[3]。于是，卢翠代表民间女子向光绪帝上书提出女子参政的建议，主张学习国外经验，"如西国设贵妇院例，设贵妇院于颐和园，召各王公大臣命妇，一年一次，会集京师，并远聘各国女士，同入斯院，讨论女学"，设女学部大臣，公举12人，分任各省，广开女教，并准荐拔高等女学生及闺媛，入贵妇院授职理事。[4]卢翠代表女性向封建最高统治者发出了女子参政

---

[1]　康有为：《大同书》，中州古籍出版社1988年版，第148页。
[2]　康有为：《大同书》，中州古籍出版社1988年版，第155页。
[3]　卢翠：《女子爱国说》，载中华全国妇女联合会妇女运动历史研究室编：《中国妇女运动历史资料（1840—1918）》，中国妇女出版社1991年版，第143~144页。
[4]　卢翠：《女子爱国说》，载中华全国妇女联合会妇女运动历史研究室编：《中国妇女运动历史资料（1840—1918）》，中国妇女出版社1991年版，第143~144页。

的呼声。她将国家命运与女子命运联系在一起,强调女子也要同男子一样救国救民,成为女性最初争取参政权的理论来源之一。

(二)"救亡图存"与"兴女权"——辛亥革命之前的女子参政思想

清朝末年,随着国家局势的日益衰颓,一些思想开明先进的男性对比中西强弱盛衰的现状与中西文化背景的不同,指出中国传统以来对妇女的压制严重地影响了国家的发展和民族的进步,遂主张男女平等之权利,呼吁给女子教育、经济、政治、婚姻和人民之权利。著名翻译家马君武翻译出版《斯宾塞女权篇达尔文物竞篇合刻》和《女权宣言书》等经典论著,向中国介绍了斯宾塞、约翰·斯图尔特·弥勒和社会党人等的思想著作,为近代中国男女平等的思想带来新的气息。对于男女平权和民主政治,马君武将女性的独立与平等同民主政治相结合,认为国家对国民专制,则国中的男子也对女子专制,二者如影随形,只有先解放女性,让女子不再做男子的奴仆,给国人平等的公民权,国家才能称之为国家,国人才可称为国人。[1]女性拥有和男性同等的权利,对马君武来说不仅仅是出于男女平等的考量,更是一种社会进步的理想,对富强民主先进国家的美好期望。

不仅是马君武,很多维新派和革命派主张男女平权是将女性的自身发展与国家强盛和社会革命理想紧密联系在一起的,认为当革命胜利以后女子就可以拥有和男子平等的各项权利,享有与男子一样的参政之权,从而走上民主自由平等国家的道路。金天翮在1903年发表的《女界钟》中描述了国民革命胜利后女子可以参政的美好蓝图:"预备议政必有会……合之则吾国民必公立一议政会。无论男女,皆可以为会员,皆可以选举事务员,及评议员、调查员,且皆可以任会长……女子而参预政治乎,是可决矣……吾更愿异日中国女子,积其道德学问名誉资格,而得举大统领之职也。夫功德圆满,女子之荣亦极矣!"[2]金天翮的《女界钟》引起了女性参与革命的热情,其中所描绘的女性参政的理想更成了女子参政的纲领。

然而社会上对女子参政有了不同的观点,逐渐开始对先"女学"还是

---

[1] 马君武:《弥勒约翰之学说》,载姜德铭主编:《中国现代名家名作文库 马君武 帝民说》,中国戏剧出版社2001年版,第177页。

[2] 金天翮:《女界钟》,载中华全国妇女联合会妇女运动历史研究室编:《中国妇女运动历史资料(1840—1918)》,中国妇女出版社1991年版,第183~184页。

第三讲 启蒙之先声：辛亥革命前后女子参政运动的"鼓"与"呼"

"女性参政"有了不同的看法。很多男士认为女性参政的实现是有条件的，需要一定的道德和学识才可以胜任。例如，蒋维乔认为，女性参政的实现必须以女子各方面综合素质的提高为前提，"夫惟有自治之学识、之道德之人，而后可以言自由；夫惟有自治之学识、之道德之女子，而后可以言女权。"[1]因此，需要先兴女学，通过教育提高妇女的品德和知识，女性参政的实现则还需数十年的时间。

蒋维乔的观点在引起争论的同时，还得到了多数人的支持，成为当时男性知识分子里的主流观点。不过，柳亚子针对蒋维乔的观点进行了反驳。他指出，中国妇女长期以来受到压制，教育水平不能与男子同日而语，"夫女子之无学，岂女子之罪哉！"[2]，如果将女子教育作为女子参与政治的一个必要前提，那么女性永远就不会获得自由与独立，"欲光复中国于已亡以后，不能不言女学，而女权不昌，则种种压制、种种束缚，必不能达其求学之目的"[3]。所以，柳亚子认为想要复兴中华，肯定必须强调女学，但是如果还不鼓励女性参政，那么女性从学校走向工作、婚姻以及政府等基本权利仍然也必然会得不到保障。柳亚子突出强调女子参政的重要性，将女子作为与男子平等的人，其思想的确在当时成为十分开放和先进的观点。

但是大多数人还是未能接受柳亚子的观点，以丹忱为例，他认为女子接受教育是女子参政的必要准备，女子无教育便可参政是非常可怕的，只有女性具备"能力强""见解深""善于交际""富于公德""明于大义""善于抉择"这六种道德和长处，"其为学识高矣，其为道德深矣，而后可以母国民，而后可以参国是"。[4]这种先"女学"再"女性参政"的观点占据着大多数中国男性知识分子的思想，也在不时地左右着男性对于女子参政的敏感态度。然而，无论是哪种观点，女性获得参与政治的权利成为救国青年追求的一个重要议题，也成为社会剧烈变化的一个先兆。

---

[1] 竹庄：《女权说》，载《女子世界》1904年第5期。
[2] 亚卢：《哀女界》，载张枬、王忍之编：《辛亥革命前十年间时论选集》（第1卷·下册），生活·读书·新知三联书店1960年版，第935页。
[3] 亚卢：《哀女界》，载张枬、王忍之编：《辛亥革命前十年间时论选集》（第1卷·下册），生活·读书·新知三联书店1960年版，第935页。
[4] 丹忱：《论复女权必以教育为预备》，载朱有瓛主编：《中国近代学制史料》（第2辑·下册），华东师范大学出版社1989年版，第583~584页。

虽然以金天翮为代表的男性精英对于女性权利的探讨有了不少的成果，但是他们主张女性权利的目的在很大程度上是为了培养"国民之母"和"强国强种"。把女性的社会责任和特有的生理机制相联系，这在女界引起了一定程度的不满。吕碧城女士认为："女子者，国民之母也，安敢辞教子之责任；若谓除此之外，则女子之义务为已尽，则失之过甚矣。"[1]一些先进女性公开反对将女子责任与培育健康人种相结合的论调。1907年，清廷学部颁布女学章程，明确将贤母良妻主义作为女子教育的宗旨。对此，陈以益反对道："其勿以贤母良妻为主义，当以女英雄女豪杰为目的……苟欲去男尊女卑之谬说，则请取贤母良妻之主义并去之。与女子以男子同等之教育，即与女子以男子同等之权利，则平等平权庶非虚语，而女学与女权发达当有日矣。"[2]女子不应如从前一样将成为男子的贤妻和子女的良母作为人生追求，而应以英雄豪杰当作自己的榜样，男人能做的大事业，女人也同样能做。只有祛除贤母良妻主义，让女人接受同男人一样的教育，给予男女同等的权利，男女平等和平权才能不再是一句空话。辛亥革命前夕，很多先进女性将自己与国家的命运联系起来，仰慕英杰，渴望像男子一样成就事业，而不只是成为一名优秀的母亲。

不光是男性对女子参政有了不同于传统的新认识，晚清时期还涌现出大批进步女性——如秋瑾、唐群英等，呼吁并投身于革命事业。鉴湖女侠秋瑾对封建礼教进行了强烈抨击，作诗云："我辈爱自由，勉励自由一杯酒。男女平权天赋就，岂甘居牛后。愿奋然自拔，一洗从前羞耻垢。愿安作同俦，恢复江山劳素手。旧习最堪羞，女子竟同牛马偶。曙光新放文明侯，独去占头筹。愿奴隶根除，智识学问历练就。责任上肩头，国民女杰期无负。"[3]她以饱满的热情讴歌男女平权和女性救国的抱负，希望女子能够和男子一样投身反清革命活动，拔除传统"男尊女卑"的落后观念。将女性参政与救亡图存的思想结合起来，将争取女性权利与反清的民主革命活动相结合，促使中国

---

[1] 吕碧城：《论某督札幼稚园公文》，载中华全国妇女联合会妇女运动历史研究室编：《中国妇女运动历史资料（1840—1918）》，中国妇女出版社1991年版，第335页。

[2] 陈以益：《男尊女卑与贤母良妻》，载张枬、王忍之编：《辛亥革命前十年间时论选集》（第3卷），生活·读书·新知三联书店1977年版，第484页。

[3] 秋瑾：《勉女权歌》，载《秋瑾集》，上海古籍出版社1991年版，第121页。

第三讲　启蒙之先声：辛亥革命前后女子参政运动的"鼓"与"呼"

近代妇女运动带有浓厚的爱国主义色彩。辛亥革命时期以秋瑾为代表的女性参与革命派的武装斗争，不仅单纯为了推翻清王朝，同时也是为了在参与革命政治运动中争取女子权益，并分享新政府建立后的胜利果实，从而获得女子参政权，实现真正意义上的男女平等。这成为女性争取参政权实践的主要思想依据，奠定了后来女子参政运动的基调。

二、民国初年女性争夺参政权的努力与阻力

1911年武昌起义爆发，全国掀起了剧烈的革命风暴。原同盟会会员、中国社会党党员林宗素女士建立中国第一个女子参政团体——女子参政同志会。她曾为金天翮《女界钟》作序时说过："金君诚我中国女界之卢骚也。虽然，权也者乃夺得也，非让与也。今使为我女子辩护而代谋者，第出于金君，其与不流血，不颠覆而希冀政府之平和立宪也何以异？"[1]虽然在争取女性参政的实践中，有些女性仍不可避免地向男性掌权者寻求帮助，但可以看到，以林宗素为代表的一些先进女性已经开始意识到赢得权利必须依靠自身奋斗的重要性。

（一）创办女子革命团体

武昌起义后，进步女性群体为了"男女平等"和"女子参政"的早日实现，积极参与反清武装斗争，将民主民族革命与争取女性参政相结合，创建了五大女子革命团体。1911年底，"女子参政同志会"在上海成立，林宗素女士任会长，宗旨是"普及女子之政治学识，养成女子之政治能力，期得国民完全参政权"。[2]1911年12月，唐群英、张汉英在上海建立"女子后援会"，以"集合女界同志募集军资义捐金，以为民军后援"为宗旨，组织"北伐救济队"，随军前往战地，医治伤病士兵。南京光复前夕，沈佩贞在上海创办"女子尚武会"，以期推翻清政府，扫除专制政体，建设共和民国。此外，还有吴木兰发起的"女子同盟会"，设立"女子经武练习队"等。这些革命女性所建立的政治团体及其目标和宗旨，无不是期望通过参与革命的方

---

[1] 林宗素：《〈女界钟〉叙》，载中华全国妇女联合会妇女运动历史研究室编：《中国妇女运动历史资料（1840—1918）》，中国妇女出版社1991年版，第187页。

[2] 《女子参政同志会草章》，载中华全国妇女联合会妇女运动历史研究室编：《中国妇女运动历史资料（1840—1918）》，中国妇女出版社1991年版，第558页。

式使女子与男子获得一样的权利,正如沈佩贞在《创办女子尚武会绪言》中说道:"愿为我祖国尽一分之义务,组织一女子尚武会,以求我女同胞得一日之自由。"[1]也正因为如此,1912年元旦中华民国成立以后,各女子革命团体和进步女性便积极将主要任务由推翻清政府创建民国转向争取妇女在共和民国的参政权,通过争取政治权利进而保障妇女在教育、婚姻、职业等方面的基本权利。

(二)林宗素以及神州女界共和协济社请愿

1912年1月5日,中华民国刚成立,林宗素以"女子参政同志会"代表的身份前往南京与临时大总统孙中山会晤。孙中山许诺,等到民国政府国会成立,女子可以有参政的权利。此消息登报一出,引发了很大的社会反响,很多进步女性建立或参与女子参政的社团。吴木兰创立女子同盟会,沈佩贞创立男女平权维持会,张默君创办神州女界共和协济社等女子社团。然而以章太炎为首的中华民国联合会致函孙中山,对其因林宗素一人要求便草率许可女子参政一事表示不满。孙中山则回函说:"至女子参政,自宜决之于众论。前日某女子来见,不过个人闲谈,而即据以登报,谓如何赞成。此等处亦难于一一纠正,慎言之箴,自当佩受。"[2]此处孙中山将林宗素代表"女子参政同志会"的名义一概抹去,只谓其为"个人闲谈"。林宗素代表"女子参政同志会"随后发表声明表示"愈挫愈奋",并且于宗孟女校创设"女子法政速成科",旨在提高女子政治学识,以为女子参政之预备。

不久,神州女界共和协济社上书临时大总统孙中山,要求女子拥有与男子平等的参政权:

> 某等窃思共和国既建设矣,国内必无不平等之人,男女平权,无俟辞费。此番改革,女子幸能克尽天职,或奔走呼号,捐募饷糈;或冒枪烟弹雨,救护军士;或创立报章,发挥共和,鼓吹民气;或投笔从戎,慷慨杀敌,莫不血诚坌涌,视死如归,侠肠毅力,奚让须眉……兹特联合女界各团体组织大

---

[1] 沈佩贞:《创办女子尚武会绪言》,载中华全国妇女联合会妇女运动历史研究室编:《中国妇女运动历史资料(1840—1918)》,中国妇女出版社1991年版,第468页。

[2]《临时大总统再复中华民国联合会书》《统一党第一次报告书》,载中华全国妇女联合会妇女运动历史研究室编:《中国妇女运动历史资料(1840—1918)》,中国妇女出版社1991年版,第563页。

第三讲 启蒙之先声：辛亥革命前后女子参政运动的"鼓"与"呼"

会，命名神州女界共和协济社，以普及教育，研究法政，提倡实业，养成共和国高尚纯全女国民为宗旨。首当创办女子法政学校，及发刊女子共和日报，协力进行，勉为将来参政之预备。际兹宪法将定，国会未集，敢代表全国女界专诚请愿，乞赐赞成，于参议院存案，俾国会决议时为女界预留旁听及参政一席；数载后女子之政治知识既具，资格已备，乃可实行……[1]

神州女界共和协济社的这封请愿书语气慷慨激昂，再三强调女子应有与男子同等之参政权，极力恳请孙中山作为大总统能够带头为女子"预留旁听及参政一席"，等几十年后女子具有政治知识储备，再来实现女子参政。尽管这是在林宗素与孙中山会谈后，一部分女界精英在参政权问题上做出退一步的主张和要求，但女界仍渴望通过这次国会立法获得享有参政资格的机会，哪怕是为女界"预留旁听及参政一席"也可。这次联名上书有110名女性，大多为京沪一带的官商贵妇、妇女团体和女子学校的代表。[2]对此，孙中山复函表示：

男女本非悬殊，平等大公，心同此理……女子将来之有参政权，盖事所必至。贵会员等才学优美，并不遽求参政，而谋联合全国女界，普及教育，研究法政，提倡实业，以协助国家进步……所谓开办女子法政学校，应由该社员等呈明教育部核夺办理，并由本处拨助五千元，为该会扩充公益之用……至女子应否有参政权，定于何年实行，国会能否准女界设旁听席，皆当决诸公论，应咨送参议院决议可也。[3]

林宗素代表的"女子参政同志会"谒见孙中山与神州女界共和协济社上书孙中山，均是为女子争取参政权利的请愿行为。她们将女子获得参政权的希望寄托在中华民国临时大总统的孙中山身上，以一种很温和的方式请愿。然而，这两次上书和会谈并没有引起社会各界的充分重视，也未能取得实质

---

[1]《神州女界共和协济社上孙中山书》，载中华全国妇女联合会妇女运动历史研究室编：《中国妇女运动历史资料（1840—1918）》，中国妇女出版社1991年版，第620~621页。

[2] 叶利军：《民初女子参政运动刍论》，载《求索》2004年第2期。

[3]《复女界共和协济会函》，载广东省社会科学院历史研究室、中国社会科学院近代史研究所中华民国史研究室、中山大学历史系孙中山研究室合编：《孙中山全集》（第2卷），中华书局1982年版，第52~53页。

上的成果，只是单纯表达了一些进步女性对男女平权的意愿，并没有给民国政府带来多大的震动。从孙中山的复函也可看出，临时大总统孙中山也未能给予这些请愿女性何种参政的实际权利和确实的承诺。不过，随着中华民国政府机构和法律条文的逐渐完善，女子参政的"激进派"有了更大的作为。

（三）唐群英等为首的女子参政同盟会请愿

1. 与南京临时参议院《临时约法》之争

1912年2月26日，唐群英、张汉英、蔡蕙、张昭汉、王昌国、沈佩贞等20名女性代表女界上书南京临时参议院，请求女子参政权：

> 兹幸神州光复，专制变为共和，政治革命既举于前，社会革命将踵于后，欲弭社会革命之惨剧，必先求社会之平等；欲求社会之平等，必先求男女之平权；欲求男女之平权，非先与女子以参政权不可……请于宪法正文之内，订明无论男女，一律平等，均有选举权及被选举权；或不须订明，即将本国人民一语，申明系包括男女而言，另以正式公文解释宣布，以为女子得有参政权之证据。[1]

然而在1912年3月11日颁布的《临时约法》里没有男女平等的条款。《临时约法》第2章第5条"中华民国人民一律平等，无种族、阶级、宗教之区别"[2]，没有女界所要求的"男女平等"或"男女平权"的字眼。

以唐群英、张汉英、张昭汉、王昌国、林宗素、蔡蕙、沈佩贞、吴木兰等25人为代表的女界各团体深表失望，以"中华民国女子参政同盟会"的名义向临时大总统孙中山上书提出严厉抗议，强烈要求修改《临时约法》中的该条款：

> 此约法者，虽属临时，为期甚暂，然与宪法有同等之效力……乃读至第二章人民第五条云："中华民国人民一律平等。"而其下复曰："无种族、阶

---

[1] 《中华民国女界代表上参议院书》，载中华全国妇女联合会妇女运动历史研究室编：《中国妇女运动历史资料（1840—1918）》，中国妇女出版社1991年版，第579~580页。

[2] 《公布参议院议决临时约法》，载广东省社会科学院历史研究室、中国社会科学院近代史研究所中华民国史研究室、中山大学历史系孙中山研究室合编：《孙中山全集》（第2卷），中华书局1982年版，第220页。

第三讲　启蒙之先声：辛亥革命前后女子参政运动的"鼓"与"呼"

级、宗教之区别。"就其条文寻绎之……凡为中华民国人民均须平等……求其将女子与男子一律平等明白规定于临时约法之中……或请删去"无种族、阶级、宗教之区别"一语，以为将来解释上捐除障碍；或即请于种族、阶级、宗教之间，添入男女二字，以昭平允。[1]

1912年3月18日，临时参议院对唐群英等女界的相关提议进行审查，次日召开第二次会议，讨论后多数议员表决，"惟兹事体重大，非可仓卒速定，应俟国会成立再行解决，以昭慎重。"[2]临时参议院尽管认为从理论上女子的确应该拥有参政权，但在实践上此事事关重大，为慎重起见，还要等国会成立以后再讨论。临时参议院这样的推脱行为变相驳回了女子参政的请求，也招致了女界代表更大的不满。

女子参政的请愿案被临时参议院否决之后，双方的矛盾和冲突终于爆发了。1912年3月19日上午，"有女子二十余人同诣参议院，要求参政权，当由招待员引入旁听席，女子不听，竟入议事厅，与诸议员杂坐"。提至女子参政权时，女士们情绪激动，其中会议几次被打断，被劝了很久才各自离开。当天下午临时参议院开议时，女士们又接踵而来，时正值议员们依次出席，她们坚决地拽着议员的衣服使议员不能出席会议。在场的议长命令参议院守卫的士兵出面，"不准女子擅入议事厅，女子等始行退入旁听席"。1912年3月20日下午，唐群英带领20多名女士继续来到参议院，"该院禁不令入，唐女士等遂将玻璃窗击破，手皆溢血，警兵往阻，女士等足踢之仆地"[3]。然而，冲突解决不了问题。当日，唐群英等谒见孙中山，进行第三次请愿，孙中山却婉言劝诫，"谓此事未有一经提议即能通过者，倘能坚忍耐劳，至再至三，将来或能达此目的，幸毋为意识之暴举，受人指摘"。[4]1912年3月21日上午，唐群英和其他4位女士一起到参议院，此时参议院已派兵驻守，"强

---

[1]《女子参政会上孙中山书》，载中华全国妇女联合会妇女运动历史研究室编：《中国妇女运动历史资料（1840—1918）》，中国妇女出版社1991年版，第581~582页。

[2]《否决案·女子参政请愿案》，转引自李细珠：《性别冲突与民初政治民主化的限度——以民初女子参政权案为例》，载《历史研究》2005年第4期。

[3]《女子参政同盟会力争参政权》，载中华全国妇女联合会妇女运动历史研究室编：《中国妇女运动历史资料（1840—1918）》，中国妇女出版社1991年版，第582~583页。

[4]《女子参政之捷音》，载中华全国妇女联合会妇女运动历史研究室编：《中国妇女运动历史资料（1840—1918）》，中国妇女出版社1991年版，第583页。

不令人",于是唐群英等人前往总统府向孙中山诉说此事。孙中山允诺代为向参议院斡旋,后"该院允许由女子同盟会再具一呈后,即将约法提议"[1]。然临时参议院尚未表决,便即行休议,准备集体乔迁北上,移京开议。女子参政团体在南京的请愿活动没有达到目的。

2. 女界参政团体的领导核心——女子参政同盟会

同时,女界各参政团体也在积极地联络以扩充女界的影响力。1912年,"女子参政同志会"等团体决议组织"女子参政同盟会"。1912年4月8日,由"女子参政同志会""女子后援会""女子尚武会""女子同盟会"和"女国民会"五大女子参政团体联合组建的"女子参政同盟会"在南京正式成立。之后绝大多数女子参政请愿活动几乎均以"女子参政同盟会"的名义展开,女子参政同盟会实际上成为各个女子参政团体的领导中心。1912年4月8日这天,女子参政同盟会召开联合大会,唐群英、张汉英、王昌国、吴木兰、沈佩贞等女士先后致辞演说,"宣言此会之成立,必须达到女子参政之目的而后止"[2],以"实行男女平等,实行参政"为宗旨,并"设本部于京都,分设支部于各地方"[3],并发表通电"所有南京参议院所布之《临时约法》,我女界绝不承认。"[4]

3. 北上请愿女子参政

1912年4月1日,孙中山于南京正式宣布解除临时大总统职务,1912年4月5日以后南京临时参议院与南京临时政府陆续迁往北京。这时,唐群英、王昌国等女子代表们打算组织女子北上请愿。但袁世凯致电唐绍仪:"请即询诸南京该女子等确否有来京之意,如果确有此事,应准其举定代表一二人来京,不得令其全体北上,以免种种窒碍。"[5]显然,对于女子参政团体,袁世

---

[1]《女子参政同盟会力争参政权》,载中华全国妇女联合会妇女运动历史研究室编:《中国妇女运动历史资料(1840—1918)》,中国妇女出版社1991年版,第583页。

[2]《女子参政同盟会纪事》,载中华全国妇女联合会妇女运动历史研究室编:《中国妇女运动历史资料(1840—1918)》,中国妇女出版社1991年版,第585页。

[3]《女子参政同盟会简章草案》,载中华全国妇女联合会妇女运动历史研究室编:《中国妇女运动历史资料(1840—1918)》,中国妇女出版社1991年版,第586页。

[4]《女子参政同盟会致各省都督等电》,载中华全国妇女联合会妇女运动历史研究室编:《中国妇女运动历史资料(1840—1918)》,中国妇女出版社1991年版,第588页。

[5]《袁世凯电阻女子团北上》,载中华全国妇女联合会妇女运动历史研究室编:《中国妇女运动历史资料(1840—1918)》,中国妇女出版社1991年版,第591页。

第三讲 启蒙之先声：辛亥革命前后女子参政运动的"鼓"与"呼"

凯是有所警惕和防范的。然而女子参政同盟会仍不顾阻挠，北上联络"北京女子参政团"，继续要求女子的选举权与被选举权的参政权利。1912年8月10日，《参议院议员选举法》《众议院议员选举法》公布，法律规定只有男子有选举权与被选举权。闻此女界团体群情激愤。于是，唐群英等以女子参政同盟会的名义上书参议院，要求制定《女子选举法》并颁布施行。但参议院给予回复是"本院对于人民请愿，初经却下者，二次即视为无效。今女子请求理由虽甚充分，但前在南京已经批覆候国会解决，兹援前例，亦仍须候国会解决，不能提出云云。"[1]女子参政同盟会又第二次递上请愿书，并派代表王昌国等到参议院会见议长吴景濂。吴景濂表示必须召开大会讨论才可。参议院将女子请愿案列入11月6日的议程，然而反对之声众多，未经讨论便否决了《女子选举法案》。对此，女子参政同盟会公开宣称参议院为"女界公敌"。1912年12月9日，唐群英与吴景濂争论时，十分悲愤地说道，"当民军起义时代，女子充任秘密侦探，组织炸弹队，种种危险。女子等牺牲性命财产，与男子同功，何以革命成功，竟弃女子于不顾"，"凡反对女子参政者，将来必有最后之对待方法。即袁大总统不赞成女子有参政权，亦必不承认袁为大总统"，"女子等必用武力解决此问题。"[2]唐群英激烈的言辞表达了女子参政团体对于国民参议院的强烈的不满，以及对袁世凯政府深深的失望。

4. 怒打宋教仁——国民党政纲"男女平权"之争

国民党于1912年8月25日召开成立大会，推举孙中山、黄兴、王人文、王芝祥、宋教仁等9人就任为理事，沈秉堃、于右任、张继、胡瑛、唐绍仪、孙毓筠等30人为参事。就在这一天的国民党成立大会上，发生了惊人的一幕。唐群英等当场质问为何将政纲中男女平权一条删除，"谓男子挟私把持，压抑女子"，但"言终不得要领"，面对会场举手赞成将"男女平权"一条列入国民党政纲者寥寥无几，"忽唐等行至宋教仁坐地，遽举手抓其额，扭其胡，而以纤手乱批宋颊，清脆之声，震于屋瓦。众大哗，斥其无礼"[3]。唐

---

[1]《女子参政同盟会参政请愿书》，载中华全国妇女联合会妇女运动历史研究室编：《中国妇女运动历史资料（1840—1918）》，中国妇女出版社1991年版，第601页。

[2] 徐辉琪：《唐群英与"女子参政同盟会"——兼论民初妇女参政活动》，载《贵州社会科学》1981年第4期。

[3]《国民党成立大会纪事》，载中华全国妇女联合会妇女运动历史研究室编：《中国妇女运动历史资料（1840—1918）》，中国妇女出版社1991年版，第592~593页。

群英与王昌国等人大闹国民党成立大会,争取"男女平权"而未果。随后浙江女子参政同盟会致电北京国民党,"诘问何故削除男女平权,请剖理由,并速更正,免为女界公敌云"。[1]原来同盟会改组国民党,却在其政纲中删除了革命时代坚持的"男女平权"的主张,这一事件在当时的女界引发了极大的不满和抗议。

《秦风日报》曾报道唐群英与沈佩贞于1912年8月27日前去谒见孙中山,力争男女平权,"经中山婉言事实上之困难,两女士争执甚烈。而沈女士则哭声震屋,并言我姊妹二人前奔走于炸弹队,志在救国,无非争自由、争平权,我同胞得人人享其幸福,今国基已定,所要求者既不能达到其目的,则从前之尽瘁何为?事实至此,宁不伤心?中山亦颇为所感动,抚慰至再,两女士始悻悻而出。"[2]

5. 民国初年女子参政运动的尾声——女子参政同盟会的解散

女子参政同盟会在北京要求《女子选举法》和反对国民党抛弃原同盟会纲领里的"男女平权"的斗争当中,为加强实力、扩大影响,在1912年10月22日于北京正式成立本部,由唐群英担任总理,并创办《女子白话旬报》和《亚东丛报》,设立"中央女学校",开办"女子工艺厂"等。在现实面前,1913年,唐群英和张汉英先后回到湖南长沙,力图把湖南变成女子参政同盟会的"根基地"并成立湖南支部,唐群英任支部长,该会会员达800人,同时创办《女权日报》、女子美术学校、自强职业学校;还在2月、3月分别反对《长沙日报》攻击女子参政和女国民会强占"秋瑾烈士专祠"。此时的女子参政同盟会在女子参政请愿活动相继受挫后,除湖南和少数省份外,再也没有能够发动全国性活动的能力。二次革命爆发后,女子参政同盟会基本停止活动。曾经众多请愿女性中只有唐群英、张汉英、傅文郁等少数人继续反袁革命,其余众人多不知去向。[3]1913年11月13日,内务部以"于国家政法大有影响,该团附设学校煽惑无知妇女,开堂演说,实属大干法纪",勒

---

[1]《女子参政同盟会浙江支部致国民党本部电》,载中华全国妇女联合会妇女运动历史研究室编:《中国妇女运动历史资料(1840—1918)》,中国妇女出版社1991年版,第593页。

[2]《唐沈两女士之墨泪》,载中华全国妇女联合会妇女运动历史研究室编:《中国妇女运动历史资料(1840—1918)》,中国妇女出版社1991年版,第593页。

[3] 徐辉琪:《唐群英与"女子参政同盟会"——兼论民初妇女参政活动》,载《贵州社会科学》1981年第4期。

令解散"女子参政同盟会",禁止湖南《女权日报》在京发行,并悬赏 1 万元通缉唐群英。[1]

至此,民国初年争取女子参政权的努力失败了。经历过辛亥革命腥风血雨的这些进步,女性们参政的愿望在孙中山和袁世凯这两边算是都落空了。为了中国女子能和男子一样自由平等,秋瑾、唐群英、沈佩贞、林宗素等女性将救国和救己相结合,投身于反清民主革命,为女子参政奔走呼号。但她们仍没有获得参政之权利,反对之声不仅仅是来自袁世凯守旧势力一系,而且还有她们自身所属的阵营——孙中山、宋教仁等所代表的国民党一派。在近代中国大多数妇女还未启蒙的前提下,只靠着一少部分进步女性的呼吁和努力就期望实现中国女性享有参政权似乎显得十分绵薄。不过,正是因为有了她们——秋瑾、唐群英、沈佩贞、张汉英、林宗素等先进的中国女性,近代中国女性的解放和觉醒才可以更加深入,并长期地持续下去。她们的思想和实践对后辈都具有丰富的启迪意义。

三、辛亥革命时期中国女子参政的价值启示

(一) 辛亥革命前后女子参政的特点

民国初年中国的女子参政运动虽然失败了,却是中国历史上女性群体首次为争取与男子平等之权利的伟大实践。虽然如同昙花一现,但是女子参政、男女平权的思想在民国初年引起的轰动不可小觑。

其一,近代中国女子参政的思想与实践从内容上讲,均与强国保种密切关联,虽然在思想上强调了进步观念,但仍然是不纯粹的女性参政。这样掺杂了民主、民族主义的女性运动,从一开始就将女性解放与国家的命运紧密相连。民国初年女子参政权未得的现实,再一次回应了辛亥革命时期的进步女性将国家兴衰与个人命运过度牵连,而较少关注女性自身应有权利的考量。

其二,近代中国的女子参政运动从本质上讲,是一次争取男女平权的人权运动。自古以来,中国女性受到封建时期三纲五常和传统陋习的压制和束缚,谈不上基本的人权,更遑论参政。不少论者认为女子不该先争取参政权,而应先争取教育权以及经济权等基本人权。然而当时即有人指出,如果女子

---

[1] 叶利军:《民初女子参政运动刍论》,载《求索》2004 年第 2 期。

没有参政权又何来教育权和经济权。女性文化程度普遍偏低，很多女性几乎不识字，显然，这样的情况下，让目不识丁的女性参与政治是不现实的。然而，女性们没有参政权、选举权与被选举权，自然无法保障女性们享有教育权、婚姻权、生命健康权、就业权、财产继承等基本的人权。

其三，从女子参政运动的组织上讲，则多以女子社团为主，以少数知识女性精英为骨干力量。各女子参政团体虽有联合，但仍存在着各自为政、团体分散、各有打算的现象。例如，由五个女子团体联合而成的"女子参政同盟会"只是一个松散的联盟，很难将女子参政的意愿长期坚持下去。从1912年民国刚成立开始请愿，到1913年11月"女子参政同盟会"被勒令解散，只有不到两年的光阴。最为激烈和激动人心的活动，即提议修改《临时约法》的条款、激愤于国民党纲领删除"男女平权"而痛打宋教仁，以及抗议北京参议院制定的《众议院议员选举法》《参议院议员选举法》仅限定男性公民权利这三件大事，这些事件集中在1912年孙中山任临时大总统和袁世凯初登大总统之位时期。可见，民国初年兴起的女子参政运动持续时间极其短暂。

其四，从当时社会反应上讲，虽然民国初年女子参政运动使得后来民众的思想得到一定程度的解放，但对当时社会民众来说仍有隔阂之处。当时的一部分主流报纸就将女子参政的请愿活动当作热闹来看，例如，针对唐群英等大闹南京临时参议院请愿，《大公报》发表《戏拟和尚要求参政同盟会小启》和《戏拟中华民国女子拒夫党简章广告》等游戏文章，借以嘲讽女性争取参政的行动。在女子严重失语的时代，即使在张纫兰、欧佩芬等知识女性看来，也认为女性参政不必急于争取，更不难想象缺少话语权的普通女性对此的态度。因此，女子争取参政权来自社会的阻力非常之大。

其五，从女子参政的思想和实践的倡导者来看，可以发现最初呼吁女子参政的觉醒者多为男性，女性"踏着父兄的足迹"随后响应。最先关注中华命运的是男性，这与他们拥有较为优良的教育储备相关，也离开不传统"男主外，女主内"这一社会环境的影响，因此女子参政思想不可避免地先由男性精英提出。

（二）辛亥革命前后女子参政的历史意义

虽然这是一次失败的、并不成熟的、有着种种缺陷的女子参政运动，但是仍对后世产生了深远的历史影响，留有难以磨灭的痕迹。

第三讲　启蒙之先声：辛亥革命前后女子参政运动的"鼓"与"呼"

第一，对女性而言，民国初年的女子参政运动既是"男女平权"由理论及于实践，也是一次开启女子民智的启蒙运动。虽然由于普通平民女性处于社会下层，缺少教育的普及和基本人权的保障，尚未受到充分感染，但辛亥革命前后的知识分子大力宣扬"男女平等"思想，以及由知识女性所领导的女子参政运动，越来越强烈地将女性从家庭推向社会革命和就业市场，促使更多的女性反思传统、现实和理想中两性关系，勇于争取自身的权利和地位，进而以己之学成为社会的劳动者。

第二，对男性来说，虽然女子争取参政权的运动没有撼动男性在性别秩序中的统治地位和权力格局，但在一定程度上挑战了男女不平权的传统，开启了女子参政解放的先声，为后世女性逐渐走向政治舞台的中心造就了开天辟地之功。

总体而言，辛亥革命前后女子争取参政权的思想与实践是一场重要的妇女启蒙与妇女解放运动，它的产生伴随着近代中国衰败贫弱的社会现状，因此，女子参政的兴起也不可避免地带有浓厚的救国色彩——将救亡图存与女子参政紧密地联系在一起。无论男女，倡导者的各项主张都离不开"只有女子与男子一样解放了，中国才可得救，才可富强"这样的话语导向。值得注意的是，女子参政运动的发起者只局限在以唐群英等为首的原同盟会革命女性，尽管比起普通劳动女性的严重失语，她们通常接受过良好的教育，其中不少人具备出国留洋的经历，处于社会上层的精英领域，思想和见识较为开阔，但在参与人数和发动程度上却仍然受限。在民国成立初始，革命女性们倾向于向参议院和大总统上书以及前往议会现场请愿，以此作为表达意愿和争取权益的方式。这样的行为从理论上来讲并无不妥，但在实践层面却未必尽如人意。对此，我们可以联想，推翻一个王朝和进行一场改革尚且如此艰难，更何况以请愿的手段来改变男尊女卑的历史传统？当然，从根本上讲，女性不能单纯地将女性解放的希望寄托于男性掌权者的自觉支持与放权。正如孙中山在给女子参政同盟会的回信中所勉励道："切勿倚靠男子代为出力，方不为男子所利用也。"[1]

---

[1]《复南京参政同盟会女同志函》，载广东省社会科学院历史研究室、中国社会科学院近代史研究所中华民国史研究室、中山大学历史系孙中山研究室合编：《孙中山全集》（第2卷），中华书局1982年版，第438页。

民国初年的女子参政运动虽以失败收场，但女性争取参政权的精神则持续高扬，"男女平等"与"男女平权"的人权思想也更加深入人心。正是经由一辈辈、一代代男女平权的倡导者的努力和实践，当今的女性才能不断超越传统的桎梏，享有先人不可想象的权利和地位。

◆ [延伸阅读]

1. 杨剑利：《闺门的退隐：近代中国性别观念的变迁（1860—1925）》，人民出版社2021年版。

2. [日]须藤瑞代：《中国"女权"概念的变迁：清末民初的人权与社会性别》，须藤瑞代、姚毅译，社会科学文献出版社2010年版。

3. 刘慧英：《女权、启蒙与民族国家话语》，人民文学出版社2013年版。

◆ [课后思考]

1. 如何理解辛亥革命前后中国妇女解放的勃兴契合了救亡图存的迫切需要？

2. 民国初年女子参政运动如昙花一现，失败的原因有哪些？

3. 民国初年女子参政运动对当今中国妇女参政事业的发展提供了怎样的现实启示？

第四讲

觉醒之强音：北京女子参政运动与"五四"后政潮演进

◆ [教学提要]

　　五四运动以后，中国社会对自由和平等的追求愈发强烈。在呼吁民主与科学的氛围中，"联省自治"的概念为女性争取政治权利打开了新的闸门，激发了全国范围内的运动热潮。1922年，北京地区见证了女子参政协进会与女权运动同盟会的诞生，一些知识女性利用黎元洪总统要求宪法起草委员会制定新宪法的契机，发起了联合请愿活动，力求争取在宪法中明确赋予女性参政权，引起了广泛的社会共鸣，并获得了国会议员的有力声援。由于北京政局正值多事之秋，这场运动只持续了一年之久，未能完全达到目标，但为不同政党在女性权益方面的合作搭建了桥梁，成为新民主主义革命时期女子参政事业的先声。

◆ [教学目标]

　　1. 深入分析五四运动后北京女子参政团体的成立、请愿活动以及宣传策略，使学生理解近代中国第二次女子参政运动与"联省自治"思潮的联动，以及这一时期女子参政的领导者在政治舞台上的觉醒与奋斗。

　　2. 探究北京女界参政组织的流变及其在争取参政权利进程中的理论发声与实践努力，考察报刊舆论阵地如何成为传播女性启蒙精神与两性平权意识的媒介平台。

　　3. 揭示北京地区女子参政运动在推动民主决策与社会革命中的踟蹰与进步，及其为构建现代民主政治所贡献的历史经验与智慧方略。

◆ [案例导入]

中华民国成立后，女学渐次发展。及至五四运动爆发，北京女学生自主发动游行，请愿释放被捕男学生、保障学生的演讲权利。[1]倡导妇女解放的思想观念由此进一步传播，黄日葵提出男女平等"天经地义"[2]；李达指明女子应与男子共同运动，求得"普通选举权"[3]；李大钊撰文激励中国"未曾解放而方将努力作解放运动"的妇女。[4]女界逐步认识到应有自己的联合组织，为争取自身权益而斗争。20世纪20年代初期，借"省自治"和"联省自治运动"之机，各地请愿运动势起。

各省女界代表纷纷组织参政团体，积极争取选举权、表决权、提案权等参政权益，继辛亥革命时期首次女子参政运动之后，近代中国社会迎来了第二次女子参政热潮，不但受到国内各界的密切瞩目，而且与国际女子参政组织之间的对话与联络也有所加强。1921年广东制定省选法时广州妇女即要求参与政治，同年广东女界联合会组织700多名女性举行女子参政大示威，此后湖南、浙江等省相继发起女子参政运动。[5]北京女界亦受到鼓舞，决意抓住1922年黎元洪复任总统、成立宪法起草委员会拟颁新制的时机，发起女子参政运动。这场运动既反映了"五四"以后女性启蒙的加速，还强化了女性参与国家事务的热忱，更推动了政治民主化的进程。

本讲通过梳理1922年—1923年间北京女界成立参政团体并发起请愿运动的历史脉络，考察政治局势、舆论环境等因素在此过程中的作用，深入分析在北洋军阀统治时期政权更迭频繁的背景下，作为当时国家政治中心的首都北京在联络政界便利性、请愿诉求彻底性、成员地域广泛性等方面对于女子参政活动的开展所形成的影响，进而探析这场运动对于联合女界力量、推动

---

[1] 蔡晓舟、杨景工编：《五四运动的经过》，载中国人民解放军政治学院党史教研室编：《中共党史参考资料》（第1册），人民出版社1979年版，第291页。

[2] 黄日葵：《何故不许女子平等？》，载中华全国妇女联合会妇女运动历史研究室编：《五四时期妇女问题文选》，生活·读书·新知三联书店1981年版，第29页。

[3] 李达：《女子解放论》，载中华全国妇女联合会妇女运动历史研究室编：《五四时期妇女问题文选》，生活·读书·新知三联书店1981年版，第46页。

[4] 李大钊：《现代的女权运动》，载中华全国妇女联合会妇女运动历史研究室编：《五四时期妇女问题文选》，生活·读书·新知三联书店1981年版，第98页。

[5] 晏始：《最近的女权运动》，载《妇女杂志（上海）》1922年第8卷第10期。

女性解放事业纳入新民主主义革命进程的独特意义。

一、北京女界参政团体的成立及请愿运动

女权运动同盟会和女子参政协进会率先在北京发起了争取女性参政权利的活动。1922年夏季，女权运动同盟会发表宣言，将教育和职业平等作为女性独立的首要目标：认为女子若不能享有与男子同样的教育机会和智识程度，仍将屈服于男子之下；而只有通过职业平等取得经济独立，才能摆脱专制的家庭羁绊。可以说，女权运动同盟会对于制定保障女性权益的新法律有非常全面的要求，既要在私法上保证男女平等的财产权、行为权、亲权、承继权及离婚权，同时要在宪法上承认参政权，在刑法上明确"同意年龄""蓄妾者以重婚罪论""禁止买卖婢女"等新规制定[1]。

其时女子参政协进会也在筹备中，通过召开记者会发表宣言，号召女性拒绝接受法律上"未成年的待遇""创制与自己有关的法律"，并提出立会的三项目的：推翻专为男子而设的宪法，以求女性权益的保障；打破专以男嗣为限的袭产权，以求经济的独立；打破专治家政的教育制度，以求知识的平等。特别强调达到目的的方法，就在于"要求女子的参政权"[2]。1922年8月3日，女子参政协进会在中国大学第一讲堂正式召开成立大会，由主席王孝英主持，到场女会员30余人。然而会议进行却并不顺利，据民国著名经济学家陈启修回忆，其到会场后才知道警察厅依据《治安警察条例》第8条及第12条"女子不能加入政治结社及政谈集会"的规定，禁止成立会召开，故而只得变通为讲演会[3]，由美国纽约《新共和报》记者Beasley、传教士李佳白，以及林长民、宁协万、王世杰等社会名流发表演说。在女子参政协进会的简章中，第1条即明确以全民政治为原则，以"要求男女在宪法上立于平等地位"为宗旨。[4]此次成立大会不仅受到《晨报》《南侨月报》《时兆月报》等多家报社的关注，次日亦在天津女界引发反响。天津学生同志会会员吴蕴庄、华采菱、黄勗志、华志清、包凤鸣等，发起女子参政运动会，拟

---

[1]《女权运动同盟会宣言》，载《民国日报·妇女评论》1922年第63期。
[2]《女子参政协进会宣言》，载《妇女杂志（上海）》1922年第8卷第9期。
[3] 陈启修：《运动女子参政者应有之觉悟》，载《晨报》1922年8月7日，第2版。
[4]《女子参政协进会之成立大会》，载《晨报》1922年8月4日，第3版。

"公举代表赴京请愿"〔1〕。女子参政协进会的声势很快扩散至全国,先在上海成立了分会,后派人分赴河南、湖南、江西、湖北、四川、浙江、广东等地组织分会。〔2〕不仅如此,各地原有女界团体,亦纷纷要求与女子参政协进会共同协商推进运动之办法,如上海妇女问题研究会、汉口女子参政同盟会、杭州女子参政运动会、南京女子联合会等均有来函,全国女界力量趋于团结。为确保会务在女界联合扩大的态势下顺利进行,该会又对委员进行补选,石淑卿、周桓、万璞、王孝英、梁好音等人当选;〔3〕顾维钧夫人黄蕙兰、熊希龄夫人朱其慧等被推举为名誉委员。

相较之下,女权运动同盟会的成立虽迟至1922年8月23日,但其寻求知识界支持的活动却在持续进行。1922年8月13日,女权运动同盟会召开茶话会,招待北京新闻界和学界贤达,10余家报馆到会援助。李大钊在会上向该团体明确提出进行运动的首要三项注意:要求撤废《治安警察条例》,要求选举法中列入女子,希望劳工保护法内加入女工保护之规定。〔4〕蔡元培、谭仲逵、曹敏等也以演说加以支持。〔5〕主席周敏在会上郑重声明,女权同盟会不只要求在宪法上加入一两个保护女性权利的条文,而是要求消除社会上种种男女不平等的现象,恢复女子的一切权利。〔6〕为传播女性主义、扩大女子参政运动的影响,女权运动同盟会先后邀请各界代表进行专题演讲,并面向社会公众开放。仅8月、9月间就有王世杰《女权运动者之任务与方法》、陶知行《对于女权运动者之希望》、余仲衡《法律上女权应享有之地位》、张耀翔《近世各国女权运动之经过》、吕复《女权与社会》、Miss Christinsen《丹麦国之女子问题》、布施知足《日本近代之妇女问题》等多场活动。〔7〕

---

〔1〕《天津女界亦从事参政运动》,载《晨报》1922年8月4日,第3版。
〔2〕 北京市地方志编纂委员会编著:《北京志·人民团体卷·妇女组织志》,北京出版社2007年版,第280页。
〔3〕《女子参政协进会已选定委员》,载《晨报》1922年8月16日,第3版。
〔4〕 李大钊:《在女权运动同盟会招待报界学界茶话会上的讲话》,中国李大钊研究会编注:《李大钊全集》(第4卷),人民出版社2006年版,第90页。
〔5〕《女权运动同盟会筹备纪略》,载《妇女杂志(上海)》1922年第8卷第11期。
〔6〕 北京市地方志编纂委员会编著:《北京志·人民团体卷·妇女组织志》,北京出版社2007年版,第281页。
〔7〕 各场演讲活动启事分别见于《女权运动同盟会启事》,载《晨报》1922年8月1、3、6、11、18、19日,9月7、14、15、29日,第2版。

第四讲 觉醒之强音：北京女子参政运动与"五四"后政潮演进

1922年8月23日，女权运动同盟会成立大会终于正式召开，经过前期的宣传与努力，到会会员与中外男女来宾共计五六百人，声势较女子参政协进会成立时更为壮大。大会仍主要采用演讲形式，但不同于以往多为宣言口号，会员孙继绪在发言中明确提出为实现男女法律地位之平等应向国会"坚决请愿"，同时认识到来自女性群体内部，"都市中享受特殊利益之女子"与"乡村中恪守三从四德信条之老太太"对于女性革命的强硬抵抗力。[1] 孙继绪的观点虽不免失之偏颇，但能够认识到传统家庭封建伦理道德对妇权的压迫，不为特权阶层女性恃夫权获得的表面风光所惑，客观指出女性世界中的不平等，也是迈出女子以自身为始进行社会运动的重要一步。其时正参与宪法修正工作的宁协万也到会发表演说，主张推翻《天坛宪法草案》。为使女子参政权利得到法律保障，北京女界准备借修宪之势上书国会，发起请愿运动。

为争取两院议员支持，使请愿运动能够有的放矢，女子参政协进会于1922年8月27日举办茶话会，邀请议员对上书修改法律一事进行指导。到会议员60余人，尚镇圭首先发言，指明宪法并无男女限制，主张修改国会选举法。[2] 王侃、张树森、吕复等议员均赞同力争废除一切男女不平等之法律，但强调应注意女子生活中的平等，尤其着意于民法。会议最后决定由教育家吕复进行提案，全体到会议员署名。在这份《请于宪法及附属法明定女子参政条文请愿书》中，有针对性地提出在宪法草案第3章第4条"中华民国人民于法律上无种族、阶级、宗教之别，均为平等"的种族二字后，加入"男女"二字；把参议院选举法第4、第5各条所有"男子"二字，都改为"人民"二字。[3] 请愿书中还表明，对于各项法律法规应进行修改细节之处，将继续上书予以要求。随后9月5日，女权运动同盟会也向国会正式提交请愿书，声明真正的民主主义，绝不容男女两性间有阶级存在，而中国法律既无保障女性权利之规定，对女性权利的限制却比比皆是。请愿书主要提出两项要求：其一为在宪法中明确规定"女子与男子平等的享有宪法上所定人民应享有之权利"；其二为在刑法、民法未修订前，依男女平等的原则，自动将民

---

[1]《女权运动同盟会昨日成立》，载《晨报》1922年8月24日，第3版。
[2]《女子参政协进会昨日招待议员》，载《晨报》1922年8月28日，第3版。
[3]《一周间的妇女消息：（二十）女子参政协进会底活动》，载《民国日报·妇女评论》1922年第69期。

法中"亲子关系""承继权""财产权""行为权"等提案修正公布,并在刑法中加入"同意年龄""纳妾者以重婚罪论规定"[1]。这场请愿运动,本是由女子参政团体为争取政治权利而发起,但最后却发展成为在法律范畴内最大限度保护女性与男性平等之一切权利的运动,为中国女性群体的独立与解放积蓄力量。

当时正值国会第三次开会之期,为顺利实现请愿书所陈要求,女权运动同盟会于1922年9月29日再开茶话会招待议员,决定实施请愿计划。会长周敏亲自宣读请愿书,众议院副议长张伯烈明确表示支持。[2]1922年10月25日,女子参政协进会也正式将请愿书上呈两院,吕复、林长民等10余位议员署名。[3]然而尽管曾得到宪法起草委员会将"无论性别"添加到相关法律条款中的答复,但实际的推进过程却并不顺利,总统黎元洪即认为女性普遍教育水平偏低致使其不具备参政能力。蔡元培对此公开发声支援女子参政运动,强调不应以目前女性水平不够为由,而拒绝赋予她们权利;同时指出即便真正存在能力不足之情形,也并非仅凭教育所能弥补。[4]待到1922年底,请愿运动的领导者们已知短期内难以取得修改宪法之结果,女子参政协进会委员石淑卿再申明无论阶级与性别,所有人民都享有参与政治的权利;[5]万璞虽承认女性受教育程度不够,但同时质疑拥有投票权的男性是否均具有达标的知识水平。[6]上书请愿后,北京女界一时间陷入被动等待中,只能依靠各女性参政团体外地支部进行活动,为争取男女平等权利持续制造声势。时值年末,北京清华学校董事会突然决定次年停派女学生赴美留学,一时引发女界哗然。上海女权运动同盟会随即致电外交部据理力争,结果清华学校第二年派出的

---

[1] 《女权运动同盟会上国会书》,载《妇女杂志(上海)》1922年第8卷第11期。
[2] 北京市地方志编纂委员会编著:《北京志·人民团体卷·妇女组织志》,北京出版社2007年版,第282页。
[3] 《女子参政协进会已举行请愿》,载《晨报》1922年10月25日,第3版。
[4] 《各团体请废止治安警察条例》,载《晨报》1922年10月15日,第2版。
[5] 《我们运动的理由和出版的目的》,载《女子参政协进会会刊》1922年12月10日,转引自[澳]李木兰:《性别、政治与民主:近代中国的妇女参政》,方小平译,江苏人民出版社2014年版,第159页。
[6] 《反对女子参政论的解释》,载《女子参政协进会会刊》1922年12月10日,转引自[澳]李木兰:《性别、政治与民主:近代中国的妇女参政》,方小平译,江苏人民出版社2014年版,第159页。

第四讲　觉醒之强音：北京女子参政运动与"五四"后政潮演进

赴美留学生"似为男女平均各派 5 人"[1]。此外，该会还曾因就业问题对交通部提出要求，希望邮政机关的职位能够容纳女性。天津请愿团也上书国会再度申明女权运动同盟会之主张，在该会直隶支部的请愿书中，对保护女性之婚姻法、女工法的制定，维护男女教育公平，禁止公娼及婢女买卖等方面有更为具体细化的要求。[2]

正当请愿运动陷于瓶颈之际，1923 年 4 月间传来了一个好消息，世界女子参政联合会第九次大会将于当年 5 月 12 日在罗马举行。世界女子参政会副会长麦克兰致电中国妇女运动先驱张默君，希望中国女界派正式代表参会报告女界进步之情形。[3] 由于开会地点远在意大利，张默君建议从旅欧女性中选择代表，并提请女界相关团体办理。女子参政协进会最终推定其时在欧洲留学的上海分会会员郑毓秀、汪道蕴为代表，在大会上发表公开演说，以此扩大中国女界的影响力。此时经过数月等待，女子参政协进会的请愿书也终于通过审查，据《晨报》1923 年 5 月 4 日报道，关于修宪明定女子参政权的提案于"再上星期五"提请大会讨论，由此推知，请愿书首被国会正式讨论的日期当在 1923 年 4 月 20 日。然而当日议员对此案并未形成统一意见，认为其顺应世界潮流而赞成者虽有人在，但持保守态度的反对者也为数不少，由此将最终的决议时间推迟至 5 月 4 日。女子参政协进会得到消息，为能使提案顺利通过不致近一年的努力付诸东流，于 5 月 3 日召开紧急会议，对"重要事项"进行部署，[4] 首要任务即尽力争取最多数议员支持，为此该会决定一面设法疏通反对派议员，一面将印刷写有女子参政理由的传单分发给议员。[5] 一天后，众议院常会如期举行，女子参政协进会代表石淑卿等 120 余人在会场门口散布传单的举动，得到了议员的同情。该会还为关心女性权益的各界人士准备了当日常会的旁听入门券，各旁听席"几为布满"[6]，由此进一

---

[1] 谈社英编著：《中国妇女运动通史》，妇女共鸣社 1936 年版，第 129 页。
[2] 《天津女权请愿团上国会请愿文》《女权运动同盟会直隶支部上国会书》，载《妇女杂志（上海）》1923 年第 9 卷第 1 期。
[3] 《世界女子参政联合会将开会》，载《晨报》1923 年 4 月 11 日，第 7 版。
[4] 《女子参政协进会会员公鉴》，载《晨报》1923 年 5 月 3 日，第 1 版。
[5] 《今日之女子参政案》，载《晨报》1923 年 5 月 4 日，第 2 版。
[6] 《北京女界大举为参政运动》，载《晨报》1923 年 5 月 5 日，第 3 版。

步团结了女界力量。5 月 11 日，该会再至众议院门前分发传单，[1] 似有不达目的誓不罢休之意。

由于身处当时北洋政府的首都，北京女界参政团体可以更为便利地与议员展开对话，并直接向政府请愿要求修改宪法，但她们同时也必须直面政权变动对各项事业开展带来的巨大冲击，承受运动随时流产的可能性。未待国会通过修改宪法明确女子参政权利的提案，总统黎元洪即已辞职，所谓的宪法起草委员会难以发挥作用。曹锟就任总统后，虽于 1923 年 10 月 10 日公布了新宪法，但其中第 4 章第 5 条仍作"中华民国人民，于法律上无种族、阶级、宗教之别，均为平等"[2]，并未加入性别平等之论，赋予女子参政权利更是无从谈起。曾轰动一时的北京女界参政运动随之陷入低潮。然而这些进步女性并没有放弃努力，越来越多的女性或通过接受教育认识到女子应当享有之权利，或通过成为职业女性实现经济独立而摆脱对男权的依赖，各地要求保障女子权益的运动时有发生，女界力量在不断壮大。不仅如此，还有更多的女性走出国门，学习运动的领导方法与斗争方法。除了世界女子参政联合会外，当年 5 月，中国还有 16 名进步女性运动者赴日本参加远东运动大会；12 月间，北京女界参政团体再派人参加全印度女学生大会；同时还受到国际女子劳工联合会会长劳平司的邀请，参与第三次国际女子劳工会。[3] 世界女性运动的潮流对国内各女子团体影响甚深，给予了女子参政运动极大的鼓舞。及至日后国民会议运动浪潮袭来，北京女界再度投身到争取全国各界妇女、联合维护女性权利的运动中。

二、北京女子参政运动的宣传阵地

清末国民意识觉醒，男女平等思想渐为宣传，武昌起义后各地进步女性以投军参战、救护医疗、筹款捐物等方式为革命贡献力量，并开始为在"新政府"中通过立法确定女子参政权而奔走。然而民国初年，舆论界基本上被男性话语所掌控，对女子参政权运动的态度较为不利，南京临时参议院对女

---

[1]《女子参政运动》，载《时报图画周刊》1923 年第 151 期。
[2] 郭卫编：《中华民国宪法史料》，台北文海出版社 1973 年版，第 30 页。
[3]《国内妇女消息：十五、女权运动同盟会周年会》，载《民国日报·妇女周报》1923 年第 9 期。

第四讲　觉醒之强音：北京女子参政运动与"五四"后政潮演进

子参政权案的拖延及阻挠，某种程度上与社会舆论的呼应有关。即便同盟会的机关报《民立报》，在女子参政权问题上看似能照顾正反两方面意见，其实还是有所偏向，赞成的态度有所保留。[1]当时主流报馆均对女子参政持消极态度，女界参政团体的能力又十分弱小，尚不足以创办有影响力的刊物进行舆论宣传。

时至20世纪20年代早期，反对女子参政的声音仍然存在，甚至很多女性都认为女子没有参与政治的必要，即使是时任总统的黎元洪也曾直言"女子此时程度尚低，似不足以语参政"[2]，拒绝承认女子的参政权利。也有部分看似站在女性角度考虑的言论，认为政治过于污秽不适宜女子，如陈炯明就曾表示"你们女界差幸没有这个流毒，污染了你们的清白，就算是女界的幸运了，若是要钻在参政厕所的里面，去尝尝滋味，恐怕弄出的把戏，还要比男子更加好看呢！"[3]甚至女性的性别特点都会成为参政能力被否定的理由，有观点认为女子的生理条件及过于感性的心理状态都会影响其进行政治活动；女性以过多的精力投入参政运动，将疏于家务而影响家庭稳定。[4]由此可见，辛亥革命后10余年间，即便历经五四运动以来新思潮的广泛传播，女性再申参政主张面对的舆论阻力仍然存在。但是随着各地女性运动兴起、女界团体纷纷建立，不仅各大报社开设专栏、增办副刊讨论女性问题，专事女界情形报道与研究的刊物如《妇女杂志》《妇女评论》等也开始出现。尤其自新文化运动开展后，北京的舆论空间进一步拓展，陈独秀在《青年杂志》第1卷第1号中即翻译法国人Max O'Rell 的《妇人观》，肯定女子拥有"天赋之权能"，"足以统驭发号施令之男子"[5]；又于第3号再作《欧洲七女杰》介绍南丁格尔、贞德等欧洲杰出女性代表，以此驳斥女子智能薄弱之言论。《新青年》自沪北迁入北京后再开"女子问题"专栏，从两性平等、教育、婚姻等多角度探讨女性权利问题。此外，《大自由报》《晨报》《益世报》《京

---

[1] 李细珠：《性别冲突与民初政治民主化的限度——以民初女子参政权案为例》，载《历史研究》2005 年第 4 期。
[2] 《各团体请废止治安警察条例》，载《晨报》1922 年 10 月 15 日，第 2 版。
[3] 陈炯明：《复中华女界联合会函》，载段云章、倪俊明编：《陈炯明集（增订本）》（上卷），中山大学出版社 2007 年版，第 431~432 页。
[4] 孙杰：《1920 年代中国女子参政研究》，安徽财经大学 2014 年硕士学位论文。
[5] Max O'Rell：《妇人观》（Thoughts on Women），陈独秀译，载《青年杂志》1915 年第 1 卷第 1 号。

报》《世界日报》等多家报刊也为女性问题辟专栏、开副刊,同时还有北京女子高等师范及其附属中学、京师公立第一女子中学、中国大学、女子参政协进会、北京女学界联合会等女校及女性团体创办刊物,扩大舆论参与范围,北京女界活动由此有了坚实的宣传阵地。而其中对女子参政运动产生颇多助力者,或属《晨报》。

《晨报》前身为《晨钟报》,创办于1916年,是以梁启超、汤化龙为首的研究系机关报。李大钊受聘为该报第一任总编,希望将报纸办成超越政党分歧的"青年之友"。[1]尽管其两个月后就因报社被党派之争利用导致无法保证"言论自由"而辞职,但与《晨报》依旧保持联系。及至1918年汤、梁等人先后因政治失意出国考察,研究系上层对《晨报》控制减弱,李大钊即于1919年初对该报第7版实行改革,使之转到支持新文化运动的立场上来。[2]《晨报》在当时的新闻界影响很大,因其提倡白话文之文学革命,"一时大学生争先投稿,故该报在学界操持莫大威权。日出两大张,销路极广。"[3]作为当时北京地区发行量最大的报刊,甚至远销海外。尽管北京女界报刊迭出,日后女子参政协进会、女权运动同盟会成立时还各自办有《女子参政协进会会刊》《女权运动特号》,然而其传播范围却十分有限,难与《晨报》相提并论。在新文化运动的浪潮下,《晨报》副刊于1919年5月3日首设"妇女问题"专栏,并于五四运动爆发当日以《男女交际问题杂感》为题发表第一篇文章。截至1920年2月19日,专栏共存在9月有余,前后刊文62期,发表专题文章20篇,共计9万余字。文章内容涉及提倡女子教育、反对封建礼教、主张婚姻自由、鼓励女子自强等多个方面,[4]不仅为北京女界输入各类女性运动新思潮,更进一步推动女性解放思想的传播,由此为《晨报》日后襄助女子参政运动打下基础。

1922年女权运动同盟会筹备成立之际,《晨报》等多家报馆曾特别刊登

---

[1] 杨早:《清末民初北京舆论环境与新文化的登场》,北京大学出版社2008年版,第154页。
[2] 复旦大学新闻系新闻史教研室编:《简明中国新闻史》,福建人民出版社1985年版,第154页。
[3] 长白山人:《北京报界小史》,载中国人民大学新闻系编:《中国近代报刊史参考资料》(下),内部资料1980年版,第765页。
[4] 刘蜀岩:《晨报的妇女问题》,载北京市妇女联合会编:《北京妇女报刊考(1905—1949)》,光明日报出版社1990年版,第120~122页。

第四讲　觉醒之强音：北京女子参政运动与"五四"后政潮演进

捐助义务启事。[1]仅 1922 年 8 月至 1923 年 4 月间，《晨报》为女子参政协进会、女权运动同盟会发布启事近 20 则。除该报为了以行动表明支持申明女性权利之主张外，或许也与李大钊曾在女子高等师范学校、中国大学等校授课，此两团体多为其学生有关。而对于女子参政运动的一切动向，该报也总是第一时间得到消息并热心报道。凡女子参政协进会和女权运动同盟会筹备、成立、举办茶话会诸事，及请愿运动发起、实行之经过，皆由《晨报》首先报道；各团体成立宣言、请愿书文本内容等也经该报向社会公布。应该说，北京女界参政团体的影响力，正是在《晨报》的密切关注与持续宣传中得以扩大。为增进社会各界对女子参政问题的认识，《晨报》特意增加介绍国外女性政治活动的内容。如女子参政协进会成立时受制于《治安警察条例》致险些流产，该报 1 周后即发文详述日本女性对《治安警察条例》改正运动成功之经过，[2]为北京女界的斗争提供借鉴。得知女权运动同盟会决意请愿后，该报再发文介绍美国女性的选举权与立法活动，[3]以此鼓舞请愿运动士气。1923 年 4 月间，先后又有《巴黎缝纫女工同盟罢工》《德共产党女领袖论妇女部任务》《意工人宣言与法党奋斗》等多篇关于各国女性运动最新动态的报道，促使北京的女子参政运动者将眼光投向世界，逐步融入世界女性参政运动的潮流。

与此同时，为声援女子参政运动，《晨报》对于赞成赋予女性参政权利的各类言论也多有刊载。如陈启修曾对女子参政协进会提出非常中肯的建议，希望女性参政者拥有以"实力"开展斗争的觉悟，并应注重政治运动以外社会运动的实行。[4]该文在女子参政协进会成立仅 4 天后即于《晨报》发表。未及数日，《晨报》再发介绍女性主义理论的时论，文章指出女性运动的最终目的在于"消灭男女两性的畛域"[5]。当然，对于全国各地女界运动的最新进展，《晨报》也时刻关注，并曾对溧阳女校希望制宪关注女性地位、湖南省

---

[1]　《女权运动同盟会筹备纪略》，载《妇女杂志（上海）》1922 年第 8 卷第 11 期。
[2]　祁森焕：《日本妇女参政运动之前提——治安警察法改正运动的成功》，载《晨报》1922 年 8 月 11 日，第 6 版。
[3]　《美国妇女在政治舞台之活动》，载《晨报》1922 年 8 月 24 日，第 6 版。
[4]　陈启修：《运动女子参政者应有之觉悟》，载《晨报》1922 年 8 月 7 日，第 2 版。
[5]　陈国榘：《敬告女权运动家》，载《晨报》1922 年 8 月 23 日，第 2 版。

议会男女议员之舌战、四川女界争取两性平权运动,以及浙江、湖北等省女学生运动进行多番报道。除此之外,占据《晨报》最多篇幅的即是对北京女性生活各个层面细致入微的考察,从婚姻家庭关系以及寻求经济独立,再到职业领域成就,等等。透过《晨报》这个广角镜,女子参政运动给女性社会生活带来的点滴改变日益清晰可见。

作为北京地区极具影响力的主流报刊,《晨报》对女性运动的支持无疑改变了民国初年进步女性在舆论界"失语"的窘境,为北京女界各项事业开展开辟了有力的宣传阵地。而通过《晨报》输入的新思潮与新观念,也为北京女子参政运动提供了丰富的经验和借鉴,甚至起到积极的指导作用。女子参政协进会、女权运动同盟会最初的成立与请愿活动能够顺利进行,与《晨报》不容小觑的造势能力不无关系。很多人正是通过阅读该报才对北京女界的运动有了进一步了解,并由此为女子参政运动在全国范围内争取支持打开局面。

三、北京女子参政运动的踟蹰与进步

从结果上看,发生在1922年—1923年间的北京女子参政运动并未实现最初制定的目标。有观点认为这场民主革命运动,因与广大劳动妇女的切身利益无关而存在较大局限性,难有实际效果。[1]诚然,若说这是一场由社会精英阶层女性发起的政治运动未尝不可,仅从女子参政协进会、女权运动同盟会的主要领导者来看,虽为中国大学、法政专门学校、女子高等师范学校等高校学生,但其家庭背景普遍较好,个人见识又相对丰富。如女子参政协进会委员梁好音即为民国政要梁士诒之女;黄蕙兰是著名华人企业家"糖业大王"黄仲涵之女,顾维钧夫人;朱其慧为清末知府朱其懿之妹,熊希龄夫人。女权运动同盟会中还有留美博士朱君毅表妹,后成为熊希龄第三任夫人的毛彦文;即便北京第一个女共产党员缪伯英,也出身于父亲曾赴日本考察的开明家庭。[2]在当时女性智识程度普遍较低的情况下,这些受过良好教育颇具见识的女子,接受"五四"以来女性解放之新思潮,在各地女性运

---

[1] 中国妇女大百科全书编委会、中国婚姻家庭建设协会编:《中国妇女大百科全书》,北方妇女儿童出版社1995年版,第88页。

[2] 丁鹏:《北京的第一个女共产党员——缪伯英同志》,载北京市妇女联合会编:《北京女杰》,北京出版社1985年版,第1页。

第四讲 觉醒之强音：北京女子参政运动与"五四"后政潮演进

动兴起趋势的鼓舞下，投身争取女性权利的事业。北京地区的女子参政运动相较于其他各省女子参政运动的目标则更为直接和激烈，她们从宪法根本处着手要求男女平等之一切权利。为达到修宪明定女性参政权的目的，国会议员成为首要争取的对象；而那些基本生活权益尚不能得到保障的普通妇女，似不为各参政团体特别注意。这也正是陈启修在《运动女子参政者应有之觉悟》中警示女界应注重社会革命之处，应建立深厚的社会革命根基。对于北京女界而言，宪法起草委员会成立之际或许是上书请愿修宪的最佳时机，但从近代女性运动发展的整体进程来看，在当时要求政治权利确实距离普通女性的世界太过遥远。

况且，女子参政协进会与女权运动同盟会之间也存在抵牾，难以统一北京女界的力量。运动最初由中国大学万璞，法政专门学校石淑卿、周桓，女子高等师范学校的女学生王孝英、周敏、张人瑞等发起，[1]定于1922年7月15日于法政专门学校召开筹备会。然而筹备会议结束后，发起人即因意见不同分为两派：中国大学和政法专门学校的学生主张要求女子参政，组成女子参政协进会；而女子高等师范学校的学生则主张宪法须明确规定女子与男子完全平等，组成女权运动同盟会。[2]有观点据此将女子参政协进会定义为"温和的激进者"，而将女权运动同盟会定义为"无节制的激进者"，或许女权运动同盟会最初提出主张时确曾受到阶级意识和革命热情的影响，[3]但这两个团体在实际运动过程中可能并无"温和"与"无节制"这样明显的差异存在。美国汉学女性主义研究者柯临清根据女权运动同盟会会长周敏的回忆分析，两个团体的分裂更多是个人因素而非政治因素，最终也就是"谁是谁朋友"的问题。[4]其实从女子高等师范学校学生王孝英并未参加以该校学生为主体的女权运动同盟会，而进入女子参政协进会担任会长一事也可窥见端倪。

无论哪一团体，涉及女子参政这一敏感问题，成立之初都冒着被当作

---

[1] 谈社英编著：《中国妇女运动通史》，妇女共鸣社1936年版，第114页。

[2] 晏始：《最近的女权运动》，载《妇女杂志（上海）》1922年第8卷第10期。

[3] [澳]李木兰：《性别、政治与民主：近代中国的妇女参政》，方小平译，江苏人民出版社2014年版，第163页。

[4] Christina Kelley Gilmartin, *Engendering the Chinese Revolution: Radical Women, Communist Politics, and Mass Movements in the 1920s*, Berkeley/Los Angeles/London: University of California Press, 1995, p. 81.

"非法组织"取缔的风险,势必要由彼此熟悉信任且志趣相投的参与者共同发起,以学校为团体单位、同学为成员较为合适,几校间最初不直接进行全面联合也未尝不可。并且女子高等师范学校从五四运动以来即是北京各女校联合行动的领袖,缪伯英等早期女性共产主义者多就读于该校,又通过李大钊开设的《史学思想史》《社会学》《女权运动史》《伦理学》等课程长期接受民主革命进步思想,〔1〕成立女权运动同盟会时,主张似更为直接而彻底。尽管女子参政协进会并不像女权运动同盟会那样着意探讨阶级意识,未能从很大程度上引用马克思主义认识论,〔2〕但从参政运动日后的发展来看,该会主张在赋予女性参政权利之外,还体现了追求男女权利平等的态度。即便于细节处存有分歧,但两团体在总体目标上基本一致,运动方式也大体相近,都为争取女性权利做出了努力。

当然不可否认的是,北京女界若能以一个声音说话,运动的效果或许更为显著。无论举办茶话会还是进行请愿运动,两团队极力争取的对象实则皆为国会议员。在女界实力尚不足够强大的情况下,各类招待议员的活动重复举办,反致分散精力。甚至女子参政协进会与女权运动同盟会发展会员、扩张势力的博弈,还延续到上海等地的支部中,由此消耗了过多内部力量。这正是20世纪20年代早期进步女性对女子参政运动的艰巨性认识不够充分,同时缺乏领导实际政治运动经验所导致的。此外,相较于同时期开展运动的浙江、湖南等地,北京的政权更迭频繁,局势更为复杂,不具备稳定的政治环境,更为运动发展增添了阻力。

但是,20世纪20年代的北京女子参政运动,相较民国初年的女子参政运动而言仍有更为积极的意义。民国初年女子参政权案的领导者唐群英等人,本就是同盟会元老、历经复杂斗争的民主革命家,她们同样为推翻封建帝制、建立中华民国付出心血,却因性别身份所限不能获得应有的与男子平等的权利,因此在民国肇建伊始发起参政运动,为女性争取政治权利。与之相比,北京的女子参政运动,发起者主体是一群学生,大多没有直接领导过真正意义上的革命斗争。但由于接受了高等教育,她们开始重新审视女性地位,开

---

〔1〕 王淑芳、麻星甫:《李大钊与北京两师大》,载《北京师范大学学报》1989年第6期。
〔2〕 [澳] 李木兰:《性别、政治与民主:近代中国的妇女参政》,方小平译,江苏人民出版社2014年版,第161页。

始思考女性独立的意义,并决意发起运动。这便是教育给女性带来的觉醒与改变。这场运动虽由要求女子参政而起,却不同于民国初年女子参政权案仅止于政治,而是进一步扩大到社会革命领域。正如陈望道看了女权运动同盟会宣言后指出的,女性已经认识到须"加入民主主义革命、社会主义革命,直到革命有了最后的成就"[1]便可以参政,因此这是将女界运动融入到反抗北洋军阀统治的革命中的又一次尝试。

从国内局势来看,不同于民国初年各方势力为建立民国新政权在男女平权、女子参政问题上的模糊与妥协,"联省自治"兴起为女子参政运动再度势起提供了契机。当各"自治"政府筹备省级议会之时,多地进步女性要求在省宪法中保障性别平等的政治权利,浙江女界联合会会长王壁华被选为省议员,湖南省宪法更明定男女在法律上一律平等。[2]其间虽有广东等省女子参政案多经波折未能通过,但全国范围内女子运动的兴起却为北京女界团体争取女子参政权奠定了基础,北京女子参政运动得到各地女界力量的支持。此外,20世纪20年代初期的北京在经历过新文化运动、五四运动的洗礼后有着更利于女子参政运动发展的舆论环境,部分议员思想较为开明,接受了女子解放的进步观念,女子参政运动者的声音能够引起社会重视。这是民国初年女子参政运动所不具备的舆论优势,更是10余年来女子运动先驱坚持努力的结果。

这一阶段的女子参政运动,还构成了国共双方在妇女工作领域合作的雏形。民国初年孙中山曾因女子智识不足而对女子参政采取"搁置"办法,宋教仁改组国民党时为调和各方政治势力甚至将原同盟会"男女平权"之政纲删去。时至20世纪20年代初期,中国共产党在第二次全国代表大会上即以"帮助妇女们获得普通选举权及一切政治上的权利与自由"为妇女解放目标[3],此后第三次全国代表大会指出女子参政运动之重要性,并做出"本党女党员应随时随地指导并联合这种运动"的指示。[4]而改组后的中国国民党公布宣言,则再度确定了党内男女平等的政治原则。在北京女界的参政团体中,既有中

---

[1] 陈望道:《看了女权运动同盟会宣言以后》,载《民国日报·妇女评论》1922年第63期。
[2] 郑永福、吕美颐:《中国妇女通史·民国卷》,杭州出版社2010年版,第91页。
[3] 《中国共产党第二次全国代表大会关于妇女运动的决议》,中华全国妇女联合会妇女运动历史研究室编:《中国妇女运动历史资料(1921—1927)》,人民出版社1986年版,第29页。
[4] 《中国共产党第三次全国代表大会关于妇女运动决议案》,中华全国妇女联合会妇女运动历史研究室编:《中国妇女运动历史资料(1921—1927)》,人民出版社1986年版,第68页。

共党员的指导和直接参与，也离不开国民党员的帮助。尽管女子参政运动短期内无法实现修宪申权之目标，但随着国共合作深入，两党女性党员共同推进女性解放运动的发展。1924年北京政变爆发后，当地女界涌现出一批要求参加国民会议的新团体。在促成国民会议运动中，这些团体在要求男女平等之一切权利外，还明确提出"女子应参加民族独立的国民革命运动"，并很快得到响应。当国民会议促成会全国代表大会在北京开幕之际，来自国共两党的北京妇女代表夏之栩、皮以书等人，提出多项保护妇女权益的主张；举行纪念"三八"妇女节的大型活动，更促成全国各界妇女联合会成立。[1]此后两党妇女代表在五卅运动、"三一八"惨案中持续领导妇女进行斗争，并于1926年在北京联合成立妇女之友社，以推进妇女解放事业为目标。而北京女界之所以逐渐形成坚实的妇女解放社会基础，正是通过此前女子参政运动积蓄的力量。

◆ [延伸阅读]

1. ［澳］李木兰：《性别、政治与民主：近代中国的妇女参政》，方小平译，江苏人民出版社2014年版。

2. 柯惠铃：《近代中国革命运动中的妇女（1900-1920）》，山西教育出版社2012年版。

3. 杭苏红：《独立与归属：民国新女性的精神史》，商务印书馆2022年版。

◆ [课后思考]

1. 与民国初年女子参政运动相比，"五四"过后的第二次女子参政运动呈现出哪些新特点？

2.《晨报》如何成为助力1922年—1923年间北京女子参政运动舆论宣传的主阵地？

3. 20世纪初世界各国的女子参政思潮与近代中国女子参政事业之间形成了怎样的互动？

---

［1］北京市地方志编纂委员会编著：《北京志·人民团体卷·妇女组织志》，北京出版社2007年版，第283~284页。

主题三

女性、媒介与消费

第五讲

阮玲玉自杀案：诉讼纠纷、媒体钩沉与女明星命运沉浮

◆ [教学提要]

阮玲玉的自杀事件在民国时期的电影圈中是轰动一时的大新闻，社会各界对其背后死因的讨论及牵引的媒体舆论争议成为中国电影史研究的持续性话题，各方的立场和看法也愈加多样化。阮玲玉与张达民和唐季珊含混不清的关系，以及接踵而至的名誉诬陷纠纷案，不仅突显了女性名誉被抹黑的难堪，也揭示出女明星的个人生活同时代思潮、社会流行文化、普通大众心态的互动与纠葛。文化知识人经由阮玲玉自杀事件借题发挥，进而关注女性主体意识的觉醒、"新女性"形象的塑造和女性职业的困境等议题，不仅展现了女性、媒体与权力之间复杂的话语角逐，而且成为衡量民国时期妇女解放运动进展和界限的一个重要维度。

◆ [教学目标]

1. 深入剖析阮玲玉因与情人纠缠而身陷诉讼纠纷所导致的自杀案件，解读社会各界人士基于各自立场的媒体言论，使学生理解阮玲玉自杀这一历史事件如何反映并左右着社会公众对于"新女性"形象的认知。

2. 细致梳理阮玲玉涉讼自杀案的台前幕后，审视报刊报道如何在舆论风波的发酵中发挥推波助澜的作用。

3. 分析媒体上所刊登的各方言论在推动"新女性"角色构建和传播中的影响力，揭示背后所关涉的知识分子与市民大众的文化心理、性别伦理、社会价值观等内涵。

◆ [案例导入]

阮玲玉是中国默片时代的著名演员，她凭借着精湛演技为观众献上了29部影片，有的迄今仍是银幕经典。然而，就是这样一位家喻户晓的公众人物，却在事业上升期身陷张达民与唐季珊的互讼，被迫卷入舆论的漩涡。1935年3月8日，国际妇女节当天，阮玲玉因不堪忍受舆论压力和个人情感的双重打击，走投无路之下服用3瓶安眠药，留下2封情词凄怨的绝命书，结束了自己25岁的生命，以道"人言可畏"。阮玲玉涉讼自杀是当年轰动中国影坛的大事件，震惊了整个上海乃至全国的舆论界，成为当时社会女性的一大悲剧。小报记者对于阮玲玉私生活的过度渲染及放大，使她的名誉和隐私不断遭遇侵犯，将她逼到绝望的深渊。因而，阮玲玉的悲剧，不仅仅被视为个人的悲剧，还应看成是缺乏女性友好的社会环境和时代风潮酿成的恶果。

本讲将从以下三方面展开研究：一是以时间为轴还原张、唐互讼案，真实呈现当事人的财产纠葛和感情纠纷；二是分类查阅报载新闻，比较分析各报的报道方式及内容风格，探究媒介对舆论的引导作用；三是厘清明星与媒介、大众的关系，将阮玲玉涉讼自杀事件引向对女性意识、女性形象、女性职业等问题的探讨，为研究女性话语和媒介传播提供一个开放的视角。

一、阮玲玉涉讼案始末

民国时期著名女影星阮玲玉与富家子弟张达民、茶叶富商唐季珊之间陷入"剪不断、理还乱"的感情漩涡。张达民是阮玲玉的初恋，但他游手好闲，还无正经工作，一直仰仗阮玲玉在演艺圈的收入来维持生活。与张达民分手后，阮玲玉与唐季珊恋爱。然而，张达民不甘心丧失阮玲玉此前的经济供给，遂向法院起诉阮玲玉和唐季珊通奸，以此进行报复，既意在扰乱阮玲玉的生活，更试图敲诈获取经济补偿。加之唐季珊控制欲强、风流本性难改，此间又出轨舞女梁赛珍，这些都给阮玲玉造成了严重的精神伤害，令她身心俱疲，滋生厌世情绪。

阮玲玉涉讼案是指她作为第三人和被告陷入与张达民、唐季珊的民刑纠纷，继而情史公开、舆论涌起，其不堪流言、服药自尽。两起诉讼案前由可

第五讲 阮玲玉自杀案：诉讼纠纷、媒体钩沉与女明星命运沉浮

溯至1933年4月14日张达民、阮玲玉签订脱离同居关系契约，后果可延至阮玲玉死后1935年6月29日法院的终审判决，历时两年两个多月，主要案情如下：

1935年1月10日，唐季珊控告张达民虚构事实、妨害名誉。唐季珊自诉：张达民致函指彼窃取财物，侵占衣饰，私刻图章，但"函中所指各点，俱非实在"[1]。张达民否认授意律师致函，况且函中所写亦不构成妨害名誉。最终，庭上以证据不足为由，判张达民无罪。阮玲玉虽不是此次诉讼案的当事人，却被迫以"利害关系第三人"卷入这场纷争。一时间，关于她的流言涌起，阮玲玉念及名誉，不得不发表一声明，主动澄清与张达民"虽同居但并未缔结婚约"，并"多次为张达民代谋职业，希望其收入稍多"，两方"实为经济压迫而签订脱离契约"[2]。在这则声明中，阮玲玉表达了自己身陷感情囹圄的痛苦，希望得到人们的理解。可惜，此声明未能阻挡记者的"好奇"和舆论的非议。

一个多月后，1935年2月27日，张达民控告阮玲玉侵占财物、伪造文书两罪，另控阮玲玉、唐季珊妨害家庭、通奸、略诱罪。此轮诉讼较前诉更复杂，涉及财产侵占、感情纠纷、子女抚养等问题。阮玲玉第一次被列为被告，本人虽未到庭，但按照当时"案经自诉，事即公开"的原则，意味着她的许多私事可以"合法合理"地公之于世。阮玲玉虽自信无罪却深感外界舆论压力，曾向黎民伟诉说："出庭我倒不怕，所怕的是正逢着星期六，旁听的闲人一定特别多，叫人难为情。"[3]她也与母亲谈及讼事，谓："九成九可胜诉，惟惧上公堂为众目所视。"[4]最后，迫于流言而心力交瘁的阮玲玉还是选择在1935年3月9日开庭前结束自己的生命，至于后来学者习惯将阮玲玉的死亡时间与"妇女节"相联系，这或许是"偶然"之外的另一种解读了。

---

[1]《阮玲玉小史一页——张达民前尘如梦不堪回首 唐季珊一书误会涉讼法庭》，载《申报》1935年1月11日，第12版。
[2]《江一平律师代表阮玲玉女士郑重声明》，载《申报》1935年1月15日，第5版。
[3] 刘宪阁：《小报与阮玲玉之死》，载《文史参考》2012年第15期。
[4]《遗书痛责张达民 阮玲玉含冤以死》，载《申报》1935年3月10日，第13版。

表 1　阮玲玉涉讼事件时间表

时间	事件
1928	阮玲玉与张达民争吵，第一次服药自尽，幸被发现送医，免于难
1933-04-14	阮玲玉与张达民签订脱离同居关系契约
1934-12-27	张达民致唐季珊律师函，指其窃取财物，侵占衣饰，私刻图章
1935-01-10	唐季珊控张达民虚构事实、妨害名誉
1935-01-17	庭上以证据不足为由，判张达民无罪
1935-02-27	张达民控阮玲玉侵占财物、伪造文书，控阮玲玉、唐季珊妨害家庭、通奸、略诱
1935-03-08	阮玲玉自杀
1935-03-09	庭上认为阮虽死亡，但遗有财产，事关侵占，继续开庭审理
1935-05-17	庭上判决，阮玲玉死亡不受理，唐季珊与阮玲于同居是在张、阮签订脱离关系契约之后，因而唐季珊不构成妨害家庭、通奸等罪，妙容为阮玲玉之养女，领养关系明确，因而唐季珊不构成略诱罪
1935-06-25	张达民不满判决结果，对唐季珊提起上诉
1935-06-29	法院驳回张达民上诉，此案至此告一段落

其实，20 世纪 30 年代的"新女性"因特殊遭遇而引人注目的事件并不鲜见，如刘景桂枪杀滕爽案、磨风艺社演出《娜拉》的事件、貂斑华与摄影家陈嘉震的订婚诉讼、王汉伦控告长城画片公司支付影酬违约一案，等等。这些都在一定程度上反映出"新女性"在婚姻家庭、政治立场、职业选择上的种种难题，是管窥妇女解放及女性话语的一个窗口。

例如，1935 年 3 月 16 日刘景桂枪杀滕爽事件，24 岁的女学生刘景桂闯入北平志成中学，连开 7 枪杀死了情敌滕爽。原因是逯明离婚后，即与刘景桂订立了婚约，之后两人同居，岂料半年后逯明又与滕爽正式结婚，为取消与刘景桂的婚约，逯明补偿刘景桂 600 元，但之后二人之间仍保持暧昧关系，直至刘景桂得知逯明不会离婚，于是激情杀人，直言："我本意要将她丈夫打死，因为我的能力达不到，所以把她打死，也足以破坏他的家庭，叫他尝尝人生半生半死的滋味"[1]。1935 年 4 月 23 日，刘景桂案正式开庭，因兹事

---

[1]《铅球健将逯明之妻滕爽被击七枪惨毙》，载《大公报》1935 年 3 月 17 日，第 6 版。

体大，经 7 次上诉，刘景桂被判终身监禁。此案涉及三角恋、悔婚别恋等各种因素，在当时，社会关注度非常高。与阮玲玉抑郁致死不同，刘景桂的蓄意杀人更像是因爱生恨的个人报复，而整个事件的司法判决过程及结果，"既超出立法者的预料，也因其不能给个体提供实际帮助、缺乏与社会的有效衔接而不利于过渡期新法律文化的成长。"[1] 又如，磨风艺社演出《娜拉》的事件，反映出"新女性"在党派话语和媒介凝视下的困境。1935 年初，磨风艺社在南京公演话剧《娜拉》，力主张扬女性个性、重提"娜拉"精神，这场"反叛性"的演出遭到国民党当局的针对，其中饰演"娜拉"的女教师王光珍被学校解聘，各大报纸悉借此炒作，声援王光珍，抨击国民党当局，随后国民党采取强制禁演的手段，将磨风艺社查封，致使部分社员遭遇逮捕，史称"娜拉事件"。这起事件不仅反映了新女性在性别解放过程中的诸多困境，也交织着媒体宣传、女性启蒙、政治与民族国家话语，演绎了性别解放与政治话语的双重变奏。[2] 再如，貂斑华与陈嘉震的订婚风波，本是双方感情秘闻，却经报纸笔战、对簿公堂，以貂斑华被判"公然侮辱罪""处罪金 50 元，缓刑 2 年"结案。还比如，女影星王汉伦控告长城画片公司支付影酬违约一案，经法院调解后，她得到的也只是一张空头支票。总的来看，以阮玲玉涉讼自杀案为代表的诸多"新女性"事件，是当时社会思潮、市井心理、媒介话语等综合因素作用的结果，是 20 世纪 30 年代女性解放运动和"新女性"命运起落的体现。

二、报刊追踪与舆论升温

阮玲玉是 1920 年—1930 年间上海滩的公众人物，也是沪上各报争相报道的对象。资料显示：1927 年 4 月 9 日《时报》的一则影片放映消息是对阮玲玉的最早报道。该消息题为《明星公司卜万苍导演阮玲玉黄君甫主演之"挂

---

[1] 张淑娟：《民国女性性解放与贞操观的吊诡及司法判解论析——以 1935 年北京刘景桂案为中心》，载《山西师大学报（社会科学版）》2017 年第 2 期。
[2] 蔡洁：《性别解放与政治话语的双重变奏：1935 年"娜拉事件"的多元观照》，载《妇女研究论丛》2017 年第 1 期。

名的夫妻"》。[1]随着阮玲玉逐渐被大众所熟知,各报相继登载了阮玲玉加入大中华、联华影业公司,出演《香雪梅》《神女》的报道,还有一些跳舞、赛狗、交友、游览等生活逸闻,数量近 300 篇。阮玲玉涉讼后,记者们都把这场讼事当成社会版的重要新闻,但他们在阐述和评论时,往往掺杂一些主观猜测,一定程度上误导了大众。

《申报》自诉讼开始便采取追踪采访、连续报道的方式,披露阮玲玉的花边新闻,以求销量。如 1935 年 1 月 11 日的报道以《阮玲玉小史一页》为主标题,妄议张达民的情场往事,评诉讼案起因为"一书误会";[2]1935 年 2 月 28 日的报道,用大篇幅复述张、阮情史,并在行文中冠以"同居之爱""通奸等罪"等关键词以吸引读者注意;[3]1935 年 3 月 8 日的报道更将"感受寂寞""离异契约""略诱通奸"等词在排版印刷时突出显示[4]。阮玲玉去世后,《申报》又以重磅新闻的姿态,凌驾于事件之上进行其所认为的评判与解读。由此可见,《申报》的报道重点并非诉讼案,而是借诉讼"合法合理"地曝光阮玲玉的私生活,报道内容并未完全脱离"彭公案"式的新闻记事体例,虽然及时,却失了真实,看似客观,实则缺乏法律依据。

《大公报》则按照事件发展顺序进行报道,在阮玲玉去世第二天刊发题为《影星阮玲玉服安眠药自杀》的文章,将阮氏自杀归于"与前夫涉讼,颇消极",客观陈述阮、张恋情,并无"前夫""离婚"等不实用语。在两封遗书公布后,《大公报》大幅增加评论文章,报道立场与态度也发生了转变,由之前公式化的评价阮玲玉之死到探究阮玲玉之死背后的实质——舆论与人性。如《陨星哀感 阮玲玉自杀与联华前途》一文不谈阮自杀动机与经过,只谈阮自杀后与中国影坛前途关系,[5]《人言可畏 阮玲玉自杀之一因》一文,矛头

---

[1]《明星公司卜万苍导演阮玲玉黄君甫主演之"挂名的夫妻"》,载《时报》1927 年 4 月 9 日,第 10 版。

[2]《阮玲玉小史一页——张达民前尘如梦不堪回首 唐季珊一书误会涉讼法庭》,载《申报》1935 年 1 月 11 日,第 12 版。

[3]《张达民诉阮玲玉唐季珊案——昨由二特院开审阮玲玉因病未到 张控侵占与伪造文书及通奸等罪》,载《申报》1935 年 2 月 28 日,第 12 版。

[4]《阮玲玉案明日开审》,载《申报》1935 年 3 月 8 日,第 11 版。

[5] 梦塘:《陨星哀感 阮玲玉自杀与联华前途》,载《大公报》1935 年 3 月 10 日,第 15 版。

直指"上海黄色新闻者",谓之"只图快意,不顾事实"[1]。当人们群起攻击张达民和唐季珊时,《大公报》交出《陨星别报:一代艺人永垂不朽》《阮事小评》《自杀欤?寿终欤?》等文,从张唐诉讼、媒体责任、中国影坛、生命论等多个角度评析阮玲玉自杀之事,内容广泛、观点新颖,不再单方面抨击张达民"以怨报德",而是尽可能向读者展现事件的不同维度,不做定论、不下妄语,这是其他报刊所望尘莫及的。此外,《〈新女性〉汇评》也值得关注,连载8期,每篇均占副刊的过半版面,内容涵盖导演手法、演员表演、观众真情、映演价值等,视角独特、分析全面,这在《大公报》乃至整个报刊影评史上也是非常罕见的。总体看来,《大公报》对阮玲玉涉讼自杀案的报道,由最开始的"震惊",到吊唁时的"痛惜",到对小报舆论的"痛恨",再到对生命珍贵的"解读",一步步引导读者由浅至深地认知此事,又通过不同角度的评论性文章,使读者的认知由单向思维向多角度延展,不再盲目追从单一消息。

表2 《申报》《大公报》关于阮玲玉的新闻报道
(1935年3月10日至1935年4月30日)

类型	《申报》报道	《大公报》报道
评论	3月10日,吊阮玲玉 3月10日,遗书痛责张达民 阮玲玉含冤以死 3月10日,不堪回首 阮玲玉的牺牲精神 3月10日,悼阮玲玉女士 3月11日,阮玲玉事件 3月13日,阮玲玉自杀的心理分析 3月17日,从阮玲玉说到刘荷影 3月19日,创立阮玲玉演技奖金刍议 3月21日,阮玲玉自杀的面面观 3月26日,关于阮玲玉演技奖金之创立	3月10日,陨星衷感 阮玲玉自杀与联华前途 3月12日,人言可畏 阮玲玉自杀之一因 3月14日,阮玲玉自杀的评价是无意义的 是无价值的不必要的死 不合理的死 3月16日,殒星别报:一代艺人永垂不朽 3月17日,阮事小评 3月18日,哀阮玲玉女士 3月18日,自杀欤?寿终欤? 3月25日,阮玲玉与上海生意 3月27日至4月4日,8篇"新女性"汇评

---

[1]《人言可畏 阮玲玉自杀之一因》,载《大公报》1935年3月12日,第15版。

续表

类型	《申报》报道	《大公报》报道
消息	3月12日，阮玲玉昨入殓 往吊者甚众 极为悲痛 后日卜葬于联义山庄 3月13日，迳启者、兹据当事人张达民来所述称、查唐季珊与阮玲玉通奸及略诱幼女、事实具在、鄙人为使…… 3月14日，阮玲玉今日出殡安葬 联华同人拟亲舁榇 3月15日，阮玲玉昨日殡葬 4月26日，京市禁演阮玲玉香消记新剧	3月10日，阮玲玉遗书明冤 谓生平无对不住张达民处 唐季珊昨日领尸棺殓 3月11日，挽阮玲玉女士 3月11日，阮玲玉今日大殓 3月12日，联华影业公司哀悼阮玲玉之通函 3月14日，阮玲玉又一遗书发表 3月15日，阮玲玉昨日举殡 观者拥挤 3月23日，新女性 阮玲玉最后杰作光明院明日开演 3月24日，阮玲玉遗作"新女性"今起在光明公映 3月25日，紫房子发售阮玲玉照片 3月27日，阮玲玉纪念专集
文学作品	3月17日，再挽一代名演艺家阮玲玉女士 3月30日，哀阮玲玉	3月13日，写阮玲玉 3月14日，阮玲玉死后 3月19日，哀阮玲玉 3月19日，阮玲玉出丧记 3月22日，挽阮玲玉 3月27日，挽艺人阮玲玉

　　至于那些沪地小报，记大报所不记，言大报所不言，当阮玲玉涉讼后，更是将阮之隐事收入"有闻必录"之列。通过检索"民国时期期刊全文数据库"，可发现1934年12月至1935年4月间，小报刊载与阮玲玉相关的报道共169篇，其中《晶报》《上海商报》《社会日报》《福尔摩斯》《金刚钻》数量较多，各有20篇以上。但这些小报在讼案报道上，有不少失真失实之处。如《福尔摩斯》1935年1月11日登载《联华女明星阮玲玉弃旧恋新》的报道，本是述唐季珊诉张达民案，却以阮玲玉为题，妄论阮玲玉"弃旧恋新"；复述案情也措辞偏颇，如写阮玲玉"芳名藉甚，妇孺皆知"，写阮张已为"实际之夫妇"等。[1]《上海报》1935年1月15日刊出的《阮玲玉婚变逸闻》以阮玲玉"婚变"为中心，说张达民去福建任职是洁身前往，阮玲玉在上海却暗怨

---

[1] 念我：《联华女明星阮玲玉弃旧恋新》，载《福尔摩斯》1935年1月11日，第1版。

第五讲　阮玲玉自杀案：诉讼纠纷、媒体钩沉与女明星命运沉浮

夫婿觅封侯。[1]当然，小报上还刊有社会各界人士所写的悼文和纪念文章。在这里，有一篇署名"求幸福斋主"、题为《自杀与仇杀——阮玲玉与滕爽事件》的文章值得关注。作者自称是一名记者，他认为记者报道并不是致阮玲玉死亡的主要原因，因为自杀是一种"时代病"，并不能把全人类全社会的大病根，统归咎于"报纸社会新闻的渲染有诱惑性"，以及"黄色新闻有无形的逼迫"[2]，并称阮玲玉的死，其实是"很平常三角恋爱的喜剧和悲剧"，她"既负了盛名……她自然要感受这种金钱上的痛苦"[3]，最后表示，阮玲玉的自杀，"仍是手段平凡，翻不出什么轰轰烈烈能够惊动人的新花样，只会扩大醉生梦死的劣根性……如今阮玲玉又拿生命替安眠药登了义务广告"[4]。如此观点，虽有替"涉事"记者辩解之嫌，所陈之辞也略显冷漠，但能冷静指出"阮玲玉涉讼事件"背后的报纸新闻诱惑性、三角恋爱悲剧性、精神物质矛盾性、国人之劣根性等多重复杂的关系，也很难得。

总的来说，各家小报在报道此事上，有别于主流报刊的报道方式，既有追逐实利的商业化，也有大众参与的世俗化，为事件提供了多种解读的可能。并且，小报相对自由的"边缘型批评模式"给读者带来了不一样的信息源和阅读感，对于这一点，鲁迅也是比较赞许的，他说小报"五花八门，文言白话悉具，但有些地方，却比大报活泼，也有些是大报所不能言"的。[5]

《电声》和《青青电影》是报道"阮玲玉涉讼事件"最多的两本电影杂志。《电声》对诉讼案的报道有5篇，主标题都以"阮玲玉"为关键词，并点出"情感纠葛""关系追诉""情感纠纷""被控伪造文书及侵占"等内容，既赚得阮玲玉的"流量"，也提及了诉讼事实，副标题用字数相同的词组排列，概括主要内容和记者立场，还不乏有"鹣鹣鹣鹣似胶似漆"等文字润色。《电声》报道诉讼案时，措辞严谨、有理有据。如1935年1月18日的报道，

---

[1] 九鼎：《阮玲玉婚变逸闻》，载《上海报》1935年1月15日，第4版。
[2] 求幸福斋主：《自杀与仇杀（一）——阮玲玉与滕爽事件》，载《社会日报》1935年3月29日，第2版。
[3] 求幸福斋主：《自杀与仇杀（三）——阮玲玉与滕爽事件》，载《社会日报》1935年3月31日，第2版。
[4] 求幸福斋主：《自杀与仇杀（四）——阮玲玉与滕爽事件》，载《社会日报》1935年4月1日，第2版。
[5] 曹聚仁：《鲁迅先生眼中的社会日报》，载《社会日报》1936年10月21日，第2版。

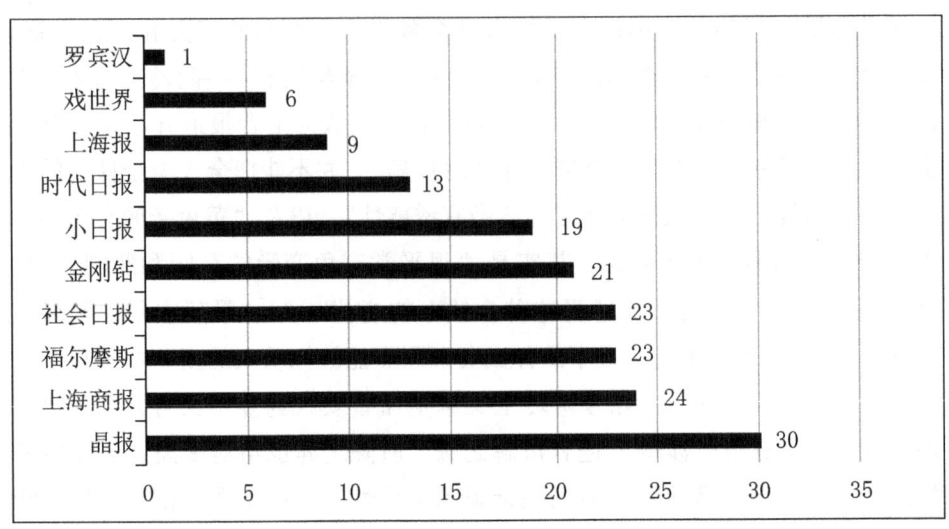

图1 1934年12月至1935年4月小报刊载情况

以事件发生的时间链条连结阮玲玉的生平情史，如交代三人关系是"终身相许，与阮相值，正式从唐"，陈述案情仅用"窃取财物，妨害名誉，与阮姘识，致书于唐"的说法，并在结尾处附以"殊堪研究"一词表达疑惑。[1] 阮玲玉逝世的消息传出后，《电声》和《青青电影》都于当月刊出了纪念阮玲玉的特辑，《电声》将之定名为《阮玲玉哀荣特辑》，《青青电影》将之定名为《阮玲玉之丧特辑》。《电声》的这一期特辑刊有16篇文章，在《阮玲玉遗书两封》一文中，作者比较少见地对遗书真伪存疑，并给出了实质性证据，展示出一名记者的科学严谨的职业素养；而在《死因的剖解：阮玲玉自杀后之舆论一斑》一文中，作者以激愤之言，直指"舆论"为最大凶手，并"奉劝社会人士，对于一切事情，在未明真相以前少作严刻的批评冤诬的传述尤其是对于女性"[2]。《青青电影》在特辑首页刊出一整版阮玲玉出殡的照片，展出联华影业公司黎民伟、陆涵章、孙瑜、蔡楚生、费穆等12人共同舁榇上灵车的场景，足见阮玲玉在影界的地位；其余是题为《阮玲玉之丧零拾》的系列文章，包括她的履历、出殡过程、各方吊唁、悼文、死因分析等。可以

---

[1]《旧事重提轰动影界阮玲玉情案纠葛未行婚礼，实已同居，新恋旧欢，发生诉讼》，载《电声（上海）》1935年第4卷第3期。

[2]《死因的剖解：阮玲玉自杀后之舆论一斑》，载《电声（上海）》1935年第4卷第11期。

说，两本电影杂志在报道"阮玲玉涉讼自杀事件"时，灵活协调了版面篇幅、内容形式、撰文角度，将影界之事以一种恰当的方式展示给影迷。尤其是两组特辑，图文结合地回顾了阮玲玉的一生，对重点事件、关键人物等进行了细致解读，弥补了大报内容单一、小报信息庞杂的不足与缺憾。

三、媒介传播中"新女性"意识的渗透

阮玲玉自杀事件揭示了"媒介—明星—大众"之间的关系：一方面，明星借助电影、报纸完成银幕形象的塑造和宣传；另一方面，明星也面临着随时被媒介曝光、被公众读解的可能。在这之中，报纸作为重要的印刷媒体空间，对明星的开发及宣传有了一系列可效仿的策略，即在保持大致框架不变的情况下，报纸不约而同地刊登明星的逸闻趣事、摩登照片，开始引导大众关注明星的职业身份、精神品质、社会关系。与此同时，为了不断利用明星光环吸引读者，报纸还紧跟明星生活，明星的演艺事业、公共活动、日常生活乃至情感历史都成了公开的秘密。

阮玲玉因拍摄《新女性》得罪了记者，遭致各类报刊的攻击，这在某种程度上揭示了阮玲玉作为一个公众人物被电影、报纸等媒介所塑造和操控的事实。此缘于电影《新女性》中塑造了一个市侩钻营的记者角色，赵君豪、钱华、金华庭等认为这侮辱了记者群体形象，联名致函上海新闻记者公会请求应对，上海新闻记者公会遂要求联华影业公司剪去相关内容、登报道歉、确保此后不再发生，并做出抗议交涉。正如有学者所指出的，明星扮演的虚拟角色与其本人的社会生活交融出现在大众视野中，某种程度上构成一种互文关系，为维持二者形象的平衡，明星的私人生活不能与她的电影形象相违背——至少在道德倾向方面必须一致。[1]在那个没有网络的时代，报纸是最大的舆论制造者，当时由于女性受教育的程度相对较低，因此在舆论场域占据话语主导地位的还是男性记者和男性评论家，他们出于儒家道德伦理的思维定式以及对迎合市井小民期望值和销售量的综合考虑，一边顺应着时代大潮高捧各类"新女性"，一边却对稍有不慎的女明星投掷以"伤风败俗"的

---

[1] [英]克里斯汀·格莱德希尔：《明星制：欲望的产业》，杨玲等译，北京大学出版社2017年版，第39页。

道德评审利剑。以阮、张讼事而论，某些新闻记者一方面利用阮女士之讼事，以满足自己卑鄙好奇之心理，绘声绘影；一方面又发挥封建观念，使用如利刃毒箭之字句标题。[1]阮玲玉试图维护自己在道德上的独立主体地位，这触犯了女明星话语的惩戒效果，而她被大众媒体充满嘲讽地操纵，"仅仅揭示了她作为'女人'和女明星的主体地位是被构建起来的"[2]。鲁迅在阮玲玉逝世后，以其遗书中的"人言可畏"为题撰文，一面感慨阮玲玉悲凉的死，一面论及"刽了手"的新闻记者和舆论界，以悲愤的语调批判那些对阮玲玉自杀横加"呵斥"的责难者。他在文中两次提到，"阮玲玉的自杀，和新闻记者有关"，新闻的威力"对甲无损，对乙却会有伤"，报上那些"可以左右命运的若干力量对于像阮玲玉这样一个出到社会的智识女性，足够使她受伤，更不必说故意张扬，特别渲染的文字了"[3]，由此严厉地指出阮玲玉自杀和新闻记者有关。

阮玲玉的情感纠葛在公共话语中被不断放大，背后蕴含着男性凝视、女性物化等议题。中国传统的父权意识在近代伦理观念中根深蒂固，女性仍处于边缘化的地位。劳拉·莫尔维在《视觉快感和叙事性电影》中论证了女性的被动地位，男性对女性形成凝视欲望，女性则往往成为被凝视的景观。当阮玲玉身陷感情纠葛且登报自证时，不仅没有获得大众的同情，反而被一些报纸媒体戏谑调侃，其对阮玲玉的赞美抑或谩骂，无不暴露出对于"新女性"道德规训的企图；她的身体，也由被道德所规训的身体，变成被男性所观赏的"欲望客体"，并以一种便于消费的形式被大众重新咀嚼，结局注定是悲剧的。物化女性在阮玲玉涉讼自杀案中的另一个体现便是部分男性对女性的物化心理，他们将女性视为男性的附属，并利用大众媒介来消费女性，且看阮玲玉的三段感情纠葛，或被欺骗、或被利用、或被抛弃；再看阮玲玉涉讼后小报媒体、市井小人歪曲事实的诸多做法，无不透露出各种物化女性的话语倾向。

---

[1] 陈霞云：《对于自杀问题的探讨：六、阮女士系生长于都市之新女性》，载《新女性》1935年创刊号。

[2] 张勉治、苏涛：《善良、堕落、美丽：20世纪30年代的电影女明星和上海公共话语》，载《电影艺术》2009年第6期。

[3] 鲁迅：《论"人言可畏"》，载《鲁迅全集》（第6卷），人民文学出版社2005年版，第343~345页。

第五讲 阮玲玉自杀案：诉讼纠纷、媒体钩沉与女明星命运沉浮

而公共领域中的"小市民"，出于根深蒂固的伦理道德意识，不仅渴望看到银幕上明星所演绎的故事，更愿意看到现实生活中明星真实生活的故事。作为被"看"的主体，女明星通过这一摩登职业完成了在媒体与银幕上被消费与在现实生活中获得职业收入进行消费的双重身份建构。这一双重身份的确定，无疑让人们忘却了明星仍是社会生活消费者的一重身份，仅仅是将其明星身份不断放大，而放大的后果可想而知：所有细枝末节的事情都可能成为媒体添油加醋的对象。鲁迅在文中深刻分析了隐藏在这些"人言"背后的小市民心理，他们以为是在维护正义、指责恶行，其实是怀着极其自私的心思，借奚落别人来满足自己优人一等的自尊心，当他们听到关于"阮玲玉涉讼"这一消息，便叽叽咕咕、指指点点，"我虽然没有阮玲玉那么漂亮，却比她正经；我虽然不及阮玲玉有本领，却比她出身高；我虽然没有阮玲玉的技艺，却比她有勇气，因为我没有自杀。"[1]真所谓，"十目所视，十手所指"，新闻记者的不实报道、低俗市民的言语攻讦，终于使阮玲玉不堪重负，"人言"终究是"可畏"了。

20世纪30年代的上海，由于其开放的姿态以及租界的特殊设置，各种政治力量都向上海集结，代表着不同阶级、党派、团体的报刊急剧增加，彼此竞争，都力图在上海文化市场中攫取更多的控制权。以消费为诉求的报纸期刊也在争夺读者，都市与媒介"合谋"将女性变成消费的对象。阮玲玉涉讼自杀事件反映了社会不同阶层与群体借助媒介所开展的关于"新女性"意识、形象、职业等内容的建构问题，这种建构主要体现在媒介与大众对此事进行描述的关系转换中，尤其应集中关注媒介内容选择过程中的各方"权力"对媒介所提供内容阐释的"意义"。

首先是以阮玲玉为代表的"新女性"唤醒的"女性意识"。"五四"先驱们在对妇女解放问题的关注与探讨中，逐渐形成一种"新女性"形象——她们有思想、有追求、有一技之长、有独立之精神、勇于推翻封建道德的桎梏、争取自我支配的权利，实现"人"的价值。这一理念落实到实践中，就演化为女性与代表封建的旧式家庭的决裂。鲁迅在《娜拉走后怎样》中对20世纪20年代走出家庭的女性所预测的是："娜拉或者也实在只有两条路：不是堕

---

[1] 鲁迅：《论"人言可畏"》，载《鲁迅全集》（第6卷），人民文学出版社2005年版，第344页。

落，就是回来。"[1]不过到了20世纪30年代，都市的发展为女性提供了更多的职业和岗位，成为"新女性"是"娜拉"们的必然选择，表明了女性意识到经济地位对实现自我独立的重要性。阮玲玉主演的影片《三个摩登女性》《新女性》曾用"三个女性"模式——追求资产阶级腐朽生活的女性、沉溺于小资产阶级伤感和绝望情绪中的女性、投身于劳动大众争取生存和自由斗争的女性，来有意识地引导社会对"新女性"的认识。那引导的结果怎样呢？在一本出版于1935年、题为《新女性》的讨论专辑中，这样描绘"新女性"："要有健全的体格，丰富的知识，独立的精神，前进的思想"[2]，"妇女的事情，应由妇女自己负责，力求智力体力与男性均等发展，不慕虚荣，绝对屏弃修饰，不要鄙贤妻良母而不为。"[3]可见，在阮玲玉自杀事件前后，报刊媒介除了鞭笞父权主义以外，还参与建构并唤起自觉与内省的女性意识。

　　其次是知识分子通过媒介对女性形象的重构。1920年—1930年间的报刊，带着既定的"权力符码"，所形成的"媒介记忆"记录了彼时男性对女性的集体印象，读者从报刊中可以阅读到社会各界对待女性的价值规范和形象期许。当时的女性社会地位虽然有所提高，但依旧没有摆脱男性中心主义的影响，男性仍以"贤妻良母"作为女性的衡量标准。因此，在阮玲玉自杀事件中，有知识分子从社会问题与女性解放着手，将阮玲玉描绘成一个遭受封建遗毒摧残的苦难中国女性，说她是"被杀的"，手枪是"张达民的诉状和唐季珊的欺骗"，但真正的刽子手却是"中国不长进的影迷和古老封建社会中复古的人们！"[4]也有论者从家庭婚姻关系出发，直接指出"阮玲玉很受唐季珊的虐待，不知阮玲玉何以要嫁给这样西门庆似的人？"[5]还有人指出阮玲玉的软弱之处是她"只能认识艺术，不能看清社会，不能将一切身受的苦难，社

---

〔1〕 鲁迅：《娜拉走后怎样》，载《鲁迅全集》（第1卷），人民文学出版社2005年版，第166页。
〔2〕 影：《新女性讨论专辑：十一、"新女性"，怎样可以称做新女性》，载《新女性》1935年创刊号。
〔3〕 唐文瑜：《新女性讨论专辑：九、中国的妇女运动，并不是完全出于妇女界本身的觉醒》，载《新女性》1935年创刊号。
〔4〕 影坛同人：《悼影星阮玲玉女士》，载《民报》1935年3月10日，第9版。
〔5〕 田汉：《影事追怀录》，中国电影出版社1981年版，第14~15页。

第五讲 阮玲玉自杀案：诉讼纠纷、媒体钩沉与女明星命运沉浮

会的罪恶再借艺术来暴露于每个观众之前"[1]，她虽然有着"觉醒的或半觉醒的灵魂"，但"脑子里的封建残余是很有力的"[2]。这些文章从根底揭示了"新女性"寻找出路时面临的感情泥潭和封建桎梏，同时也警醒她们应该努力认识社会，确定自己的人生目标，并号召妇女革命、改造社会，这从一定程度上代表了知识分子对于女性传统道德训诫的倾覆。

最后是来自影界的声音，他们把阮玲玉塑造成一个代表着新职业女性的天才艺术家。随着《新女性》在上海公映，"新女性"这个名词和女主角的扮演者阮玲玉成为沪上的公共景观。当时的大报小报、街头巷尾，都纷纷议论《新女性》和"谁是新女性"。而随着阮玲玉的自杀，她与影片原型艾霞、女主角韦明的相似结局，使真实的历史、虚构的电影和媒体的话语交织在一起，共同描绘了1920年—1930年间都市职业女性的悲剧命运。不可否认，阮玲玉逝世是影界之憾事，她为当时的女性闯下了演艺之路，也为中国影坛献上了珍贵的影片。她去世后，影界同人纷纷撰文缅怀。联华影片公司导演蔡楚生对阮玲玉的演技颇为赞赏，在拍摄《新女性》时，他就评价道："阮玲玉在表演艺术上所创造的那些女性形象，虽然还存在着不同程度的缺点，但她确是给中国的电影艺术带来了第一批较为真实的妇女形象。"[3]吴永刚和阮玲玉曾合作拍摄《神女》，他谈道："阮玲玉是感光敏锐的快片，无论有什么要求，只要向她提出，她都能马上表现出来，而且演得始终那么流畅、逼真。"[4]同为著名影星的赵丹也指出："阮玲玉具备演员的素质，可以凭直觉进入角色，毫不费力就走进人物的心灵中去。"[5]后来，人们所谈及的已经不仅限于阮玲玉的不幸，同时也意识到了阮玲玉生活中的不幸与作品角色之间的关系，甚至认为正是因为阮玲玉在现实生活中遭遇了这些不幸，她才能将作品中人物的不幸充分地展现出来。

总体而言，本讲以阮玲玉涉讼事件为始，还原了阮玲玉与张达民、唐季珊的感情纠葛，梳理分析了《申报》《大公报》《电声》《青青电影》等大报

---

[1] 文：《从阮玲玉说到刘荷影》，载《申报》1935年3月17日，第18版。
[2] 聂绀弩：《蛇与塔》，生活·读书·新知三联书店1986年版，第110页。
[3] 蔡芝尘：《追忆阮玲玉——纪念阮玲玉逝世二十二周年》，载《中国电影》1957年第2期。
[4] 吴永刚：《我和影片〈神女〉》，载《电影文化》1980年第1期。
[5] 赵丹：《表演探索（续）》，载《戏剧艺术》1979年第Z1期。

以及各类小报对此事的报道，并从"新女性"建构视角引出不同群体对女性意识、女性形象、女性职业等问题的看法。一方面，阮玲玉自杀事件反映出女明星这一"新女性"群体身处社会转型期的命运浮沉与民主思潮、大众文化、女性主义之间的密切关联。20世纪30年代的中国社会历经重大变革，文化环境多元、民主思潮兴起、女性职业纷纷出现、女性意识逐渐提高。阮玲玉作为"新女性"代表，反映了在现代化进程中女性作为"人"的现代化问题，是女性在从传统向现代、由家庭到社会过程中社会角色蜕变的生动写照。另一方面，阮玲玉涉讼案体现出"新女性"形象建构过程中与党派、媒介之间的博弈态势，揭示了媒介及社会各方权力主体赋予女性解放的多重话语。20世纪30年代的沪上媒体作为一种新兴的公共话语空间，代表着多方民间力量，与官方持有不同的文化政治立场，阮玲玉作为一个与现代媒体相伴共生的女明星，也作为一个与意识形态紧密相关的时代象征，其本身就是一部阐释空间无比开阔的历史话语文本。重要的是，以此案为切口，可对20世纪30年代女性解放程度进行一定意义上的评估。阮玲玉自杀事件最终被演绎成具有社会意义的公众事件，促使越来越多的女性走出家庭、涌向城市，争取经济独立和人格独立，这群"新女性"们不仅追崇自身的独立与平等，还将这些观念传递给无数普通女性，引发社会各界重新反思女性解放这个时代命题，成为媒介舆论言说女性解放、社会变革等宏大时代主题的重要契机与文化符号。

◆ [延伸阅读]

1. 周夏：《拯救与困惑——中国早期电影中的女性悲剧1905—1949》，中国电影出版社2021年版。

2. 张真：《银幕艳史——都市文化与上海电影：1896—1937》，沙丹、赵晓兰、高丹译，上海书店出版社2019年版。

3. [美]张英进、[澳]胡敏娜主编：《华语电影明星：表演、语境、类型》，西飏译，北京大学出版社2011年版。

◆ [课后思考]

1. 民国时期新兴的社会风气如何推动了女明星这一职业群体的诞生？

2. 如何理解阮玲玉之死是一种时代"新女性"对于男权社会反抗的悲剧?

3. 如何理解民国时期报刊媒体言论的活跃在女性解放进程中所扮演的"双刃剑"角色?

第六讲

影后出马：胡蝶的商业活动与民国娱乐产业的勃兴

◆ [教学提要]

　　胡蝶，民国时期电影界的璀璨明珠，亲历了中国电影从默片时代向有声时代的华丽转变。她不仅以独特的气质、精湛的演技和倾城的美貌征服了广大影迷，还大胆涉足商界及政界，展现出多面才华和非凡魄力。胡蝶的商业活动堪称民国女明星之最，就规模而言，由她充当广告代言的产品行销多省，产品类型遍及衣、食、用、娱乐四个维度，几乎全方位覆盖了市民群体的日常生活；就影响力而言，由"胡蝶商标"归属权引起的官司还推动了民国商标法的进步与完善。就连胡蝶家人的商业行为，也得以借助胡蝶的名气，风生水起、红极一时。胡蝶在商界领域的实践经历，既反映了民国时期高度发展的娱乐产业对经济的带动与反哺，也体现了一个女性艺人个体，在消费与被消费之间的摇摆与沉浮。

◆ [教学目标]

　　1. 了解胡蝶作为民国电影界代表人物的生平经历，探究其独特气质与精湛演技对影迷产生巨大吸引力的原因，挖掘其在影艺事业以外于商业领域彰显的跨界能力。

　　2. 分析胡蝶从事商业活动的情况与影响力，掌握胡蝶代言产品的覆盖范围，梳理"胡蝶商标"诉讼案的始末，揭示女明星形象的多元塑造与民国时期娱乐产业之间的互动关系。

　　3. 探寻胡蝶涉足商业领域的发展轨迹，考察其在从商实践中的主体性特征，解读消费文化盛行的背景下女影星在自我价值实现过程中的复杂境遇与时代意义。

◆ [案例导入]

胡蝶是中国早期女性电影演员中的翘楚。她的演艺生涯长达40余年，参演百余部电影。其主演电影《义妖白蛇传》（1926）首次将传统"白蛇传"故事搬上大银幕，胡蝶也成就了中国电影第一个"白娘子"形象；《火烧红莲寺》（1928）引发电影界"武侠热"，仅以"火烧某某地"命名的模仿作品就不下数十部；《歌女红牡丹》（1931）为第一部国产有声片，是中国电影史上里程碑式的存在。纵观民国时期的女明星，胡蝶不仅在作品的数量与质量方面拔得头筹，她的艺术生命也格外强盛，不仅活动时间跨越近半个世纪，而且从始至终享受着观众的喜爱，两度获封"电影皇后"的称号。除此之外，胡蝶于1935年作为中国代表团成员赴苏联参加莫斯科国际电影节，随后游历欧洲进行文化访问，是代表团中唯一的演员。在抗日战争时期，胡蝶拒绝与日本侵略者合作，由上海辗转香港、广东、广西等地抵达重庆，并参与拍摄抗战电影。

银幕之外，胡蝶颇具传奇色彩。相比于同时期的女明星，胡蝶一直以主动的姿态尝试掌握自身命运。胡蝶向来以和气、谦逊的形象示人，几乎得到一致好评。通过在影界、文艺界、商界、政界广结善缘，胡蝶获得了更多机会，进一步实现了知名度的提升。如沪上巨商王晓籁认胡蝶为义女，知名导演郑正秋、洪深视胡蝶为学生，明星公司经理周剑云夫妇对胡蝶格外照顾，京剧大师梅兰芳也与胡蝶友善。胡蝶还借助自身的影响力，帮助堂妹胡珊在上海影界扎根立足。然而，胡蝶未能摆脱时代大潮的裹挟，在情感方面深陷绯闻的泥沼。例如，胡蝶与未婚夫林雪怀感情破裂，通过法院审判解除婚约，兴起了中国电影界第一桩离婚官司。一些虚假的情感风波频频出现，令胡蝶有口难辩，承受了无端的过激指责。

本讲聚焦女影星胡蝶的商业活动，探究在影艺事业小有成就后，胡蝶如何认识到"名气"的价值并加以创造性发挥。胡蝶先是借由父亲代言，参与开办了与自己同名的"胡蝶公司"，专卖各式袜子，并逐步拓宽公司业务；婚后，胡蝶积极利用自身在影坛的影响力为丈夫潘有声的商业活动造势；胡蝶还为广告代言,合作的商品几乎覆盖当时人们生活的方方面面,以力士香皂、胡蝶牌香烟最具代表性;胡蝶曾将自己的名字与肖像作为商标,虽在授权过程中间接引起两家公司争抢"胡蝶"商标使用权的法律纷争,却无形中推动了民国商标法的明确。

一、父亲与丈夫的襄助者

> 电影女明星是没有不找外快的……但是,事实确是如此,又有甚么办法呢?譬如于陈玉梅,胡笳……她们替百代公司灌唱片,王人美,黎莉莉……她们办歌舞学校,胡蝶,阮玲玉……她们替百货公司做广告,不都是"找外快"吗?[1]

这段载于北京《益世报》的短评在一定程度上反映了民国时期女明星利用她们在银幕上的社会影响力而获取经济利益的普遍现象。20世纪30年代,国民政府采取了一系列保护本土商业的措施,大力发展民族产业,许多"国货"登上历史舞台,与"洋货"争利。繁荣的商品经济直接推动了消费文化的高涨,人们的消费行为不再局限于维持基本的生活,而是更加注重商品的附加价值。于是,女明星所代表的明星文化与消费主义一拍即合。彼时,一些知名女明星会借助自身名气从事商业活动。

胡蝶的父亲及丈夫与胡蝶同属一个小家庭,与胡蝶共享经济利益,他们利用胡蝶的名号做生意,成为胡蝶从商的"代言人"。因此,有必要考察胡蝶与其父亲、丈夫共同开展的商业活动。

(一)父女合办胡蝶公司

胡蝶公司是目前可知的胡蝶最早进行的商业活动。早在1926年7月11日的《申报》上就出现了关于胡蝶公司的第一则广告。广告刊登在《申报》当日第一版最显眼的位置,且居于整条广告中心位置的蝴蝶图案十分引人注目,图案下方则是一段介绍产品的广告语:"蝴蝶牌纯丝袜色样品质均经本公司亲自督选,认为最合我邦士女所穿御。绝无袜身肥臃、袜面松绉等弊,且价格之廉,尤为市上所仅见。欲谋足上舒适与美丽者,不可不穿此袜。"款式包括

---

[1] 波:《外快》,载《益世报(北京)》1933年11月3日,第5版。

第六讲 影后出马：胡蝶的商业活动与民国娱乐产业的勃兴

"男女绣花袜""跳舞女丝袜""菠萝花丝袜""上等麻纱袜"四种代表性产品。[1]随后上海大报《新闻报》以及小报《福尔摩斯》《晶报》也陆续转载刊出。不出所料，凭借着积极的宣传以及女明星胡蝶的名气，胡蝶公司开业后取得了不错的成绩，时称"营业甚盛"[2]。

在胡蝶公司生意轰轰烈烈推进之际，女星胡蝶与胡蝶公司之间的关系也被市民群众津津乐道。不少喜爱胡蝶的影迷认为胡蝶公司理当是由胡蝶开设的，为一睹胡蝶芳泽频频光临胡蝶公司。胡蝶深谙其中之道，偶尔现身于胡蝶公司，招揽生意。有人亲见胡蝶"穿了一件印花华面纱的短衫，玄色印度绸的长裙，发梳爱司之髻，足套黑花白缎之鞋，真然之袜，亭亭玉立的（地）立在胡蝶公司门口"[3]。1927年，《中国影戏大观》正式披露了胡蝶与胡蝶公司的明确关系："其（胡蝶）父现设袜肆于北四川路，即以胡蝶为商号。"[4]随后，胡蝶求购《时事新报》时也将胡蝶公司作为邮寄地址，这直接说明了胡蝶与胡蝶公司之间存在的联系。[5]

凭借着胡蝶的号召力以及胡蝶父亲的得当经营，胡蝶公司的销售潜力不断提升。1926年9月，胡蝶公司在经营袜业的基础上增设男女皮鞋部，"聘请香港著名鞋师督制最新各式皮鞋，为社会力谋足上舒适且价格从廉、色品新颖"[6]，拓展经营门类。之后，又分别于1926年12月、1927年4月、1927年9月、1927年11月在《申报》上刊登不同季节的促销广告。1929年5月，胡蝶公司关于"胡蝶牌尖跟钢线纯丝袜"的广告除了在上海本地大报《申报》与《时事新报》刊载以外，还登上国民党中央机关报《中央日报》[7]，扩大了行销范围。

然而好景不长，名噪一时的胡蝶公司于1930年8月停业，被销售男女丝

---

[1] 胡蝶公司：《胡蝶公司开幕》，载《申报》1926年7月11日，第1版。
[2] 《胡蝶公司开幕》，载《申报·本埠增刊》1926年7月14日，第1版。
[3] 浦左王春：《胡蝶立门接客》，载《莹报》1926年8月18日，第3版。
[4] 徐耻痕：《中国影戏大观》，合作出版社1927年版，第99页。
[5] 胡蝶：《胡蝶现金征求本刊》，载《时事新报（上海）》1930年2月22日，第11版。
[6] 胡蝶公司：《胡蝶公司》，载《申报》1926年9月1日，第25版。
[7] 胡蝶公司：《蝴蝶牌尖跟钢线纯丝袜》，载《中央日报》1929年5月13日，第8版。

袜及日常用品的丽康公司所取代[1]，胡蝶公司成为历史。胡蝶公司的倒闭看似毫无征兆，但其背后的原因却不难发现。1928年公司鼎盛时，胡蝶聘请未婚夫林雪怀参与管理[2]，此举为1930年二人感情破裂后，林雪怀的离开给公司经营造成严重冲击埋下隐患。1930年7月胡蝶公司失火[3]，或成为胡蝶父女放弃公司的直接诱因。负责人更替与灾后重整本就耗时耗力，恰逢胡蝶与林雪怀感情纠纷需谨慎处理，权衡之下，胡蝶父女最终关闭公司。

（二）对丈夫事业的襄助

除了与父亲"合开"的胡蝶公司以外，胡蝶曾多次在幕后利用自身的影响力为男友及丈夫的事业赞助谋划。与男友林雪怀交往期间，胡蝶"每晨必往"林雪怀开设的"晨餐大王"餐厅用餐，以带动餐厅的生意[4]；对丈夫潘有声的商业活动的襄助则更加持久。在与胡蝶确定恋爱关系之前，潘有声就已在商界谋生多年，辗转经理多家洋行。在此基础上，胡蝶助力潘有声开拓商业版图，激发商业红利。

中华广告公司由胡蝶与潘有声联合上海商界多位名人共同创办。在公司发起人中，周剑云是胡蝶在明星公司的顶头上司，王晓籁则与胡蝶多有慈善事业的往来，商界元老虞洽卿曾与胡蝶结为义父义女关系[5]。可见，正是凭借胡蝶的人脉资源，潘有声才能得此良机与巨商名流合作。加之胡蝶此次开办广告公司乃女明星兼职中别具匠心的创举，实属"第一次见过"[6]，因此吸引了不少商机，"著名的良友图画杂志给他们包了去……每月据说有一千多元的生意做做呢"[7]。

正是基于经营广告公司时与报刊出版商接触得到的启发，潘有声开始筹办出版事业。此时正值胡蝶游欧归国，外界对胡蝶在欧洲的真实际遇兴味正

---

[1]《四川路北京路北首胡蝶公司原址丽康开幕大减价》，载《时报》1930年9月7日，第7版。

[2] 雪雪：《胡蝶聘请情人》，载《卷筒纸画报》1928年第3卷第140期。

[3]《火烧"胡蝶"损失不多》，载《时报》1930年7月21日，第7版。

[4] 蒙面：《无题》，载《罗宾汉》1926年12月14日，第2版。

[5] 公闻：《虞洽老一夕两干女》，载《新闻报》1933年2月13日，第13版。

[6]《胡蝶组织广告公司》，载《玲珑》1934年第4卷第14期。

[7] 史乃文：《电影女星经营商业：胡蝶组织广告公司潘有声拉拢最出力女星招牌胜利可期》，载《电声（上海）》1934年第3卷第16期。

第六讲 影后出马：胡蝶的商业活动与民国娱乐产业的勃兴

浓，于是胡蝶决定将出版游欧纪念册的专权赋予潘有声所办的艺声出版社。对此，有人一针见血地指出："盖艺声出版社，为潘有声所创设，换言之，亦可称之为胡所自办。"[1]

德兴洋行是潘有声婚前与潘家兄弟的共有产业，与胡蝶结婚后潘有声依然在此供职，因此对德兴洋行的生意，胡蝶也多有眷顾。1934年，德兴洋行协理潘有源与李崇端女士订婚，胡蝶"亲往道贺"[2]，宣传德兴洋行品牌。还有传闻说，胡蝶曾亲赴南京向时任铁道部次长曾仲鸣推销潘有声任职洋行经销的火车龙头。[3]

为襄助潘有声事业的发展，胡蝶曾多次委曲求全。为扭转潘有声兄弟接办圣爱娜舞厅后营业不佳的境况，"胡蝶亲自出马兜揽舞女"，邀请与之交情匪浅的"舞国皇后"梁赛珍前来帮忙，却遭拒绝。[4]在与潘有声同游福州时，还遭遇一些"跟潘有声生意上有关的人，叫她（胡蝶）让大家白相相"[5]的屈辱。频繁的商业合作，也让外界对潘有声与胡蝶的真实感情产生怀疑，有人宣称胡蝶与潘有声的结合"是兜揽生意成功的"[6]。

全面抗战爆发后，正常的生产生活秩序被打乱，胡蝶潘有声夫妇也只得暂停了他们的商业活动。直至抗战胜利后，胡蝶夫妇再次迁居香港，并在这里开办了兴华洋行，重新启动商业活动。1949年，胡蝶拍完电影《锦绣天堂》后息影，全力襄助潘有声的事业。虽然由于战争的影响，胡蝶很长一段时间未能出现在银幕之上，但曾经"影后"的荣光依旧令胡蝶在香港享有不小的影响力，就连胡蝶来港所穿的服饰也被香港人民称为"妹仔装"，大加模仿。[7]为拉动生意，胡蝶挂名担任兴华实业制造厂总经理[8]，其中一项产品即冠名为"蝴蝶牌"的热水瓶。1948年香港第六届国货展览会举办期间，蝴蝶牌热水瓶"在展览会中设摊位参加展览……胡蝶女士每日莅会亲自主持

---

[1] 般若：《胡蝶欧游录版权之角逐》，载《时代日报》1935年7月12日，第4版。
[2] 《潘李今日订婚》，载《时事新报（上海）》1934年7月14日，第9版。
[3] 《曾仲鸣与潘有声》，载《青青电影》1935年第2卷第10期。
[4] 剪刀：《胡蝶力不从心，帮夫乏术》，载《影舞五日刊》1936年第1卷第2期。
[5] 《跟镜头》，载《影舞新闻》1936年第2卷第7期。
[6] 黑桃：《胡蝶出卖为潘郎》，载《壮报》1933年10月7日，第4版。
[7] 《善变的女人》，载《大公报（香港）》1949年1月10日，第4版。
[8] 胡蝶口述、刘慧琴整理：《胡蝶口述自传》，作家出版社2022年版，第236页。

展览车间业务。"[1]香港总督巡视会场时"行上摊位和他俩（胡蝶夫妇）握手，笑着谈了几句话"[2]，引起媒体争相报道，无疑增强了宣传效果。

二、胡蝶与商业代言

流行于江浙地区的茶点"椒桃片"在浙江省嘉兴市海盐县澉浦镇还有着一个雅致的别称——"蝴蝶片"，可是这种外表呈灰黑色的方形片状点心，不论形状还是色彩都与大自然中五彩斑斓的蝴蝶大相径庭。实际上，此"蝴蝶片"原为"胡蝶片"，得名正源于胡蝶。时值1933年，明星公司摄影队在澉浦取景拍摄影片《盐潮》时，在片中担任女主角的胡蝶曾"买了许多'椒桃片'吃"，从那以后澉浦人就把"椒桃片"叫做"胡蝶片"。[3]尤其在胡蝶"电影皇后"名誉的加持下，这种点心大受欢迎。"请胡蝶代言"一时间俨然成了商家推销商品的利器，胡蝶本人参与了数十次广告代言与身临现场的代言活动。

（一）广告代言

力士香皂是民国时期最注重广告宣传的商品之一，几乎将当时红极一时的电影女演员全部收至麾下，胡蝶与阮玲玉、王人美、黎莉莉、梁赛珍等10余位女明星先后加盟宣传广告。早在1932年5月，胡蝶为力士香皂代言的广告就出现在《新闻报》头版，其中附有一张胡蝶的半身相片，相片旁则是胡蝶亲笔手书的宣传语："力士香皂芬芳馥郁，历久不退，且着肤和润，无干燥损肤之弊，敢进一言以为介绍。"[4]

然而，胡蝶在这次与力士香皂的商业合作中，并非扮演美则美矣的"花瓶"，而是密切关注商家的行为，主动介入代言行动。胡蝶的主动性与主体意识在一次争端中有所体现。在1932年7月28日的新一版力士香皂广告登出后[5]，胡蝶即委托律师凤惜醉向承包力士香皂销售商广告业务的克劳广告公司提出交涉。矛盾起因在于该广告中所采用的照片"为明星公司所摄之电影照片"，

---

[1]《国货展览积极筹备》，载《大公报（香港）》1948年12月14日，第4版。
[2]《国展会场形形色色》，载《大公报（香港）》1948年12月17日，第4版。
[3] 龙人：《从澉浦归来（二）》，载《电影时报》1933年11月10日，第8版。
[4] 英商利华肥皂有限公司：《力士香皂》，载《新闻报》1932年5月4日，第1版。
[5] 英商利华肥皂有限公司：《力士香皂》，载《新闻报》1932年7月28日，第4版。

第六讲　影后出马：胡蝶的商业活动与民国娱乐产业的勃兴

却未经明星公司与胡蝶本人授权。胡蝶在交涉函中明确声明此类"擅自登载"的行为"系侵害余之权益"，又特别强调"余之姓名及照像已特许某国货公司作为商标之用，今已因此引起损害赔偿问题"。克劳广告公司予以回应，一则指认该照片为《晨报》送来，胡蝶应向《晨报》交涉；二则指出公司在1932年4月26日就已经与胡蝶签订了使用照片的书面许可，因此并非"擅自登载"，但"为顾全双方感情起见"，同意从此不再使用该照片。[1]后来经梁赛珍调解，矛盾最终圆满解决。[2]

在力士香皂之后，售卖香烟的福昌公司也与胡蝶展开合作。鉴于彼时市面上正流行以京剧演员梅兰芳命名的"梅兰芳牌香烟"，福昌公司经理张善琨为争夺市场，欲用胡蝶之名生产"胡蝶牌香烟"[3]，有传闻福昌公司"愿每年以一千元作酬，并由每箱抽赠百分之三之利益"[4]。1933年9月1日起，"胡蝶牌香烟"广告正式在天津《大公报》刊载，广告词连用三个"不可不吸"鼓动胡蝶的影迷们。广告持续刊登一个月后，这种印着胡蝶肖像的香烟销量一飞冲天。即使到全面抗战后，重庆的报纸上仍可见"胡蝶牌香烟"的行销广告。[5]

在见证力士香皂与"蝴蝶牌香烟"的成功后，更多的广告商纷纷向胡蝶抛出橄榄枝，力求达成代言合作。胜德织造厂赠送生产的花边，"要她在衣服上缝上他们的花边，拍一张照给他们做广告"[6]。更有甚者为求销量增长，未经胡蝶许可，私自将胡蝶的姓名与形象用于产品宣传。上海街头曾有小贩兜售"印有'胡蝶'之小照"的吊带袜，吸引许多影迷购买。[7]

代言广告不仅能为胡蝶带来直接的经济收益，还能拉近与市民大众日常生活的距离，增加"国民度"，可谓一举两得。但广告代言也是一柄双刃剑，正当胡蝶的广告代言活动进行的如火如荼之时，质疑声音随之而来。《上海报》的一位笔名为"莽男"的记者公开表示胡蝶不应为力士香皂这类"洋

---

[1] 人：《胡蝶与力士香皂之交涉》，载《电声日报》1932年8月6日，第1版。
[2] 珍燕：《胡蝶与力士交涉》，载《福尔摩斯》1932年8月28日，第1版。
[3] 《胡蝶香烟将问世》，载《社会日报》1933年1月26日，第1版。
[4] 大白：《胡蝶不劳而获》，载《电影周刊（天津）》1933年第24期。
[5] 中国中兴烟草公司：《胡蝶牌香烟》，载《大公报（重庆）》1943年9月2日，第4版。
[6] 老演员：《胜德织造厂要求胡蝶》，载《影戏生活》1932年9月22日，第1版。
[7] 郁或：《"胡蝶袜带"》，载《东方日报》1935年1月12日，第2版。

货"代言,而应提倡国货,称"何不拿电影明(星)的荣誉,来尽忠于提倡国货,使社会上一般摩登士女,多以为服用国货为荣耀"[1]。

(二)现场代言

20世纪上半叶的传媒业与广告业远不及今日发达,"面对面""身临其境"的现场宣传是商业营销的重要手段。备受欢迎的"影后"胡蝶频频受邀出现在各类商业活动现场,身体力行地进行"现场代言"。

胡蝶参与了众多商业活动的"开幕礼",足迹覆盖了明星大戏院、无锡大戏院、世界大戏院、辣斐花园、新光大戏院等娱乐场所,上海国货临时商场、南京中华百货公司等大型商场,以及上海体育花园的露天游泳池、在天蟾舞台举办的歌舞大会等公共场所。

一些商业机构策略性地将产品植入胡蝶在公众视野下的"日常生活"。胡蝶与沪江摄影楼早期的合作正是采用了这种方式,胡蝶不仅本人到沪江摄影楼拍照片,还推荐阮玲玉、叶仲方等名人前来摄影。1932年,上海国货商场在"冬季大减价"期间,邀请胡蝶"歌唱擅长妙曲"扩大宣传力度。[2]1933年,天津东亚毛绒纺织公司在上海中国国货公司举办手工织品展览会,特意安排胡蝶当场学织毛线,以为号召。[3]1935年,胡蝶途经香港时"遄赴中华百货公司游览",购买"丝发一大帮",配合公司的"大减价"活动。[4]甚至"毛背巾"这种当时常见的衣物,披在胡蝶肩上时,也可成为商家的"移动广告"。[5]

在邀请胡蝶做现场宣传的商家中,鸿翔服装公司与胡蝶的联系较为紧密,合作方式不拘一格。1931年8月30日,明星公司为赈济水灾在中央大戏院演出舞台剧《秋水怨》时,严月娴向胡蝶发问:"你这衣服的样子多么好看呀,是那(哪)家做的?"胡蝶回答道:"我这衣服,是静安寺路鸿翔公司做的,价钱又巧,货色又好,正是中国服装公司里的首屈一指了。"[6]1933年,胡

---

[1] 莽男:《胡蝶女士何不提倡国货》,载《上海报》1932年5月6日,第3版。
[2] 《郑正秋胡蝶播音》,载《时事新报(上海)》1932年12月19日,第10版。
[3] 《电影皇后胡蝶参观中国国货公司》,载《时事新报(上海)·本埠附刊》1933年12月8日,第2版。
[4] 《胡蝶光顾中华》,载《南华日报》1935年7月5日,第5版。
[5] 《无题》,载《福报》1928年12月1日,第4版。
[6] 镜头:《鸿翔公司感谢胡蝶》,载《影戏生活》1931年第1卷第37期。

蝶当选"电影皇后","加冕礼"上,胡蝶身上所穿之礼服、头上所戴之王冠,皆为鸿翔公司制作。〔1〕胡蝶还连续出席了1933年—1935年间该公司所举办的"中西时装表演大会"。甚至胡蝶与潘有声结婚时所穿着的礼服也系鸿翔公司定制。〔2〕

"现场代言"的活动赋予了影迷与偶像"面对面"交流的机会,无疑激发了影迷参与消费的热情。陈小蝶创办的蝶来饭店就是一个生动的案例,该饭店之名由女明星胡蝶、徐来名字中各取一字而得,开业之际为示"正宗",特请胡蝶、徐来两位女士揭幕,消息一出,影迷们为"一睹蝶之丰(风)采,故大小各室,早已预定一空"〔3〕。在明星文化与消费文化的合力作用下,不少影迷出于对女明星胡蝶的喜爱,即使对商品本身并不青睐,也为一亲芳泽而心甘情愿买单。

三、"胡蝶"商标之争端

在民国时期资本主义经济与消费文化大潮的冲击下,一些男女明星"演而优则商",纷纷加入自办公司与商业代言的行列中。将艺名作为商标授权商家使用,以此取得收益成为演艺圈的特别现象。然而,"胡蝶"商标问世后,遭到另一"蝴蝶"商标使用者家庭工业社的质疑,争端最终以行政院政令的形式定论,从实践层面促进了民国商标法的进步。

(一)"胡蝶"与"无敌"

一部分商家逐渐不满足于与胡蝶的常规性合作,而是希望将胡蝶女士的名字以及形象作为商标,用于一系列商品生产、销售之中。一位笔名为"唯心"的论者认为女明星胡蝶之所以能够被用作商标,有两点原因:"第一,她的名字好。'胡蝶商标'、'胡蝶牌',叫起来很顺口。如果换成'陈玉梅商标'或'阮玲玉牌'那便非常不顺口了。第二,胡蝶的脸,完全美在轮廓上,是一种陈列在柜台上的木美人的典型,可以说是天生的'招牌面孔'。"〔4〕尽管"唯心"的分析未必全面,却阐明了胡蝶在"做商标"方面"异于常人"

---

〔1〕沈飞德:《毛子佩忆"电影皇后"胡蝶加冕典礼》,载《档案与史学》2002年第4期。
〔2〕《鸿翔公司精制时装礼服》,载《大美晚报》1935年11月9日,第6版。
〔3〕波罗:《蝶来饭店与胡蝶徐来》,载《时代日报》1934年3月31日,第2版。
〔4〕唯心:《胡蝶外快多》,载《社会日报》1932年8月22日,第2版。

的优势。

经过一番暗中角逐,一家名为"华南化学工业社"的公司在竞争中脱颖而出,获得了胡蝶的名字与肖像的"商标权"。华南化学工业社于1926年初成立,主要生产"如香水、香粉、花露水、生发油水等类"化妆品。[1]1932年,伴有胡蝶女士半身肖像的"胡蝶牌"商标上市。

关于胡蝶与华南化学工业社的合作究竟源于何种契机,有两种说法。一种说法是经由无锡地方实业家杨翰西家中女眷孙宝球介绍促成。这种说法在报人朱曼华对胡蝶采访时,得到了胡蝶本人的亲口承认:

这桩事情的内容,外间很少有人知道。原因是无锡大戏院开幕,我到无锡去,是杨翰西先生的家中女眷孙宝球女士和我相识来和我接洽,我因情面难却,就答应了。当然,他们曾允许给我报酬的,但没有规定的数目。[2]

另一种说法则认为明星公司的张石川才是力促合作的关键人物。这种说法常见于小报,娱乐小报《开麦拉》即对"胡蝶"商标诞生的过程进行了细致描述:

最近有一家叫做什么华南化装(妆)品公司,想用胡蝶作(做)商标,就去和明星公司张石川商量,张石川和胡蝶一说以后,这事情就迅速地成就了。合同在前三四天签的……又由凤惜醉律师证明签订,并且做一个证人。这合同内订明终身有效,但是胡蝶有什么利益呢?喏喏喏!自然是在赢余内抽"营业税"了。据华南公司方面负责声称,胡蝶每年至少有二千元不劳而获的酬金可得……[3]

华南化学工业社与胡蝶的商标合作顺利进行,冠以"胡蝶"牌的牙粉、面霜等化妆品进入市场后,未曾想却遭到另一家同样生产化妆品的国货公司——家庭工业社的强烈反对。

家庭工业社创立于1918年,创始人陈栩园,又名陈蝶仙,笔名"天虚我

---

[1]《华南化学工业社之出品》,载《申报》1926年4月9日,第19版。
[2] 曼华:《与胡蝶谈话》,载《时事新报(上海)》1932年9月13日,第16版。
[3] 反光板:《不愧为大明星,胡蝶之一笔外快》,载《开麦拉》1932年第38期。

生",是一位活跃于民国初年报界、新闻界的文人,是驰名于上海文坛鸳鸯蝴蝶派的代表人物。陈蝶仙并非是"一心只读圣贤书"的传统文人,对事业与现代科技十分注重。1918年,陈蝶仙筹得1万元资本,设厂生产牙粉,因完全依赖手工人力,由家庭自给生产,故命名为"家庭工业社"。在陈蝶仙的经营下,家庭工业社迅速发展,经营范围几乎完全覆盖市面上的化妆品种类,其主要产品"无敌"牙粉更是驰名全国。

家庭工业社在商标局注册的商标名为"无敌",图案是一只蝴蝶。[1]这一商标的设计无疑非常巧妙,在上海当地方言吴语中,"蝴蝶"与"无敌"谐音,商标既对应了创始人陈蝶仙的名字,又寄托了对商品销售成绩的厚望。再者蝴蝶为日常生活所常见,以此为商标无形中拉近了产品与消费者的距离,使产品易于接受与牢记。

华南化学工业社之"胡蝶"商标设立后,持有"无敌"商标的家庭工业社便感受到一股不可避免的危机感。一方面,"胡蝶"与"蝴蝶"同音。民间一直将"无敌"牌称作"蝴蝶"牌,家庭工业社自身也认同"蝴蝶"与"无敌"等同,这一点可以从家庭工业社的另一王牌产品雪花膏"蝶霜"看出。彼时,市民阶层文化水平普遍不高,识字率低,人们对外界事物的接受大部分依靠口耳相传,仅从读音而言,普通民众无法将两个品牌进行辨识。另一方面,即使付诸文字,两个品牌依然无法明显区分。民国时期,受文字简化运动影响,汉字书写的传统规范被打破,原有的"蝴蝶"与"蝴蜨"在实际书写中多数被简化为"胡蝶",如不结合全文语境,无法分清其所指究竟为美丽的昆虫还是家喻户晓的女明星。因此,华南化学工业社创立"胡蝶"商标对采用"无敌"商标行销相同种类商品的家庭工业社的冲击,在所难免。

于是,家庭工业社为避免雷同,向商标局提出申请,要求宣布华南化学工业社所持有的"胡蝶"商标无效。华南化学工业社也不甘示弱,据理力争。一时间双方争执不下,时称"美人与名士之战"[2]。

(二)"美人与名士之战"

所谓"美人与名士之战",美人自然指为华南化学工业社充当"胡蝶"

---

[1] 阿芸:《胡蝶与天虚我生》,载《东方日报》1932年8月2日,第1版。
[2] 汀猩:《影界碎锦》,载《时事新报(上海)》1932年8月8日,第15版。

商标的女明星胡蝶，而名士则指家庭工业社的主人陈蝶仙。在某种程度上，这场商标纠纷之所以能够博得社会的热切关注，全仗两位当事人的名气。

纷争伊始，本是家庭工业社一方认为既有利益被新注册的"胡蝶"商标侵犯，提出异议，但出人意料的是，持有"胡蝶"商标的华南化学工业社却抢先一步在《申报》与《新闻报》上表明"主权"。华南化学工业社以胡蝶的名义启事：

兹启者，蝶因业已特许上海华南化学工业社准用"胡蝶"姓字暨本身照相为该社各种牙粉及一切化妆品类之商标，并由该社呈请商标局注册在案。爰请各化妆品同业勿再仿用或影射蝶名及擅用蝶之相片作为商标。恐未周知，特此通告。[1]

旁附陈霆锐律师代表华南化学工业社所作声明：

兹据华南化学工业社经理声称，前与电影明星胡蝶女士约定，将"胡蝶"二字暨其本身照相用为各种牙粉及一切化妆品类之商标，已呈请商标局注册在案。兹为预防仿冒起见特请贵律师代表登报通告等情。前来合行代为布告，凡属化妆品同业嗣后不得使用胡蝶二字或其照相为商标，以免冲突妨害该社营业。如有仿冒、影戏（射）情事，本律师为保护当事人法益，计当依法诉究不贷。特此通告。[2]

两则声明不仅强调了华南化学工业社对"胡蝶"商标的专有权，还反将"无敌"置于仿冒、影射的不利地位，甚至还延请律师，以追究法律责任相威胁。

华南化学工业社的态度激怒了家庭工业社，两日之后，家庭工业社的表态同样跃然于《申报》之上。文中称：

查公司于民国七年为设立注册……注明专用蝴蝶商标字样，奉有部批准

---

〔1〕《胡蝶启事》，载《申报》1932年7月29日，第4版。
〔2〕《陈霆锐律师代表华南化学工业社声明永远专用胡蝶商标事》，载《申报》1932年7月29日，第4版。

予备案。嗣后于民国十二年初设商标局时，于呈请文内附呈商标图样，说明书亦曾注明无敌牌牙粉及化妆品之专用商标以胡蝶为主，以玫瑰花等为副，中文以"无敌牌"三字为主要文字，如用英文则以"BUTTERFLY"为主文字。嗣于国民政府商标局补行注册及新注册之无敌牌商标亦均于商标名称项下注明"BUTTERFLY"之英文胡蝶名称。是以蝴蝶商标实由公司专用满足十年以上，已为世所共知。而"无敌"与"胡蝶"唱呼相同，历经《商标公报》所列文件对于名称近似、唱呼不免混淆者无不力予纠正，具见钧局保护商标之至意……为此，请求钧局俯赐查阅文件，该华南化学工业社所有呈请注册胡蝶商标究竟是否已经审定，认为合法……事关商标法之法定程序及其效益及法益之赋予，应请钧局明白批示，以袪愚惑。谨呈商标局。[1]

从文中可知，家庭工业社自1918年起便使用"蝴蝶"相关商标，并多次注册备案，"无敌"与"胡蝶"发音相同，该商标已专用超过10年且广为人知；现发现华南化学工业社委托律师登报声明永远专用"胡蝶"商标并已申请注册，存在混淆视听的行为。家庭工业社鉴于此前已将"胡蝶"与"无敌"申请为联合商标，故认为华南化学工业社此举违反《商标法》相关规定，恳请商标局查阅文件，并盼给予明确批示及解惑。

由家庭工业社与华南化学工业社的声明，不难看出二者在应对商标纠纷时表现出的不同策略。华南化学工业社的策略趋于新潮，重视社会舆论的声音，抢先利用媒体发布声明，使民众留下先入为主的印象，并利用女明星胡蝶在社会上的影响力以及专业律师的社会公信力增加可信程度。家庭工业社的策略则趋于保守，依赖传统商业经营的原则，在权益受到雷同商标的侵犯时，并未立即登报声明，而是先向相关管理部门商标局呈报，要求依据《商标法》的规定取缔"胡蝶"商标。

事实上，舆论并没有因为华南化学工业社抢先一步声明而出现"一边倒"的局面，反而出现了不少质疑的声音，甚至"代言人"胡蝶的名誉也因此受到波及。

一名匿名撰稿者在《开麦拉》杂志表达了对商标纷争模棱两可的态度。

---

[1]《家庭工业社声明无敌牌出品专用蝴蝶商标已经十年以上别人不得以无敌牌商标中之胡蝶及谐音无敌字样混淆》，载《申报》1932年7月31日，第1版。

其举例称，鸳鸯蝴蝶派小说家徐枕亚的《玉梨魂》与《雪鸿泪史》中出现的"胡蝶一生真幻相，鸳鸯隔世未忘情"一句，证明"胡蝶"的确与"蝴蝶"写法混用，陈蝶仙为此追究"道理十足"。但由于社会上鲜少深知混用之事，故华南化学工业社"也非无理"[1]。

无锡《人报》上，一位名为"重信流"的论者则表示信任家庭工业社，认为华南化学工业社注册同音不同字的商标乃"意图影射"[2]。一位名叫"毛庆阳"的撰稿者为此对胡蝶进行无端批评："胡蝶不是做影戏演员所称为星名的吗？顾名思义，她是靠艺术卖钱、靠表情吃饭，这是谁都公认的。现在她竟为了他们风马牛不相涉的争执……这未免太自忘形。"[3]

华南化学工业社"先发制人"的宣传策略未能如期奏效，但竞争对手家庭工业社则取得立竿见影的成效。不久后，商标局方面针对这场纠纷的裁定顺应了家庭工业社的期待。1932年10月，家庭工业社"已备妥一切手续，正式向商标局提出异议"，要求撤销华南化学工业社的"胡蝶"商标。[4]1932年年末，商标局以"两名虽字异而音同，尤以上海口音不易分辨，且'胡蝶'牌虽系以胡蝶之肖像为图案，但同时亦有蝴蝶之图案，及西文 BUTTERFLY 字"为理由，宣布撤销华南化学工业社的"胡蝶"商标。[5]

然而，商标局的裁定并未起到一锤定音的效果。因为彼时的《商标法》对商标雷同问题的解释与界定较为模糊，谐音是否能够构成仿冒与影射，在法律条文中并无明确体现。当时施行的《商标法》于1930年5月颁行，该法基本脱胎于北洋政府在1923年5月颁布的《商标法》，二者内容大同小异。[6]其中有两条条文关涉这桩商标纠纷："其一，是第二条规定，左列各款均不得作为商标呈请注册，其中第六款载，相同或近似于世所共知他人之标章，使用于同一商品者。其二，是第三条，载二人以上，于同一商品，以相同或近似

---

[1]《胡蝶与蝴蝶》，载《开麦拉》1932年第160期。
[2] 重信流：《蝴蝶与胡蝶》，载《人报（无锡）》1932年8月4日，第4版。
[3] 毛庆阳：《胡蝶被利用做商标》，载《电声日报》1932年8月4日，第1版。
[4]《胡蝶商标纠纷未已》，载《时事新报（上海）》1932年10月14日，第7版。
[5]《胡蝶与无敌》，载《上海商报（1932-1937）》1932年12月3日，第2版。
[6] 擒虎：《胡蝶蝴蝶无敌》，载《时事新报（上海）》1932年8月17日，第16版。

第六讲 影后出马：胡蝶的商业活动与民国娱乐产业的勃兴

之商标，各别呈请注册时，应准实际最先使用者注册。"[1]那么，在此次纠纷中，"胡蝶"与"蝴蝶"是否构成近似？"无敌"牌是否可以判定为世所共知？标章是否等同于商标？显然，彼时不够完善的法律条文给这场纷争留下了争议的空间。

暂时受挫的华南化学工业社似乎也发现了法律条文的漏洞，于是在将"胡蝶"商标改称为区别较明显的"胡蝶女士肖像"商标后，迅速向商标局提出再次审定的要求。其理由有二：一则"胡蝶女士肖像商标，与无敌牌商标毫无相混之处"；二则家庭工业社关于蝴蝶中西文字的呈请在华南化学工业社之后。[2]

经过商标局再次审定，依旧维持撤销"胡蝶"商标的决定。再次受挫的华南化学工业社一面按照当时的程序，向管辖商标局的国民政府实业部以及最高机关行政院提起上诉[3]，一面正式以"胡蝶女士肖像"为名向商标局申请注册新的商标。

1933年底，国民政府实业部发布诉字第六五号公文，称该社呈请注册"胡蝶女士肖像"商标之举，"无不涉有影射仿冒之嫌"[4]，据此驳回华南化学工业社恢复"胡蝶"商标以及注册"胡蝶女士肖像"商标的请求，维持商标局的裁决。

实业部的裁决标志着"胡蝶"商标在法律层面的归属权已经明确，但华南化学工业社仍寻求另辟蹊径之法。从历史实践来看，当时的行政权在实际政治运作中处于相对强势的地位，最高行政机构行政院能够推翻、更改实业部依据《商标法》作出的裁决。为试图扭转局面，华南化学工业社特别聘请在政界以及上海地方实力派中颇具影响力的章士钊为律师，代表公司向行政院再提诉愿，同时将上诉理由细化为四条，包括："无敌"与"胡蝶女士肖像"商标差异较大、"无敌"牌即"蝴蝶"牌证据不足、家庭工业社注册蝴蝶中西文晚于华南化学工业社注册"胡蝶"商标以及《商标法》中并无谐音

---

[1] 擒虎:《胡蝶蝴蝶无敌（续前日）》，载《时事新报（上海）》1932年8月19日，第14版。
[2] 《胡蝶商标撤销后华南请求再行审定》，载《新闻报》1932年12月4日，第13版。
[3] 《胡蝶商标纠纷》，载《上海商报（1932-1937）》1933年12月14日，第3版。
[4] 《实业部诉愿决定书诉字第六五号》，载《商标公报》1933年第82期。

之规定。[1]

至行政院裁定这场商标纠纷时，出现了戏剧性转折。行政院认为"商标法上之文字，仅指其所表现之形体，并不包括读音在内"，且华南化学工业社已将二字"胡蝶"商标申请修改为六字"胡蝶女士肖像"商标，与"蝴蝶"或"无敌"，"在文字上已可区别"，于是做出决定"原处分暨原决定均撤销；本案该再诉愿人'胡蝶女士肖像'商标，准予依法注册"[2]。

这场持续数年的"美人与名士之战"告一段落。虽然纠纷最终平息，但这场商标纠纷在一定程度上促进了民国时期《商标法》的实践。行政院在裁决此纠纷之前，特别咨请立法院对《商标法》相关条文作出司法解释，此项司法解释一经颁布即成为有法律效力的《商标法》补充内容，使此后商标雷同争议中的谐音争议有了明确定义。著名经济学家、会计学家丁洪范指出，自"胡蝶女士肖像"商标之后，"读音近似的商标不为近似，已成铁案。于是从前因读音近似不许注册的商标，如'补力多'、'乐地侬'等等，皆得注册了"[3]。

（三）胡蝶与"胡蝶女士"商标

在民众的刻板印象中，明星在商业活动中的"代言"往往扮演着"花瓶"角色，但胡蝶始终以清醒的头脑自持，拒绝将自身与商家、商品进行简单的捆绑式绑定，在涉商领域充分彰显了其作为个体的主体能动性与自我主导力。

由于商标纠纷，华南化学工业社在一段时间内无法使用"胡蝶"商标销售商品，但其并不打算因此与胡蝶解除合约，仍旧竭力维系合作。对于"胡蝶"牌牙粉，华南化学工业社一度"将其前拟之胡蝶肖像粉袋图样，改头换面，不用胡蝶二字为名，而用银星牙粉为记，并不声请注册，以免再遭驳斥"[4]。胡蝶本人也尝试助力打开"胡蝶"牌商品销路。"胡蝶"牌牙粉在无锡中南大戏院与无锡大戏院随票赠送[5]，正是受惠于胡蝶与戏院主人吴观蠡等无锡地

---

[1]《华南化学工业社为胡蝶商标提起再诉愿》，载《申报》1933年12月10日，第11版。
[2]《行政院决定书廿三年诉字第八号》，载《商标公报》1934年第86期。
[3] 丁洪范：《中国商标的近似问题》，载《大公报（天津）》1935年6月5日，第11版。
[4] 人中：《胡蝶更名》，《福尔摩斯》1932年12月29日，第1版。
[5]《胡蝶牙粉到锡》，载《锡报》1933年1月31日，第3版。

方实力人物的私人友谊。

尽管采取各种途径,"胡蝶"牌产品的销售业绩仍然难有本质上的改善,这自然影响到胡蝶在"做商标"领域的收入。此外,华南化学工业社为促销印制的"胡蝶月份牌"更令胡蝶失望。1933年初,华南化学工业社推出一项促销活动,即"用户如积满空袋二十枚,得掉换十七色精印之胡蝶肖像月份牌一纸"。正当"蝶迷"们幻想着这份月份牌究竟会是如何精美绝伦之际,却从承担月份牌印制工作的印刷所处得知,该月份牌的印刷花费与一般"铜图纸张印刷"的费用别无二致,这与商家承诺的精致程度相差甚远[1],因此"蝶迷"们自认被商家愚弄。民众对品牌产生的负面印象,难免会波及到作为商标形象的胡蝶女士。

长期以来收益的欠佳、"胡蝶月份牌"促销活动的失望,加之商标局、实业部相继做出撤销华南化学工业社"胡蝶"商标的决定,使胡蝶几乎对为华南化学工业社"做商标"一事绝望,欲与其解除合约。1933年11月,小报《晶报》披露,胡蝶向华南化学工业社提出解约,遭到拒绝,于是聘请律师凤惜醉,即将通过诉讼解除合约。[2] 1933年12月2日,胡蝶与华南化学工业社解约的官司正式在上海特区第二法院民七庭传讯。在公开的庭审过程中,胡蝶与华南化学工业社签订的合同被公之于众,就双方约定的权利与义务而言,合同规定"以每年售出货物之盈余总数中提出百分之一给胡为报酬,并付现金二千五百元。又注明如订立契约后经过一年无处出品销行市面者,并将所订立之契约作废"[3]。

华南化学工业社在商标纠纷中暂时落败,"胡蝶"商标被撤销,直接影响到胡蝶可得的"百分之一盈余",导致胡蝶的实际收入相较预期大幅缩水,这构成胡蝶提出解约的重要动机。彼时距商标局首次作出撤销"胡蝶"商标决定已满一年,胡蝶遂以商标取消、商品未行销满一年为由,申请与华南化学工业社解约。不过,华南化学工业社也援引合同中的相关约定,拒绝解约,称"虽被家庭工业社以势力压迫,妨害行销,但仍努力奋斗,制造胡蝶牙粉

---

[1] 庄周:《胡蝶月份牌之不幸》,载《时代日报》1933年1月6日,第2版。
[2] 昭绥:《无题》,载《晶报》1933年11月26日,第2版。
[3] 《胡蝶起诉华南化学社》,载《民报》1933年12月3日,第7版。

行销，依据契约，衹须有出品，即不算违约"[1]。

其实，"胡蝶"牌牙粉在"胡蝶"商标被首次撤销后确有小规模行销，双方意见的不同之处在于，若在"胡蝶"商标不合法的前提下，"胡蝶"牌牙粉的行销是否作数。从后续诉讼的结果看，各级法院更倾向于认定"行销"行为是存在的既定事实。1934年1月，上海特区第二法院判决胡蝶败诉。[2]一审后，胡蝶不服判决，遂向江苏高等法院第三分院提起上诉。[3]1934年4月，江苏高等法院第三分院判决维持一审判决。[4]二审结果也未能使胡蝶满意，于是胡蝶继续上诉至最高法院，但直至三审终结，胡蝶解约的诉求仍未能实现。[5]

胡蝶与华南化学工业社解约的官司持续了一年时间，在三审判决前夕，华南化学工业社与家庭工业社之间的商标纠纷尘埃落定，"胡蝶女士肖像"商标被允准注册，"胡蝶"牌商品重焕生机。在这种情况下，顺水推舟继续与华南化学工业社履行合作，对胡蝶而言本来也是不错的选择。但世事难料，即使商标得以注册，胡蝶与华南化学工业社之间的合作也未能长久，一年半以后，胡蝶以华南化学工业社未能如期向其支付商标报酬为由，再次要求法院判决解约。[6]最终，双方达成和议，华南化学工业社解除与胡蝶的商标合同，作为补偿，胡蝶不再追究华南化学工业社积欠的酬劳。[7]

从表象来看，胡蝶提出解约看似是由于华南化学工业社拖欠报酬所致，但深究里便会发现，即便该社能够如期支付酬劳，恐怕也难以避免被解约的结局。原因有如下几个方面：

首先，华南化学工业社产品销量惨淡，影响胡蝶收入是导致解约的直接诱因。虽然"胡蝶女士肖像"商标获准注册，但"胡蝶"牌商品销量并无明显改善，尤其在胡蝶游欧以来，"胡蝶"牌商品"销货钝滞，多数停售……于

---

[1] 姚家玉：《胡蝶商标案败诉，提出废约之动机与内幕》，载《电声（上海）》1934年第3卷第2期。

[2] 《电影女明星"胡蝶"作商标案》，载《时事新报（上海）》1934年1月7日，第10版。

[3] 《胡蝶上诉华南化学工业社》，载《时事新报（上海）》1934年3月23日，第10版。

[4] 《胡蝶与华南商标纠纷上诉驳回》，载《新闻报》1934年4月18日，第14版。

[5] 《胡蝶与华南解约案三审终结》，载《上海报》1934年12月23日，第4版。

[6] 《华南化学工业社被胡蝶控违约》，载《大公报（上海）》1936年8月13日，第17版。

[7] 英子：《中国影坛》，载《大公报（上海）》1936年8月27日，第16版。

第六讲　影后出马：胡蝶的商业活动与民国娱乐产业的勃兴

是后（指胡蝶）之进项，但有减少，勿复增多，乃使后之一月所获，不过公司之工资"[1]。

其次，家庭工业社的态度也在一定程度上动摇了胡蝶与华南化学工业社合作的决心。鉴于女明星胡蝶的名字与蝴蝶同音，与家庭工业社高度重视的"蝴蝶"利权关系密切，因此，家庭工业社也在不断尝试深化与胡蝶的合作关系。早在商标纷争开始之际，家庭工业社就曾游说胡蝶与华南化学工业社解约。[2]陈蝶仙之子陈小蝶借胡蝶之名开办蝶来饭店，胡蝶不仅欣然应允，还在开业之日亲自莅临现场，为饭店助阵。后来胡蝶开办中华广告公司，陈小蝶亦是合伙人之一。[3]尤其在1934年上海国货化妆品展览会上，胡蝶的行动更是显现了其与家庭工业社进一步接近的姿态。胡蝶到场参观，在现场"购买无敌香水香粉甚多"，并公开表示"将于中秋赠送亲友，比较月饼果品，精雅别致"[4]。相比于华南化学工业社，家庭工业社成立早、存续时间长，不论是营销渠道还是受众群体都更加稳定，收益有所保障，且同样表现出与胡蝶合作的意愿。对胡蝶而言，由"胡蝶"跳槽至"无敌"也不失为一种适合的选择。

再次，胡蝶萌生了收回"胡蝶"商标自用的想法。抗战胜利后，胡蝶与丈夫潘有声在香港创办了兴华洋行，其中最著名的产品即"蝴蝶牌"热水瓶。1936年4月，胡蝶在杭州接受记者访问时曾透露过开办工厂的想法，她亲口对记者说："在可能的范围内，我到（倒）有这样的野心，企望开办一所工厂。"[5]如若胡蝶当真开办工厂，那么"胡蝶"商标无疑是胡蝶进行商标注册的首选。

总的来说，自电影演员群体诞生以来，就不断有男女明星从事商界活动，甚至有不少明星放弃演艺事业专心从商。放眼整个民国时期电影界，胡蝶虽并非首个向商界跨界的明星，但胡蝶在商业活动中表现出敢于尝试的积极态度。她曾为香烟、香皂、服装等商品以及剧院、游泳池等娱乐场所代言，代

---

[1]　《胡蝶收入减少》，载《电影新闻（上海1935）》1935年第1卷第9期。
[2]　吴浓：《胡蝶商标纠纷案内幕》，载《福尔摩斯》1933年12月4日，第1版。
[3]　史乃文：《电影女星经营商业：胡蝶组织广告公司潘有声拉拢最出力女星招牌胜利可期》，载《电声（上海）》1934年第3卷第16期。
[4]　《家庭工业社国货化妆品展》，载《时事新报（上海）》1934年9月15日，第9版。
[5]　胡州：《胡蝶女士莅杭访问纪》，载《上海报》1936年4月28日，第3版。

言产品种类丰富，几乎覆盖市民生活的全部环节。她也曾利用自身的影响力，为父亲与丈夫的商业活动提供赞助，胡蝶公司、艺声出版社以及在香港开办的兴华洋行都曾因胡蝶的努力而取得佳绩，参与开办中华广告公司更令胡蝶成为中国第一个开办广告公司的女明星。此外，将名字与肖像授权商家注册商标一事在当时的电影界实属难得。

相比于其他从事商业活动的男女明星，胡蝶表现出的自主意识和主体性更显超凡脱俗。无论是做商标还是广告代言，胡蝶从不是一个任人摆布的提线木偶。她清晰地认识到自身作为女明星、"电影皇后"在商业运营中的砝码，因此并不排斥商业活动，相反还能掌握一定的主动权。不同于当时不少女明星将代言等商业活动全权交由公司、经纪人或家人负责，她会要求合作方给予其身价相符的酬劳，也会在自身利益受损的情况下向合作方施压，还会在多个合作方竞争时作出有立场的选择。

值得注意的是，胡蝶与家人合作从事商业活动获取利益的行为也反映了传统家庭观念对胡蝶的规训。作为一个生长于旧社会的女性，胡蝶自然无法脱离封建意识对女性从夫、从父的规训，她愿意站在父亲、丈夫的背后，扮演孝女或贤妻的角色，以他们的名义进行商业运作，或单纯为他们的事业提供襄助。于是，虽有胡蝶公司，却非胡蝶本人所办；虽有胡蝶挂名兴华实业制造厂总经理，但胡蝶对工厂运营完全陌生，这给喜爱胡蝶的影迷留下无限遗憾。

◆ [延伸阅读]

1. [美] 张英进主编：《民国时期的上海电影与城市文化》，苏涛译，北京大学出版社2011年版。

2. 李镇：《因为有光：电影文本研究》，上海三联书店2020年版。

3. 闫凯蕾：《明星和他的时代：民国电影史新探》，北京大学出版社2010年版。

◆ [课后思考]

1. 胡蝶在从影之余襄助父、夫参与了哪些商业活动？如何体现其在传统伦理温情与近代商业理性之间的角色建构张力？

2. 结合华南化学工业社与家庭工业社的"胡蝶商标"诉讼案,分析民国时期娱乐产业与经济、法律领域的互动机制,及其对当今明星商业价值的法律保护与市场开发有何启示?

3. 胡蝶在与华南化学工业社的解约一案中,如何表现出其在商业活动中的主体性意识?

主题四

女性、道德与法律

第七讲

刘荷影救济案：新生活运动与北平市政府对妇女的改塑

◆ [教学提要]

　　1935 年春季，北平的女作家刘荷影因沦为娼妓而成为媒体焦点。鉴于刘荷影的特殊身份和命运浮沉，此案受到来自社会各界基于各自立场的评论和解读。文化知识人士将刘荷影的个案与当时的妇女解放、性别伦理、两性关系、社会风俗改良等议题联系起来，展现了社会公众对性别议题认识的多样性及参与的积极性。鉴于刘荷影事件触发的舆论热潮，北平市政府决定将她安置于妇女救济院，并利用媒体的影响力，依照新生活运动的理念以及南京国民政府所推崇的"新女性"形象，对其进行一番彻底的改造。透过刘荷影这一案例，不仅可以洞察民国时期北平市政府执行妇女政策的情状，还能够窥见国民党统治当局规训女性人格与女性形象背后的政治立意。

◆ [教学目标]

　　1. 深入探讨北平女作家刘荷影沦为妓女的救济案，分析社会各方对待刘荷影案的差异化态度和反应，以及北平政府当局在案件处理问题上的立场。

　　2. 对比刘荷影本人的自我言说，审视北平市政府、报刊媒体、社会大众三者在本案中的复杂互动。

　　3. 洞察在新生活运动背景下北平市政府如何利用重整社会风化、重塑社会道德与再造"新女性"形象的话语框架对刘荷影进行规训与改造，探悉背后关联的性别政治话语。

　　4. 揭示民国时期性别观念与社会道德的纠葛，理解这些因素的交杂如何影响了女性的社会地位和命运沉浮。

◆ [案例导入]

新生活运动是南京国民政府于1934年发起的一项国民教育运动,旨在实现生活的艺术化、生产化和军事化。其中,南京国民政府在妇女社会生活领域采取了一系列措施,不仅有意识地规范和引导女性的着装、婚姻家庭、职业选择及社交活动等,而且专门制定执行了相关的妇女卫生政策,由此重新定义了妇女的家庭角色与社会角色,对于当时妇女地位及妇女形象的重塑产生了深远影响。

刘荷影,原名刘佩霞,又自称李小霞,刘荷影是其投稿时所用之笔名。1935年3月,刘荷影因受丈夫胡照岩诱骗而沦为妓女一事经《北平晚报》报道后轰动北平市,进而受到全国各界的关注。各地报刊出现了"当南方报纸登满了艺人阮玲玉死事的消息时,北方各报争载著作家刘荷影为娼"[1]的情况。此后,身陷舆论漩涡的刘荷影被北平市政府送入妇女救济院进行形象改塑。刘荷影的遭遇不仅反映了当时社会对女性角色的期待和限制,也揭示了政府在塑造社会性别规范中所扮演的角色,从侧面证实了性别议题在社会文化变革中的复杂性,彰显出女性解放思潮在社会各界所引起的共鸣和冲突,成为探讨民国时期性别政治、社会态度与文化价值观互动的一个重要窗口。并且,刘荷影案本身杂糅着国民政府如何塑造"新女性"形象、妇女解放运动中性别观念的新旧纠葛,以及媒介与民众之间互动等诸多问题。通过对刘荷影从女作家沦为娼妓、被政府送入妇女救济院进行形象改塑,以及社会舆论对刘荷影案的言说及应对等方面进行全面梳理,以期对考察20世纪30年代北平市政府形塑"新女性"这一议题有所裨益。

一、刘荷影案的舆论观感

(一) 刘荷影案概述

刘荷影曾就读于北平市慕贞女中,初中二年级时肄业。刘荷影早年丧母,在被诱骗至妓院前,其父已病逝,家中尚有继母与妹妹二人。其父生前曾任

---

[1]《从阮玲玉说到刘荷影(续)》,载《新河南报》1935年3月24日,第6版。

第七讲 刘荷影救济案:新生活运动与北平市政府对妇女的改塑

某瓦窑稽查,家庭较为殷实。刘荷影因长期向《实权报》投稿,得以与小报编辑陈蝶生频繁联系。此后,二人日久生情,陈蝶生以"报馆文艺副刊需人编辑"[1]为由,将刘荷影聘请至报馆工作。1934年夏,陈、刘二人因躲雨而同宿报馆。陈蝶生是瘾君子,其在与刘荷影交往期间又引诱她吸食鸦片。两人的越轨行为很快被报馆发现并开除。刘荷影继母得知此事后,认为刘荷影"败坏门风"[2],并与刘荷影断绝家庭关系。随后,陈蝶生也将刘荷影抛弃。此后,刘荷影又因购买白面结识了北平铁路学院职员胡照岩,两人开始同居并结婚。吸食白面耗费甚巨,而刘、胡二人收入微薄。起初,以胡、刘二人工资,加之刘父的暗中资助,尚能维持生活。刘父死后,胡照岩又因吸食白面"而被辞散,以致生活奇窘"。此时,胡照岩决定将刘荷影卖至妓院以获钱财。1935年2月,胡照岩以替刘荷影寻找工作为由,将刘荷影带至王李氏家中。在刘荷影签字画押之后,王李氏即向刘荷影坦白,此次"并非去当招待,系令伊落水为娼"[3]。次日,妓院将刘荷影改名李小霞上捐为妓。当晚,刘荷影即被送至王广福斜街馥春院。

刘荷影沦为妓女后,除暗地托付北平律师荆可恒替其设法营救外,还利用北平新闻界的关系,联系到《北平晚报》的记者。《北平晚报》记者假扮茶客"连访七日始侦出始末"。此后《北平晚报》《京报》《益世报》《大公报》等十几家报刊以女作家沦为娼妓为题,对刘荷影及其遭遇进行了大肆宣扬与报道。北平著名戏剧社——庆乐奎德社、坤剧社也拟将刘荷影的传奇身世"投机将排演剧本"[4]。巨大的舆论漩涡将刘荷影笼罩,她成了北平城街头巷尾谈论的话题主角。北平民众抱着不同目的纷纷前往馥春院,只为一睹传说中女作家刘荷影的风采。曾经门庭稀落的馥春院"三四日来,已门庭若市,应接不暇,每日茶客在五六十人"[5]。

刘荷影一事经过新闻界的报道与渲染,其不幸遭遇引起公愤,并受到了北平市政府的重视。1935年3月8日,时任北平公安局局长余晋和,派督察

---

[1] 《身堕娼门之女作家》,载《京报》1935年3月9日,第6版。
[2] 《女作家跳出娼门后》,载《新天津》1935年3月11日,第2版。
[3] 《刘荷影案》,载《益世报(北京)》1935年3月10日,第8版。
[4] 《女作家跳出娼门后》,载《新天津》1935年3月11日,第2版。
[5] 《女作家刘荷影堕落始末记》,载《四川晨报》1935年3月16日,第3版。

长钱宗超、督察孟连润会同外二区徐办事员赴馥春院妓院进行调查。1935年3月10日，公安局将妓院"掌班王馥春，跟妈王李氏……立字据之中保人吴俊峰，马凤春等五人"[1]收押候审，刘荷影则被警察局送入妇女救济院。

（二）刘荷影案引发的关注与反思

刘荷影的个人遭遇在经过媒体报道后转而进入公众领域，并引发了知识界的激烈讨论与反思。他们不仅对刘荷影案本身进行评论，还将其上升到妇女解放、两性关系、社会改良等诸多议题。

首先，就刘荷影而言，作为一名受过教育的女性，在得知自己被出卖为妓时，为何不立即对此恶劣行径进行反抗？对此，有人称刘荷影作为女性"因天性柔顺，缺乏奋斗之勇气……故每次被人蹂躏欺骗，均不能加以抵抗，终且因之而陷身火坑，实被柔顺所误"[2]。他们还将女星阮玲玉的自杀事件与刘荷影的行为联系起来，称两位女性的不幸"皆以意志薄弱，有险恶社会之处为情与物质享受所引诱，致不有其身，而走入歧途"[3]。他们将刘荷影等女性的悲惨遭遇归结为性别角色的差异，认为由于女性"容易被诱惑""天性柔弱"等固有的性别特质，她们才会遭遇不幸。由此，他们还劝诫女性如果女子没有打破社会压迫之能力，最好是伏处深闺，不要到社会上出风头。[4]

还有一部分论者将引发刘荷影悲剧的矛头指向当时的中国社会，称使刘荷影真正堕落的是封建礼教对女子的束缚和以男性为主的旧社会对女性的欺压。刘荷影的不抵抗与"堕落"正是源于"这万恶的社会与封建势力"[5]，以及"万恶的封建礼教，随处在吃人"[6]。他们认为传统性别制度仍旧没有彻底改变，因此，他们号召社会内的青年女子，要敢于向传统社会的封建礼教作出反抗"自杀不是出路，堕落更不是青年女子该取的方策，真正的出路正待能刻苦耐劳勇往直前的女青年去开道"[7]。

---

[1]《刘荷影案解局后今日开审》，载《京报》1935年3月11日，第6版。

[2]《刘荷影堕落之始末》，载《四川晨报》1935年3月28日，第8版。

[3] 可公：《阮玲玉与刘荷影》，载《枥声》1935年第2期。

[4] 乐悌：《阮玲玉与刘荷影》，载《新天津画报》1935年第80期。

[5]《从阮玲玉说到刘荷影（续）》，载《新河南报》1935年3月24日，第6版。

[6]《从阮玲玉说到刘荷影》，载《新河南报》1935年3月25日，第6版。

[7]《从阮玲玉说到刘荷影》，载《新河南报》1935年3月25日，第6版。

第七讲 刘荷影救济案：新生活运动与北平市政府对妇女的改塑

其次，民国时期的娼妓问题一直是当时的主要社会问题之一。北平市社会局局长周震鳞曾指出，娼妓"玷污道德风纪；破坏家庭和平；堕落男女意志及人格；牺牲社会经济"〔1〕。自北洋政府开始，废娼禁娼一直被公众所提倡。社会改良者们也把废除娼妓问题当作推动社会进步的重点工作之一。20世纪30年代，南京国民政府出台了一系列法律用来禁止娼妓问题，但限于当时社会中娼妓数量庞大，各方利益盘根错节等现实因素而收效甚微。既然不能彻底根除娼妓问题，社会改良者则要求政府改善妓女的生存条件。刘荷影的妓女经历也间接引发了知识分子对娼妓生存境遇的讨论。他们认为刘荷影虽得到各界的救援，但是社会上仍然充斥着大量身陷囹圄的妓女。刘荷影能够脱困是因为她受到过教育又在新闻界工作过，但那些一般的可怜妓女，国家和社会又该怎么保障她们的个人权益呢？他们呼吁"仅仅救出一个刘荷影是不够的……我们以为当局应普通的对一般的妓女谋些福利"〔2〕。禁娼废娼一时也许办不到，但他们要求对妓院内老鸨之流利用高利贷阻碍妓女从良的现象予以强烈批判。他们认为这剥夺了妓女的追求自由与幸福的权利，并希望政府密查此类现象是否在妓院中存在。

刘荷影案在社会上引发了巨大的反响。对于这种情况，中国本位文化建设运动的支持者们则认为，当时社会缺乏相应的道德标准，人们过分追求新文化、新事物以至于思想迷茫、精神涣散，国民思想过度自由化。其中"尤以青年男女社会为甚。或误解自由，纵情浪漫，或意志薄弱，铤而走险；或迷恋礼教，自绝生机"〔3〕。

刘荷影案背后蕴含着众多社会热点议题，社会不同主体借由此案各抒己见，在全国范围内掀起了以刘荷影案为基础的大量讨论。由此，刘荷影的"失足"形象妇孺皆知，获得了巨大的社会关注度。

---

〔1〕 周震鳞：《北平市社会局救济事业小史》，北平特别市社会局第一习艺工厂编印1929年版，第18页。

〔2〕 《刘荷影案结束感言》，载《北平晚报》1935年3月14日，第2版。

〔3〕 马芳若：《再论中国本位文化》，国音书局出版社1936年版，第26页。

二、北平政府当局的舆情应对

(一) 北平市政府对刘荷影案的认知

刘荷影案发生之时，正值南京国民政府新生活运动开展之际。1934年2月，蒋介石在江西南昌率先发起了以"礼、义、廉、耻"为准则，旨在规范与训练新国民，以此开展作为挽救民族危亡与统治危机的新生活运动。在新生活运动中，南京国民政府强调以中国传统伦理道德标准来维护社会风化，构建所谓的公序良俗。为此，南京国民政府颁布了一系列旨在规训男女操行，尤其涉及女性着装、发型、教育、社交、婚姻等的规定。

北平市政府认为："要繁荣北平，须先从整顿男女风化入手"[1]。刘荷影给社会公众树立了一个负面的女性形象，在新生活运动如火如荼的北平，北平当局对刘荷影案尤为敏感。在新生活运动中，社会局与警察局是协助北平市政府维持社会风化，开展新生活运动的重要单位。警察更是被蒋介石称作"民众指导之教师、训育之保姆"。其时，北平警察局早已经注意到刘荷影案关系重大。在得知刘荷影案之初，北平警察局就把刘荷影案处置得当与否同维护社会风化联系在一起，称："将本维持风化原则，予以严办"[2]。

刘荷影先后同两名男子婚配、吸食毒品、沦为妓女等有伤社会风化的"不堪经历"与官方所要求的女性形象相去甚远，北平市政府认为刘荷影从作家沦为妓女这个过程，是有碍社会风化的，对开展新生活运动是不利的。

1935年3月，刘荷影被警察局送入北平市妇女救济院安置。但早在刘荷影被解救之初，她就明确表示希望警察局"判归其在（天）津之姑母过活"[3]，然而此时的刘荷影因其知识女性的身份而引发了社会关注与公共舆论，导致刘荷影并非只是被救出火坑的一般妓女。刘荷影早已成为北平街头巷尾谈论的主角，她的一言一行，都受到社会各界的密切关注。在知识女性与娼妓这两种看似背离的社会身份交织下的刘荷影，因此具有了巨大的话题性。那么，在社会各界瞩目下的刘荷影被解救后往何处去？怎么重新塑造刘荷影的女性

---

[1]《北平新生活运动促进会临时会议记录、标语及社会局整顿本市风化各种办法等》，档案号：J29-3-898，北京市档案馆藏。

[2]《刘荷影跳出火坑》，载《益世报（北京）》1935年3月11日，第8版。

[3]《女作家刘荷影案》，载《新天津》1935年3月12日，第3版。

形象以彰显北平市政府新生活运动的成效？北平警察局以"假如任刘从其姊而去，将来或且再受人骗，重蹈覆辙"[1]为由，决定将刘荷影送至妇女救济院安置。

（二）北平当局对刘荷影形象的建构

北平当局在刘荷影进入妇女救济院后，就通过限制其社交并利用媒体报道等手段对刘荷影进行符合新生活运动所宣扬的"新女性"形象塑造。

首先，北平市社会局切断了刘荷影与外界交往的大部分途径。1935年3月，早在刘荷影进入妇女救济院之初，社会上就有大批的新闻记者和看热闹的人前往妇女救济院，并要求与刘荷影会面。但北平社会局借口"刘案关系社会风化，入所后即不准与外界人士接见"[2]。从散漫的妓院到规章严密的妇女救济院，迥异的生活环境给刘荷影带来了巨大的心理落差，使其无所适从。1935年3月15日，刘荷影主动向妇女救济院提出申请，称："有男友三人，女友二人，将不时前来探亲，请求予以接见"[3]。但妇女救济院以院规相挡，不允许刘荷影与亲友有任何接触。但3日后，救济院助理员门慕樵在《京报》记者的采访中却称，刘荷影之所以不跟任何人相见，实则是"刘本人亦因羞耻之心所驱使"[4]。这显然与3日前刘荷影的诉求大相径庭。

其次，在限制刘荷影与外界交往的基础上，妇女救济院会指派专人同记者及社会人士接触，在采访中描绘刘荷影的院内生活。如在刘荷影进入妇女救济院的第六天，门慕樵在《京报》记者的采访中就称："刘到院后，对院规极端遵守，轻易不言笑。每晨七时起床，进粥食后，即随众作手工，颇为勤奋，了无倦意……对救济院之生活，颇为适意……如事实可能，将于救济院中，以了残生。日来彼对同舍居住之众难女，已相熟识"[5]。此后，妇女救济院曾多次描述刘荷影"自入院后，颇知道遵守院规，每日专心习刺绣编织工作"[6]，"对女红学习，亦很进步"[7]。为使官方话语更具说服力，妇女

---

[1]《刘荷影昨入救济院》，载《京报》1935年3月14日，第6版。
[2]《甘守独身以终》，载《京报》1935年9月4日，第6版。
[3]《刘荷影一瞥记》，载《京报》1935年3月15日，第6版。
[4]《刘荷影之最近生活》，载《京报》1935年3月18日，第6版。
[5]《刘荷影之最近生活》，载《京报》1935年3月18日，第6版。
[6]《刘荷影择配期届不愿嫁人》，载《青岛时报》1935年9月10日，第7版。
[7]《留得残荷待君怜》，载《北平晚报》1935年10月28日，第3版。

救济院让刘荷影现身说法。在刘荷影入院后的第三个月,妇女救济院指导刘荷影写下了一封忏悔信。在信中,刘荷影自称"以前是被虚荣心与欲望的引诱,竟自堕落,说自己从前是整个儿的一个傻丫头"。但在经过院方的教导后,她"现在明白人是应当为自己而活着,不应当为他人而活着"[1]。为满足社会公众对刘荷影的好奇心,展示妇女救济院的教养成果,北平市社会局还特意批准了几批记者进入救济院进行参观与采访。如1936年1月15日,《华北日报》记者参观妇女救济院后,在描叙其所见之刘荷影时称:"刘正在图书室中持笔作文,体格比较以前很见肥壮,同时面部也丰腴多多,穿一件浅蓝色布旗袍,颇为素净淡雅"。接着记者又称:"她个人的私生活,据说也非常的有规律,无论作什么事,都丝毫不苟,每天都要写日记,写小品文,在文字方面大致都很通顺,假设肯继续的努力那是很有希望的,另外她自己还计划着按照丁玲所写的母亲写一部荷影自传,现在已经着手在写,并已接洽在某小报上发表,在不久即可刊布"。在《华北日报》记者的报道里,刘荷影除了从容、简洁、修身自好,注重个人修养与仪表以外,她也因其恪守本分的品格而获得了院女的拥戴,称:"因为她待身唯谨,同院里的人对她很为信仰,有冲动的时候,经她的排解以后,双方都非常的乐接受"[2]。

最后,刘荷影甘愿为社会奉献的话语也时常出现在报道中。如1936年,刘荷影在得知妇女救济院开设工厂后——工厂以"养成贤妻良母为目的"[3],以培养刺绣、缝纫、挑花等具有家政气息的技能为主——"决俟该工组织布置就绪后,即入厂担任一相当职务,学习将来为社会服务技能"[4]。即使在刘荷影出院之后,在《华北日报》的报道中也出现了刘荷影对妇女救济院的不舍之情以及甘愿留任救济院的表述。刘荷影称:"此次在救济院居留二年之久,对无告妇女生活之苦痛,极为明了,现愿以此残生,为社会上无告姐妹服务,将于日内呈请救济院,准其继续在该院服务"[5]。

由此可见,在北平官方的言说及《华北日报》等媒体的讲述下,刘荷影

---

[1] 若菲:《因刘荷影想到阮玲玉》,载《晶报》1935年5月1日,第2版。
[2] 《妇女救济院情形》,载《华北日报》1936年1月15日,第6版。
[3] 《北平市市长巡视救济院及习艺所及救济院简明历史》,档案号:J001-002-00300,北京市档案馆藏。
[4] 《刘荷影不愿当编辑》,载《南京日报》1936年1月1日,第5版。
[5] 《刘荷影昨午出院》,载《华北日报》1937年6月22日,第6版。

在妇女救济院内过着惬意的生活，正如妇女救济院管理人员某君所述"刘自入救济院，将近两年，所受待遇颇优，每日生活亦甚有规律……伊生活并不寂寞"〔1〕。《华北日报》等媒体对刘荷影在救济院内之报道，为刘荷影在公众面前塑造出了一个符合新生活运动所宣扬的安守本分、恪守规则、穿衣整洁、擅长女红、具有社会奉献意愿的"新女性"形象。刘荷影在妇女救济院的教育下已然蜕变。

三、自我言说、社会公众与官方代言的立场分野

（一）刘荷影的自我言说

尽管刘荷影在妇女救济院内大部分时间处于失语状态，但我们仍然能够通过将刘荷影在救济院时记者的采访后记、刘荷影出院时递交给北平社会局的呈文及其出院后接受的采访等与官方表述加以对比，发现其中端倪。

首先，刘荷影并不是一个善于交际和处理纠纷的人。如在1935年3月15日，刘荷影还因入院不适而感觉苦闷异常，又因申请亲友探访而被院方拒绝，表现出"乘头不语，与同宿舍者，未致一词"〔2〕。当时刘荷影态度之冷漠，就连采访刘荷影的记者都称她有"令人有咫尺天涯之感"〔3〕。甚至在7个月后，妇女救济院负责人杨主任也称刘荷影"人也是非常沉默，问她话她才说，不问她话，她就不说"〔4〕。那么，当时如此沮丧且性格淡漠的刘荷影，怎能仅在3日之内就突然转变了性格，变得乐于助人还和院女熟识？而且，妇女救济院内人员混杂，院女之间矛盾丛生。时任私立广东国民大学校长吴鼎新称妇女救济院"合几种不同阶级女人聚在一处，因其阶级之混杂不堪，思想言谈行为常起冲突，这一切冲突便是一体一组，拜干姐妹之由来。同在一屋的组成一团，此团与彼团永远不讲话都可以……"〔5〕妇女救济院内人际关系如此混乱，个人恩怨更是充斥其间，性格淡漠的刘荷影是如何能够参与其中，并解决这些纠纷？难道仅仅依靠刘荷影品性优良、待人谨慎就能博取院女信

---

〔1〕《两个被遗忘了的女性》，载《华北日报》1937年3月15日，第6版。
〔2〕 若菲：《因刘荷影想到阮玲玉》，载《晶报》1935年5月1日，第2版。
〔3〕《刘荷影一瞥记》，载《京报》1935年3月15日，第6版。
〔4〕《留得残荷待君怜》，载《北平晚报》1935年10月28日，第3版。
〔5〕 吴鼎新：《妇女救济院》，载《新社会半月刊》1934年第1期。

任，使她们信服么？

其次，刘荷影并不愿意待在妇女救济院，也并非如北平当局所述享受院内生活，更遑论出院后还有继续留在妇女救济院工作的打算。在当时，妇女救济院早就被公众污名化，社会男子在迎娶院女时也"不准女人坐大花红轿，而坐青布小轿。"[1]社会公众对妇女救济院内的女性有着较深的成见。除非迫不得已，一般很少有女性愿意进入妇女救济院生活。在妇女救济院内进行访谈的《益世报》记者也心思细腻地观察到，刘荷影院内之处境并不似官报所言。记者出院后，在其报道中称："（刘荷影）恒寡言笑，日常光阴，奉半于沉思中消逝，其内心之痛苦，自不待言矣"[2]。1937年，在刘荷影即将出院之际，《春色》编辑对刘荷影进行了专访。在访谈中，刘荷影自称"自己是一个可怜的女人"。刘荷影如泣如诉的幽怨使编辑心生同情，采访结束后编辑在后记中也提及："在最近这位堕落花的女作家，为了感到住在死井般的救济院里，心灵上，情感上，都感受着无限的痛苦"[3]。

按妇女救济院的规定，院女届满6个月后，一般能通过与男子婚嫁、亲属请领或被原送机关团体提回出院。但1935年3月13日入院的刘荷影，一直到1937年的6月22日才被北平当局批准出院。她在妇女救济院生活长达2年之久，而刘荷影在被解救之初，就曾在法院坦言希望与姑母生活，但警察局"仍将刘送市立救济院安置"[4]。在刘荷影悬像择配失败后，刘荷影也曾多次向院方表达出院请求，在其每次提交呈请后"日必至救济院办公室，探寻有无批示到来，其对于出院事之关心"[5]，但均以失败告终。刘荷影的姑母薛刘氏家境尚可，根据天津市警察局的调查，刘荷影的姑母薛刘氏"其亡夫薛保筠曾任芜湖警察厅长及陆军少将……家况尚不困苦，其侄凤光，现在青县充警察局主任科员，每月亦可贴补家用，且有固定存款。"[6]1937年3月，刘荷影的姑母薛刘氏按照北平社会局的请领规则，提交了商铺保结等材料请领刘荷影，但官方并未批准。直至1937年5月11日，几经曲折却仍然不能获

---

[1] 吴鼎新：《妇女救济院》，载《新社会半月刊》1934年第1期。
[2] 《刘荷影近状》，载《益世报（北京）》1935年10月18日，第8版。
[3] 夏莺：《刘荷影的伤心语》，载《春色》1937年第15期。
[4] 《女作家刘荷影案》，载《新天津》1935年3月12日，第3版。
[5] 《病矣》，载《华北日报》1937年5月20日，第6版。
[6] 《刘荷影可望出院》，载《华北日报》1937年4月19日，第6版。

得当局批准的刘荷影病倒在床,并向社会局递交了呈文。在文中,刘荷影将自己在救济院内的生活比喻为"形同囚禁,精神上之激刺既深,形骸之上束缚犹甚。顾念此生,势将病废"。接着她又申辩道"况身受刑事处分之人,除终身监禁者外,尚有年限,自由尚可恢复,则霞实无触于刑章,又焉能禁锢终身哉"[1]。刘荷影从入院之初到出院之前,每天都迫不及待地想要离开妇女救济院。她根本就没有继续留在妇女救济院工作的意愿。刘荷影态度之坚决,甚至在出院后,在被记者问及今后出路时仍表示:"今既出院,仅忘埋没此世,不愿为人所注目,故离平与否,不能奉告"[2]。刘荷影又怎会希望继续回到妇女救济院任职?

由此观之,在官方指导下报刊所构建的刘荷影形象与刘荷影的自我言说产生了较大的矛盾。一方面,处在政府主导报道下的刘荷影不仅是一个痛改前非、乐于助人、仪表整洁、乐于服务社会的女性,更是成长为一位擅长女红、充满母性及家庭色彩的妇女,而刘荷影在救济院内的形象蜕变刚好与国民党所宣扬的"新女性"形象所契合;另一方面,通过对妇女救济院的公众形象分析、刘荷影的自我言说及出院后接受的采访等历史文本分析可知,刘荷影并不适应救济院内的生活,她也没有成为北平当局对外所描述的"新女性"。

(二) 社会公众对刘荷影的多元态度

尽管刘荷影已经被送入妇女救济院长达半年之久,但社会公众对刘荷影的关注并没有减少。1935 年 9 月,刘荷影在妇女救济院"蛰居已六月之久,按照院章规定,已届择配之期"[3],但刘荷影并不想通过悬像择配出院。从个人的情感考虑,经过两次痛苦感情经历的刘荷影并无再婚的心思,其愿望始终是依附其天津姨母生活,但北平当局一直不予应允。况且此前刘荷影堕入妓院在社会上引发的舆情风波,致使刘荷影并不想再因择配一事而再次陷入社会舆论的漩涡之中。为此,刘荷影向院方表示"只望抱独身主义,以终残年"[4]。

---

[1] 《情辞悱恻之刘荷影呈文》,载《益世报(北京)》1937 年 5 月 12 日,第 7 版。
[2] 《刘荷影出院》,载《益世报(北京)》1937 年 6 月 22 日,第 7 版。
[3] 《刘荷影择配期届不愿嫁人》,载《青岛时报》1935 年 9 月 10 日,第 7 版。
[4] 《刘荷影近状》,载《益世报(北京)》1935 年 10 月 18 日,第 8 版。

刘荷影将独身的想法公之于众，对于"男大当婚、女大当嫁"已形成广泛认知的民众而言，"深为骇怪"[1]。除好事记者前往救济院打听缘由外，社会上也掀起了对刘荷影拒绝择配一事的臆想，称"刘自失身以后，百感交集，心志已灰，此次雅不愿同流合污……至于外传刘另有意中人之说"[2]。不仅如此，社会大众还将舆论的矛头指向了妇女救济院，认为刘荷影出院一事肯定受到了院方的故意阻挠。为刻意辩解起见，1935年10月17日，妇女救济院负责人对《北平晚报》记者称："刘氏为谋今后寄托，将打消初意，拟再择良选配"[3]。1935年10月21日，《华北日报》刊载了妇女救济院院女悬像择配的消息，其中"轰动平市一时之所谓女作家刘荷影，（妓名李小霞）"[4]，位列第一栏。刘荷影悬像择配的消息引起社会各界的注视，《北平晚报》记者形容称："一般人的心旌，好像受到一种波动的影响，石碑胡同道上，徒然的车马繁杂，什之七八，都打算看看刘荷影的芳容"[5]。

1935年11月26日，北平市东城区金鱼胡同兄弟商店的职员陈履之与刘荷影会面"已得刘之同意"。按照妇女救济院的流程，"如进行顺利，本星期内外，手续即可办理完竣，大约在十二月中旬内，期可正式结婚"[6]。但在新闻发出的第三天，报纸上突然又刊载了陈履之毁坏婚约的消息，称兄弟店铺"因营业亏折，乃于日前倒闭……陈恐将刘接出，生活难以维持"[7]，而终止了请领手续的办理。短短4天之内，陈履之所在店铺为何出现了如此大之变故？

在此则新闻引起社会哗然之时，陈履之再次前往妇女救济院，又提出与刘荷影婚配的意愿。但陈履之不仅"要求刘嫁后不得再作小品文投稿"[8]，同时还要求刘荷影保证婚后能够生育。陈履之工作的戏剧性变故及婚配要求，使民众对其择配的初衷产生了怀疑，认为"陈之举，颇有开玩笑主义"[9]。为此，《北平晚报》记者专程前往陈履之任职的兄弟商铺进行秘密调查，"始

---

[1]《女作家刘荷影近况》，载《京报》1935年9月21日，第6版。
[2]《女作家刘荷影近况》，载《京报》1935年9月21日，第6版。
[3]《刘荷影即将出院》，载《北平晚报》1935年10月17日，第3版。
[4]《悬挂像片选择配偶》，载《华北日报》1935年10月21日，第6版。
[5]《女作家刘荷影近况》，载《京报》1935年9月21日，第6版。
[6]《刘荷影落花有主》，载《华北日报》1935年11月28日，第6版。
[7]《刘荷影择配又成泡影》，载《北平晚报》1935年11月30日，第3版。
[8] 王：《刘荷影择配不成》，载《玲珑》1935年第48期。
[9]《刘荷影择配又成泡影》，载《北平晚报》1935年11月30日，第3版。

第七讲 刘荷影救济案：新生活运动与北平市政府对妇女的改塑

知某商店故意遣陈作此圈套，藉作该店宣传"[1]。兄弟店铺并未破产，店铺老板指使陈履之两次假意与刘荷影婚配，只是为了借助刘荷影的舆论热点而达到宣传店铺的目的。刘荷影在知晓真相后绝望表示，不再通过悬像择配出院，对之后会面的男子"均一律拒见"[2]。

择配无门的刘荷影，又选择了向报刊写信以获得工作的机会。在信中刘荷影写道："影入院十月余，早已训练期满，鉴于前车之覆，不愿再作人妇，然身未犯国家法律，又何能永求禁锢，思维再四，惟恳求先生介绍于社会服务，以图对社会有所贡献，即补此一番耻辱痛苦于万一"[3]。

在刘荷影之工作求助信公之于众后，来自全国各地的商铺纷纷向刘荷影伸出"援助之手"。如北平的皇后球场、南京夫子庙的球场、青岛咖啡厅都给刘荷影开出了异常丰厚的工作薪酬。南京留乡园店主程香园甚至致函救济院称："贵所收容妇女刘荷影久耳其名，现因敝总店添设咖啡部，请有女招待多人，惟缺乏北方女子，闻刘精通文墨，故愿请刘南来至敝店充当女招待，如刘愿就此职，每月可给薪三十元，并先汇三十元作为刘南下用资。"[4]

耐人寻味的是，各地商铺都知晓刘荷影精通文墨，但给她提供的却都是不需要任何文化基础的女招待岗位。女招待是在近代社会经济发展与妇女解放运动影响下兴起的新型女性职业。这一群体的出现虽对女性走出家庭，迈入社会打破传统性别分工有所裨益，但民国时期，女招待这一职业之所以能够得到推广，实则与店家利用女性特质来吸引更多男性顾客的意图密不可分。在北平便有"就饮于女招待酒店"的社会风气，可见，酒楼菜馆聘用女招待成了一种招揽顾客的特定方式。当然，从事女招待职业的女性在当时多出身于贫苦人家，为赚钱之需有时不得不竭力应酬，于是女招待未免遭遇"有伤风化"这一污名化的指摘。[5]

1933年，曾担任过北平咖啡店女招待的一位女性在自我言说中将咖啡店比喻成"牢狱"，称她"时时刻刻必得勉强装着欢笑去迎接客人……谈一些我

---

[1]《刘荷影进退两难救济院外荆棘多》，载《北平晚报》1935年12月9日，第3版。
[2]《刘荷影近不谈婚事》，载《华北日报》1935年12月8日，第6版。
[3]《刘荷影不愿再作人妇》，载《青岛时报》1935年12月11日，第7版。
[4]《南京留香园主人聘刘荷影充女招待》，载《大同报》1936年1月9日，第8版。
[5] 因明：《女招待之今昔观》，载《宇宙风》1937年第34期。

所不愿意谈的鬼话……有一般人更讨厌了,问长问短的,必得问我的年龄是几岁?问我嫁了人没有?",她开始怀疑在咖啡馆中从事女招待究竟是否为一种正当的职业,"职业是应当以智识或劳动去换取相当的报酬的,但我为什么要以面貌和笑容换钱呢?",可她为了养家糊口又唯有委曲求全。[1]除此之外,当时的媒体也经常报道男性顾客与女招待交际暧昧,导致在公共舆论场域甚至引发了取缔女招待的风波。[2]因而,女招待在当时社会上其实是饱受诟病的工作。

即使北平官方在媒体上宣称刘荷影已经蜕变成功,但从社会公众对刘荷影的工作安排上来看,北平市政府所塑造的刘荷影"新女性"形象并没有得到社会公众的认可,在公众的意识里刘荷影的妓女身份依然存在。店主们招揽刘荷影只为消费她的舆论话题性从而宣传店铺,满足社会公众的好奇心,博取一时之乐。如南京《新闻报》兴奋地称,刘荷影如果到南京充当女招待,那么"届时首都人士均将一睹此女新闻记者之丰采"[3]。

陈履之及全国各地店铺的言行受到了国民党中央直属党报《华北日报》的批评:"某某商店店员的求婚,某球社请作服务员,某某咖啡店请作女招待,看他们的措辞,莫不是冠冕堂皇,娓娓动听,但他们的出发是否出于纯洁呢?这在过去的事实,早已有了证明,不但谈不到纯洁,而且带着故意作弄开玩笑的性质"[4]。

此后,择配失败的刘荷影一直在妇女救济院内从事图书馆馆员及课堂教员的工作。1937年3月,即使是刘荷影的姑母符合院女请领程序,妇女救济院也以其姑母"是否有力赡养,殊属疑问。乃派员调查一切,并函请天津市警察局调查薛刘氏家况"为由不断拖延。[5]在得知其姑母确实具有赡养能力后,院方又称:"须待日内局方批示,一切手续办竣后始能实现"[6]。对此,《华北日报》对外解释道:"因为当局体怜她,对她的出路特别慎重,办理层

---

[1] 顾凤成:《一个咖啡女的自白》,载《华安》1933年第2期。
[2] 王琴:《20世纪30年代北平取缔女招待风波》,载《北京社会科学》2005年第1期。
[3] 《刘荷影将来京》,载《新闻报》1935年12月31日,第13版。
[4] 《妇女救济院情形》,载《华北日报》1936年1月15日,第6版。
[5] 《刘荷影可望出院》,载《华北日报》1937年4月19日,第6版。
[6] 《过去的女作家刘荷影》,载《潮报》1937年5月20日,第2版。

第七讲 刘荷影救济案：新生活运动与北平市政府对妇女的改塑

层的手续，似乎实费有相当的周折，于是她的出院消息也只见于传说"[1]。

1937年4月，屡受波折的刘荷影"心中忧虑，以致卧病在休"[2]，并向北平市社会局提交了一封言辞恳切的呈文。刘荷影之呈文"情词悱恻，当局感动，且恐再留将憔悴伤身"[3]。早先，妇女救济院曾出现过院女抑郁而自缢之事。为防止刘荷影"长此以往，恐生意外"[4]，1937年6月21日，北平市政府终于同意刘荷影之姑母将她领出。出院后的刘荷影随即向《益世报》记者表示"今既出院，仅忘埋没此世，不愿为人所注目"[5]。随即携姑母乘车离去。至此，新闻报刊上再没有与刘荷影有关的消息。唯有一篇1947年在《晓报》上发表的、作者署名为傻大姐的文章里对刘荷影后来之归宿有所提及，称刘荷影出院后"慕名造访者户限为穿，终竟受人利用抑郁而死，其身世之惨，令人心酸"[6]。

总的来说，刘荷影的悲惨命运在相当程度上受到了北平市政府、报刊媒体及社会公众等多重力量的合力干预，是经由各方社会主体共同介入及作用下的产物。刘荷影的自我言说、社会公众的态度与北平官方当局者的"代言"之间形成了鲜明的反差，并且各自在言说立场上也存在着明显的鸿沟与分野。

媒体最初对刘荷影进行大肆报道是出于对刘荷影同为报人的同情，"认为此女堪怜，既同为新闻界中人，不可不加以援手"[7]。在经媒体大肆报道后，社会公众及政府对刘荷影案的重视，使得除官方主导下之外的媒体意识到刘荷影案隐藏着巨大的新闻噱头与话题。在报业竞争激烈的民国社会，媒体为获得更多的关注度和发行量，开始从呼吁社会各界援助刘荷影，转而忽视刘荷影的个人意愿，其目的只是为了报道社会公众关心的问题。《晶报》《新河南报》《北平日报》《北洋画报》《青岛时报》等众多报刊几乎都是围绕刘荷影的娼妓经历、婚姻情感等涉及个人隐私的领域展开采访与报道。在媒体刊发的新闻标题里，刘荷影经常被媒体比喻为"残荷""落花""残花"，更有

---

[1]《刘荷影出院问题》，载《华北日报》1937年6月18日，第6版。
[2]《刘荷影得再获自由》，载《华北日报》1937年6月6日，第6版。
[3]《刘荷影准出院》，载《南报》1937年5月13日，第4版。
[4]《情辞悱恻之刘荷影呈文》，载《益世报（北京）》1937年5月12日，第7版。
[5]《刘荷影出院》，载《益世报（北京）》1937年6月22日，第7版。
[6]《忠告王懿敏几句话》，载《晓报》1947年12月8日，第2版。
[7] 无自平：《刘荷影案余闻》，载《北洋画报》1935年第1218期。

甚者直接将标题拟为"妓女"一词。在采访时,各大报刊忽略了刘荷影的个体情感,以致其被访后经常"盈盈欲涕"[1]。

北平市政府之所以改塑刘荷影,其实是忌惮刘荷影案所产生的舆情对北平市社会风化的负面影响。在北平市政府推行新生活运动的过程中,早就明令禁止男女之间发生损害社会风化之事,而刘荷影案却触及了吸毒、男女任意交往、娼妓等禁区。在大力宣扬新生活运动成效的北平,刘荷影案无疑折损了北平市政府的施政颜面。为此,北平市政府将刘荷影强制送入妇女救济院,并借用媒体力量,按照官方所宣扬的时代妇女形象,对其进行身份的重塑。

从社会公众的反应来看,北平市政府对刘荷影的形象改塑并未成功,刘荷影依然没有摆脱社会公众对她曾为娼妓的刻板认识。北平当局者的管控与改塑,加之媒体的推波助澜只是愈发激起了公众讨论的舆论热情,以致刘荷影出院后依旧遭受媒体与部分民众的骚扰,最后郁郁而终。

通过梳理与分析各方社会主体对刘荷影案的言说与应对,我们可以看到在这些行为背后繁复驳杂的历史面相。各方社会主体或出于追求新闻利益、或出于满足政治需要、或出于社会忧虑、抑或出于性别观念的不同,直接导致了其对刘荷影案的不同解读、评论与建构。这不仅反映了民国时期不同社会主体在性别观念、道德标准甚至是政治立场上的差异,也体现了民国时期性别与政治、新思想与旧道德、传统与现代、公众与个体的复杂互动与纠葛。

◆ [延伸阅读]

1. [美] 马钊:《弃夫潜逃:战时北平底层妇女的生活与犯罪(1937—1949)》,孔祥文译,上海教育出版社2025年版。

2. 余华林:《女性的"重塑"——民国城市妇女婚姻问题研究》,商务印书馆2009年版。

3. 张秀丽:《民国北京婢女问题研究》,北京师范大学出版社2016年版。

---

[1]《刘荷影含泪话前程》,载《北平晚报》1935年10月30日,第3版。

第七讲 刘荷影救济案：新生活运动与北平市政府对妇女的改塑

◆ [课后思考]

1. 结合新生活运动这一历史情境，分析为何刘荷影沦为妓女一案会迅速引来社会各界的关注，政府当局介入的背后蕴含着哪些特别用意？

2. 如何理解北平市政府对刘荷影形象的塑造、刘荷影的自我言说以及社会公众对刘荷影的接受三者之间存在的错位？

3. 以刘荷影案为例，分析"个案"研究在何种意义上被视为孤立的事件，又在何种意义上可理解为社会结构性问题在个体上的体现？

第八讲

刘逯情杀案："情义"与"法理"之间
北平社会再审视

◆ [教学提要]

1935年3月16日，刘景桂在北平志城中学女校射杀了她的情敌滕爽，这个事件不仅震惊了民国北地区的社会大众，也引起了法律界人士的广泛瞩目。这起案件不仅仅是一起简单的情杀案，还触及了当时社会对性别伦理、两性关系、女性解放运动等深层次问题的讨论。社会媒体和法律专业人士对此案的看法大相径庭，媒体倾向于关注案件的轰动效应和情感话语，法律界人士则侧重于从法律条文出发，进行更为严谨的教义学分析。这种分析模式可视为新兴法律文化的一个标志，明显区别于清代"情、理、法"的审判传统。刘逯情杀案折射出民国时期社会道德、性别解放与法律变革相互交杂的丰富镜像，隐喻了北平地区司法观念与律法精神在现代化浪潮中的变迁与转向。

◆ [教学目标]

1. 以考察刘景桂枪杀情敌滕爽为切入点，充分挖掘妇女权益、道德观念与法律实践等丰富议题，分析媒体评论激起各方言说妇女解放话题的热浪，及其所映射的公众同情与社会救济等多重面相。

2. 从司法近代化过程中内部法律文化共同体的形成这一角度出发，批判性地审视民国时期北平的法律判决与社会道德之间的内在张力。

3. 探讨如何在尊重个人情感的同时维护法律的公正性与权威性，使学生深入理解刘逯情杀案中"情义"与"法理"的冲突与平衡，以及民国社会女性、道德与法律等各要义相互依存的微妙关系。

◆ [案例导入]

1935年3月16日，刘景桂女士于北平志成中学女校枪杀该校体育主任滕爽。行凶后，刘女士被捕。因刘景桂和滕爽皆据传与知名运动员逯明有婚约在身，故成为轰动一时的情杀案件。本案受到当时北平地区社会大众和法律界人士的共同关注，各家媒体对此案进行了报道。[1]这些报道侧重点迥异，有记述案件进程者，[2]有描写刘景桂[3]、逯明[4]等人的狱中生活者，也有诸多评论性质的文章。[5]这一案件的余波甚至远及10年后——直到抗日战争结束后的1946年，仍有媒体对此案当事人的情况进行跟踪报道。[6]

从1935年开始，各家媒体对刘景桂案进行了上千篇的报道，这种关注贯穿了全年。各媒体在此案中倾注了太多案件之外的关注：一起小小的情杀案件让时人联想到了妇女解放运动、性别平等等一系列议题，而汹涌澎湃的公共情感则折射出了"新旧交替时代"的焦虑。这样的落差使我们可以将刘景桂案作为一个透视特定时代的窗口。

在本讲中，我们会将视角放在本案的两大类评论性文本上：报纸、杂志上非职业法律人所发表的评论，以及职业法律人围绕此案在庭上庭外发表的评述。如此，本讲希望通过考察刘逯情杀案，回答如下几个问题：在20世纪30年代，妇女解放运动带来的影响如何反映在社会精英对于本案的评价中？与非法学界人士相比，职业法律人在言说方式和内容上有何差异？职业法律人在本案中的话语与实践，又在何种意义上展现了新兴的法律文化与司法近

---

[1] 《北平法院门前人声鼎沸》，载《大公报（天津版）》1935年4月19日，第6版。该文记载，刘景桂案尚未开审，法院门口就有上千人聚集，争相围观。

[2] 《铅球健将逯明之妻滕爽被击七枪惨毙》，载《大公报（天津版）》1935年3月17日，第6版。

[3] 《读书作画看小说，刘景桂狱中生活舒适》，载《时事新报（上海）》1935年5月17日，第10版。

[4] 轩：《狱中渡佳节 刘景桂大啖广东月饼 逯明为明月写真》，载《民声报》1935年9月13日，第4版。

[5] 马宏毅：《对于刘滕惨案宣判后的一点感想》，载《月华》1935年第7卷第12期。

[6] 丁一彦：《北平小姐刘景桂因争男朋友以枪击毙女教员滕爽之轰动全国惨案，经判无期徒刑，七七事变，经伪法令数免开释，兹法院以伪令无效，刘女又重拘入狱》，载《一周间（上海1946）》1946年第6期。

代化的色彩？

一、刘景桂枪杀事件始末

1935年3月16日晨10时许，北平西四牌楼南丰盛胡同私立志成中学女校发生枪击案。翌日，《大公报》等报纸多以大版面报道之。[1]此后，各大媒体（如《北平晚报》[2]）均有跟进报道，邀请各界人士展开评论，案件审判时旁听席甚至一座难求。[3]综合媒体报道和案件卷宗来看，此次枪杀事件并非一时突发激情所致，相反，此案可谓渊源颇深。

刘景桂，察哈尔人，毕业于察哈尔省第二女子师范学校。1933年4月11日，经刘景桂的同事做媒，刘景桂与逯明二人订婚。然而，一个多月后，逯明寄信给刘景桂，声明解除婚约。刘景桂并未同意，然而逯明对此不管不顾，径自与滕爽于同年11月1日结婚。滕爽是北平师范大学教育系毕业的女运动员。大学时期，滕爽"每逢运动会，辄名列冠军"，被称为"北平师大体育四健将"之一。[4]刘景桂听闻此事之后，"愤欲与讼"。经中间人调解，逯明以600元的代价于1934年2月11日与刘景桂解除订婚之约。

然而，此事并未就此停息。刘景桂追念旧好，于1934年3月4日[5]、3月9日[6]向逯明发去信函。在信中，刘景桂热烈地表达了对逯明难以割舍的爱恋，甚至称自己是"上帝面前的一名囚徒"，注定要"承受着人间一切的体罚"。此外，她还认为逯明同样放不下自己，表示"我（指刘景桂）知道你（指逯明）为我自责，为我伤感，为我泣哭"。1934年3月15日，逯明回函，

---

[1]《铅球健将逯明之妻滕爽被击七枪惨毙》，载《大公报（天津版）》1935年3月17日，第6版。
[2]《今晨在严重戒备下开庭辩论终结》，载《北平晚报》1935年4月23日，第2版。
[3]《刘景桂杀人案开审》，载《电影时报》1935年4月11日，第8版。
[4] 宗惟赓：《北平师大体育四健将林斌张玉寿彭静波滕爽》，载《图画时报》1931年第748期。
[5]《刘景桂寄逯明信》（第一号），载《北平地方法院刑事判决案卷》（第2册），全国图书馆文献缩微复制中心2005年版，第321~322页。
[6]《刘景桂寄逯明信》（第二号），载《北平地方法院刑事判决案卷》（第2册），全国图书馆文献缩微复制中心2005年版，第323~324页。

称"我是辜负了你的",并邀请刘景桂见面。[1]初审判决中指出,二人"此后情书往来,各道爱慕至数十次之多",并在北平、宣化等地"欢会不绝"。[2]在此期间,逯明对刘景桂的称呼也从"贞妹"变成了"我亲爱的贞妹"[3]。但在缠绵悱恻之下,刘景桂却对滕爽起了杀心。一来,滕爽是刘景桂的唯一情敌;二来,刘景桂接受逯明600元的调解费,其中有百元是滕爽资助。于是,1935年3月15日,刘景桂开始实施杀人计划。

案发前不久,滕爽至志成中学女校任教。[4]1935年3月15日当天,刘景桂因担忧门卫阻拦,约志成中学女校(即滕爽工作之处)学生阎秀峰下午3点同往志成中学,并由不知情的阎秀峰带入学校。然而,她们未能碰到滕爽。随后,晚上七八点钟,刘景桂又独自来校两次,也一直未能遇见滕爽。于是,刘景桂向校役询问了滕爽的在校时间,第二天上午10点化名李振华,重新进入学校。她以假身份到宿舍拜访了滕爽,将其杀死。谋杀滕爽之后,刘景桂试着离去,却被校役们追回,并报警送案。

刘景桂被捕后,此案先后经过3次审判,而刘景桂本人的刑罚则从最初的12年有期徒刑,到无期徒刑,再到两次减刑直至出狱。[5]其实,刘逯情杀案并非一起孤立的、自为自在的个案,若将本案放置于妇女解放运动余波未平、司法近代化正在进行的这一社会背景下考察,可以从本案的媒体评论和职业法律人的论述中解读出更丰富的面相。

二、媒体评论:旺盛的公共情感与妇女解放运动的余波

(一) 刘景桂案的媒体呈现及道德判断

案件甫一见报,便引起群众热议。针对案件的3位主要涉案人,媒体给

---

[1]《逯明致刘信》(第一号),载《北平地方法院刑事判决案卷》(第2册),全国图书馆文献缩微复制中心2005年版,第553~554页。

[2]《"刘逯案"北平地方法院一审判决书》,载《北平地方法院刑事判决案卷》(第1册),全国图书馆文献缩微复制中心2005年版,第4~5页。

[3]《逯明致刘信》(第十六号),载《北平地方法院刑事判决案卷》(第2册),全国图书馆文献缩微复制中心2005年版,第612~613页。

[4]《三角案主角滕爽女士小史》,载《玲珑》1935年第5卷第12期。

[5] 南燕:《十年前桃色惨案"杀人小姐"刘景桂将出狱》,载《海报》1945年6月6日,第1版。

出不同的解读。尽管批评逯明、同情滕爽是主流意见，但具体的视角因人而异。除此之外，一个有趣之处在于，对刘景桂本人的评价在该案初审宣判之前和宣判之后有诸多不同。

在刘景桂案审判之前，便有不少措辞激烈的评论刊发。例如，《北调》杂志称刘景桂的行为是对不平等的男女私德要求之反抗。[1]基于类似的立场对滕爽展开的批评也不绝于耳，《北方公论》刊文称，视滕爽为无辜受害者过于武断，"逯明与原妻离婚和与刘景桂解除婚约，大部金钱，都是滕爽拿出来的。"因此，滕爽"断送两个女子的终身幸福，不啻无形杀人"，不可谓无辜之人。[2]

然而，媒体上虽不乏对于刘景桂的正面评价，但也有持相反意见者。素来支持妇女运动的俞大彩认为，妇女运动应当支持妇女，但不是无条件地支持每一个妇女的每一件事，刘景桂的杀人事件并非快意恩仇。其指出刘景桂"谓本想杀逯明，因为她自己系一弱女子，而逯明则一勇武男子，恐力不从心，故杀滕爽以泄其恨"，这只不过是恃强凌弱。[3]这种观点在判决公布后更为盛行，如《国闻周报》在刘景桂案判决后的第二天综合庭审和调查结果后转载了《大公报》的社论，认为刘景桂远远谈不上无辜或悲壮，相反她的行为是冷酷的谋杀。刘景桂"经相当手续，与逯明解除婚姻，收受偿金"，在此之后又和逯明"奸宿旅舍，继续五夕"，这等浪漫关系之下，却选择将仇怨对准无辜的滕爽并开枪射杀，实属冷漠无情。[4]对此，《法律评论》等媒体附和，直言这一看法成为"一般社会之心理"[5]。F. Turban 以犀利的口吻指出，刘景桂之行径乃"杀人不眨眼……残酷无比，律当偿命"，实有悖于正当的法治精神，故而不应成为妇女效仿的对象，"若妇女尚以刘氏惨杀为荣，则从此主妇多事矣！夫盗贼因饥夺数十文而处以极刑，刘氏预谋杀人而博得令誉，欲中国成为法治国家其可得乎？"[6]

---

〔1〕未扬：《阮玲玉和刘景桂》，载《北调》1935年第1卷第4期。

〔2〕《刘景桂案判决后感言》，载《北方公论》1935年第95期。

〔3〕俞大彩：《论刘景桂杀人案》，载《独立评论》1935年第146期。

〔4〕《论评选辑：刘景桂杀人案判决》，载《国闻周报》1935年第12卷第2期。

〔5〕江庸：《为刘景桂谋杀案正告检察官》，载《法律评论（北京）》1935年第12卷第27期。

〔6〕F. Turban：《从刘景桂惨杀案说到治外法权》，载《大公报（天津版）》1935年5月15日，第6版。

第八讲 刘逯情杀案:"情义"与"法理"之间北平社会再审视

如果说上述对刘景桂的差异化评价与判决信息的披露不无关联,那么对"负心男子"逯明的唾弃却显得众口一词。案件发生次日,《大公报》即以"祸首逯明"为题刊登了逯明的照片。[1]不同于刘景桂,这种负面评价即使在逯明被一审判决无罪释放后也没有改变。认同法院判决的《国闻周报》亦对逯明表示鄙弃的态度,称逯明"就道义言,实是罪人,就社会言,真属败类",法院不惩罚他的原因只是因为法院只从事司法职能,当依法审判罢了。[2]有论者在《研究与批判》上刊文诘问,那些指责刘景桂冷酷、凶残的人,刻意忽视了"刘景桂杀滕爽的原因",而"你知道刘景桂之凶和冷酷都是逯明造成的么?"[3]

围绕3位主要涉案人员,各家媒体给出了不同的道德判断。然而,与这些道德评判紧密相连的问题则是:刘景桂的杀人行为究竟应该由谁负责?是杀人的刘景桂自己,还是负心劈腿的逯明,抑或是资助逯明解除婚约的滕爽?在这些看似止于个人责任的讨论中,刘景桂案所折射出的"新旧交替之社会"面相浮出了水面。

(二)"新旧交替"之间:作为妇女解放运动余波的刘逯情杀案

许多媒体在谈及案件的基础上,将更多的笔墨融入了对当时社会的解读和评价中。这一视角以北平妇女会起草的《为刘滕事件宣言》为代表。案发后,北平妇女会策略性地略去了对刘景桂本人的直接评价,将该案发生的原因归结于社会因素。在她们看来,刘景桂案折射的是"现代社会的一个严重的问题"。[4]1935年,虽然在表面上,在法律上,也许可说男女已平等了,社交已公开了,教育已同等了,似乎"都已再没有了男女的歧视",但仍然"还是男子占着优势",正是这样的社会大背景造成了刘景桂的杀人行为,男子可以随意离娶,而女子仍都是以为离婚就是见弃,引为莫大之羞耻。[5]

自此,借评论刘逯情杀案之热度,对社会中性别不平等的现象展开的抨

---

[1]《祸首逯明》,载《大公报(天津版)》1935年3月17日,第6版。
[2]《论评选辑:刘景桂杀人案判决》,载《国闻周报》1935年第12卷第17期。
[3] 易逢春:《刘景桂案与法律底哲学基础》,载《研究与批判》1935年第1卷第3期。
[4] 北平妇女会:《为刘滕事件宣言——不要只看到当事人的是非 应对事件起因有正当认识(上)》,载《大公报(天津版)》1935年4月8日,第6版。
[5] 北平妇女会:《为刘滕事件宣言——不要只看到当事人的是非 应对事件起因有正当认识(下)》,载《大公报(天津版)》1935年4月9日,第6版。

击百花齐放。《妇女共鸣》杂志在论及此案时,便极力主张人们要注意刘景桂案背后"始终作祟的封建余毒",铲除封建思想并非"责备二三个男子"便能实现的事情,"头痛医头脚痛医脚的办法,没有什么补救于事实的"。[1]类似的归因也出现在其他评论者的文章中,例如《女子月刊》作为知名妇女刊物,也将本案的罪魁祸首指向了社会,"中国妇女运动已有了二十年的历史,但到今日止,女人却依旧是'女人',而不是'人'——与男人同样的'人'……"[2]

对结构性问题的揭露并不止于说明"当前社会是存在性别不平等的"。一个更细致的说法是,1935年是一个"新旧过渡的时代"。用《国闻周报》的话来说,此案发生的社会可谓"旧礼教已沦丧,新道德未确立"。这一认识集中体现在罗琼于1935年5月25日发表的社论里。她在刊发于《华年》杂志的《刘逯情杀案的总检讨》一文中,一针见血地批评此前许多对刘景桂案发生原因的分析是抽象的、笼统的,也是站不住脚的。在这篇论述中,罗琼从案件事实入手,认为刘景桂的杀人不能以"用情专一""意志薄弱"来开脱,因为逯明和她解除婚约转而与滕爽订婚,确实是在刘景桂自愿且知情的情况下进行的,随后刘景桂与逯明继续保持情人关系,故不能以"受人蒙骗"来解释。对于本案究竟缘何发生,罗琼的解释是:"在封建社会,澈头澈尾的贞操观念支配之下,那就决不会爆发这种事情;相反的,在贞操观念完全消灭之后,事情的发生亦决不采取这样的途径,惟有在矛盾的复杂,新旧交替的社会中,会反映出这种离奇的事情。"[3]

有趣的是,媒体报道之间的差异为"新旧交替的社会"做了一个完美的注脚。并非每个媒体都如《女子月刊》等杂志对社会问题开火,一些媒体更倾向于采取相对保守,或以相对温和的方式给予青年建议。《国闻周报》虽认可新旧交替的社会这一描述,却指出这样的社会"容易诱使青年堕落",刘景桂一案正是给青年们敲响了一记警钟,让他们不要在尚不具备法律效力的订

---

[1] 凤兮:《刘景桂杀人于阮玲玉自杀》,载《妇女共鸣》1935年第4卷第4期。
[2] 圣楠:《时事评论:阮玲玉自杀与滕爽被杀》,载《女子月刊》1935年第3卷第5期。
[3] 罗琼:《刘逯情杀案的总检讨》,载《华年》1935年第4卷第20期。罗琼于新中国成立后担任全国妇联副主席一职。

第八讲 刘逯情杀案："情义"与"法理"之间北平社会再审视

婚后便"荡检逾闲，贻祸后日"。[1]这一说法与另一些媒体的意见有异曲同工之妙。《民间周报》登文称，两性结合还是依法为善，这样才能定分止争。[2]

在温和与激进的冲突之下，如何继续、要不要继续妇女解放运动也就形成了不同的思路。温和派如《北洋画报》，其主张无论如何，刘景桂总算是一个以直报怨（虽然手段有误）的女子，本案所揭示的也正是"恋爱的力量"；中国的许多人过于看轻了恋爱，事实上，恋爱并不是小事，因为"恋爱得其正，则内无怨女，外无旷夫，有和美家庭，然后有强健的国家；恋爱不得其正，则社会必纷乱破败，一般青年惶惶不可终日"。[3]

当然，这种对恋爱作用的剖析并不是主流的观点。《刘逯情杀案的总检讨》一文问道，什么样的人会采取恋爱至上的观点呢？其自答曰：第一是小布尔乔亚的小姐们，为了避免从事辛勤的劳动而通过恋爱解决经济问题；第二是布尔乔亚的青年男女，在温饱生存问题早已解决的情况下，"剩给他们的不过是恋爱问题"。可见，这种恋爱为先的思想是在特定的经济基础之上产生，反观普罗里塔里亚女子，自然是温饱先行，而非恋爱至上的。[4]

特定的社会关系造就了特定的思想，这样的观点并非首见于罗琼之评论。早在罗琼之文发表约2个月前的1935年4月1日，《妇女月报》就登文提出，中国的女子如果像滕爽、刘景桂一样"整日夜在恋爱上做工夫，而忘却妇女问题的重要，忘却社会"，恐怕发生在她们身上的惨剧还会不断上演，只有明了"两性间的一切冲突，也免不了整个社会压迫所形成"，并投身民族解放和妇女解放的行动之中，才能使问题最终得到解决。与此类似，许多媒体强调妇女解放运动要直指社会。[5]《女子月刊》则认为妇女在受到"不把人作为人"的对待后，绝不应像刘景桂一样，而应当向"社会的病态进攻"，"担负起改造社会的责任"，尤其是像刘景桂这样已经接受了良好教育的妇女，更应

---

[1]《论评选辑：刘景桂杀人案判决》，载《国闻周报》1935年第12卷第17期。
[2] 家柞：《从刘景桂枪杀滕爽说到恋爱与法律》，载《民间周报》1935年第106期。
[3] 梦薇：《谈滕爽事件》，载《北洋画报》1935年第25卷第1223期。
[4] 罗琼：《刘逯情杀案的总检讨》，载《华年》1935年第4卷第20期。
[5] 郭筠倩：《评刘景桂的人生态度》，载《妇女月报》1935年第1卷第3期。

起表率作用，而不是贸然牺牲。[1]

如果我们把目光投向 20 年前，投向妇女运动兴起的初期，彼时的妇女们同样批评社会中的性别不平等，同样以结成共同体的方式来为自己争取权利。[2] 20 年后的妇女们仍然以很高的参与度投身公共活动，或发声，或结社。尽管在本案中，论者对刘景桂的支持未必正确，也在审判后出现了一系列的转向，但从妇女团体、妇女杂志的行动来看，对妇女的声援和对社会不公的批判仍是主流。换句话说，围绕着刘逯情杀案的媒体讨论早已超出了对案情本身的议论，针砭时弊、借本案论及性别不平等的现状，成为许多媒体撰文的重点。

三、司法近代化进行时：案件所见内部法律文化

无论是对个人的评价还是对社会的针砭，媒体声势浩大的报道都体现出了一种显而易见的公众情感。但在涌动的公共情感之外，职业法律人在各个场合的表达却显得与此相悖。他们不仅鲜少谈及本案在道德层面的评价，甚至会极力避免在文书、评论中流露出个人情感。

这种"理性"表达的形式之一，就是在清末民初之际新兴的法教义学。这一时期，伴随着社会变迁、法律的更迭和司法领域的转变，逐渐出现了一种迥异于传统司法的说理技术，以及一套与清代律学截然不同的法律话语。就内容而言，其一方面在问题意识上与大众相异，另一方面在分析具体问题时使用的论证技术也与多数媒体大相径庭。在公共媒体聚焦于案件进展和三位当事人的过去经历和个人生活时，[3] 职业法律人多遵循法教义学的思路，从案件事实出发，对照法条的构成要件展开论述。他们会较为密集地讨论"司法审判的公正性""刘景桂是否成罪""逯明是否成罪""判断成罪的标准是否合理"等议题。

之所以可以将其视为一种在职业法律人群体中同构的"内部法律文化"，

---

[1] 圣楠：《时事评论：阮玲玉自杀与滕爽被杀》，载《女子月刊》1935 年第 3 卷第 5 期。

[2] 王美秀：《西学东渐影响下的中国近代妇女运动》，载《北京大学学报（哲学社会科学版）》1995 年第 4 期。

[3] 《三角案主角滕爽女士小史》，载《玲珑》1935 年第 5 卷第 12 期。

正是因为刘逯情杀案中涉及职业法律人的种种材料——无论是职业法律人发表在报刊上的评论、在庭上的辩论，还是在庭外撰写的种种文书，都体现出明显的奉法为尊、法教义学的色彩。因此，我们将通过对比职业法律人和公共媒体的表达，来考察职业法律人有着怎样迥异于一般公众的内部法律文化，又呈现出了司法近代化怎样的面向。

（一）法律话语的迭代：作为内部法律文化的法教义学

1. 公共媒体评述中的"奉法为尊"

职业法律人采取的法教义学视角，体现在公共说理时所坚持的视角和分析方法。例如，在刘逯情杀案中，大家都会关心刘景桂的所作所为是否构成杀人罪。此即一个典型的教义学问题。这类分析的典例，便是王觐在《法律评论》上发表的文章。王觐是中华民国时期的知名刑法学者，曾留学日本明治大学，师从日本法学家星野英一。[1]回国后，王觐先后担任北京大学、朝阳大学等高校的法学教师，著有《中华刑法论》等作品，[2]在刑法学理论上支持主观主义，是目的刑论者。

王觐的文章在刘景桂案初审判决书的基础上展开。在摘录了判决书事实部分后，王觐分别就刘景桂是否涉嫌当时刑法的第284条预谋杀人罪、第320条无故侵入他人住宅罪做了介绍，同时讨论了此案量刑应当依据何种情节而定。[3]其将文章分为"事实""我见""法院判决""评论"四个部分，前两个部分主要根据个人观点进行案例分析，后半部分则与法院判决进行对话。这一谋篇布局本身具有三段论的色彩：大前提（事实）先行，并在随后的每个罪名讨论中反复回溯事实，分别节选对应的大前提，而在随后的事实部分，王觐依序做了以下四点评述：

首先，刘景桂构成了《中华民国刑法》第284条第1项第1款的预谋杀人罪。因为刘景桂购买了枪支，计划好了混入志成中学的方式，并开7枪杀死滕爽，成立预谋杀人罪。

---

[1] 梁根林、何慧新：《二十世纪的中国刑法学〈上〉》，载《中外法学》1999年第2期。
[2] 《本校刑法教授王觐先生著中华刑律论总则中卷业已出版》，载《平大周刊》1927年北京平民大学校五周年纪念增刊。
[3] 王觐：《我对于刘逯案之判决书一点意见（未完）》，载《法律评论（北京）》1935年第12卷第28期。

其次，刘景桂还触犯了《中华民国刑法》第 320 条第 1 项的无故侵入他人住宅罪。刘景桂虽然看似在滕爽的许可下进门，但实际上她假冒李振华的名义求见滕爽，以诈欺的方式让人同意进入住宅。滕爽的承诺属于有瑕疵的承诺，视为没有做出，因此仍然成立本罪。

再次，刘景桂购买手枪杀人，违反了《军用枪炮取缔条例》第 1 条第 1 项，也是违法行为。

最后，在列举了这三项违法犯罪行为后，王觐就对本案的罪数问题下了个结论。其认为，购买枪支与非法侵入住宅，均系预谋杀人的手段行为，因此应当根据《中华民国刑法》第 74 条，从一重罪处断。

除持枪外，王觐论证上述情节均是事实先行，再谈构成要件，终以"成立/不成立罪名"作结。这种写法是典型的"司法三段论"式分析。

如果说"司法三段论"作为一种法律技术，在其他时期、其他地点也有所使用，那么王觐在使用这一司法技术时的具体做法则更引人注意。在细节上，王觐的教义学思想有所体现。一方面，教义学的完整性促使王觐批评法院没有提及但在法理上同样重要的问题。例如，刘景桂购买并持有枪支是否构成其他犯罪？这种违法行为，应当与本案的预谋杀人行为数罪并罚，还是将购买、持有枪支视为手段行为，认定与目的行为（杀人）之间存在牵连关系？[1]这些问题，都是在教义学基础上与法院判决进行对话。而王觐对这些问题的回答，都"奉法为尊"，将以实定法的规定作为推理的大前提。另一方面，教义学思路也影响了王觐对一些与社会现实、社会观念相关问题的分析。例如，法院在判决书中声称刘景桂"情状可悯"，并对其降低了刑罚。这样一个相对模糊、教义分析有难度的法条迫使王觐跳出单纯的内部视角，简要分析了"刘景桂到底是不是情状可悯"。但即便是带有外部视角色彩的分析，王觐也尽可能采用教义学的方法，通过指出"刑法以消灭犯罪减少犯罪为目的"，进而得出结论，认为法院的从宽判决"诚不知其何谓"。[2]这些

---

[1] 王觐：《我对于刘逯案之判决书一点意见（未完）》，载《法律评论（北京）》1935 年第 12 卷第 28 期。

[2] 王觐：《我对于刘逯案之判决书一点意见（未完）》，载《法律评论（北京）》1935 年第 12 卷第 28 期。

观点，与他一直以来在刑法学上的立场基本相同。[1]在其他作品里，王觐也表达过类似看法。

总之，王觐之文的特色不仅在于"引用法条对案件进行评述"，更在于以下几个特点：第一，以判决书之事实为论证前提，事实先行，分析在后；第二，分析时引用法条，同时分析法条适用的构成要件及其该当性；第三，与判决书进行教义学而非情感、道德、价值上的对话，情感、道德、价值在对话中占比较低，且这种外部视角的评述也具有鲜明的教义学色彩。这些特点在后续许多职业法律人写作的相关文章中也得到了体现。[2]

2. 司法场域中的法律推理：同构的内部法律文化

职业法律人的"专业性"并不是他们在公共媒体上的展演。恰恰相反，在司法场域中，职业法律人同样以教义学为重，在论述说理中广泛运用司法三段论的推理方式，更遑论其对新订法律的熟稔掌握。

在本案中，推事所撰写的判决书无疑是荦荦大端。刘景桂案历经三次审判，而三份判决书在形式上均具备统一的写作格式，写作顺序均为"身份信息—案由—主文—事实—理由—署名"。[3]经历庭审，同时处理两名被告的二审判决书，在内容的丰富程度上堪称三篇判决书之最，审判方的分析特色也集中体现于此。[4]第二审判决在列明了法定事项后（身份信息至主文部分），先讲事实，后讲此案中二位当事人的案由（一为杀人，一为妨害风化）并无牵连关系，本应分案审理，只是因为起诉时已经并案处理，所以一并写作了判决书。这句话虽然与案情并无直接关系，但对刑事司法程序（即这一情境下并案处理的必要性）的重视可见其民国司法审判的程序严密，这是程序上的"奉法为尊"。

格式之外，实质内容也值得注意。在实体法论证部分，针对刘景桂，法官认为原判的量刑过轻，应当"依旧刑法第 248 条第 1 项第 1 款论，该上诉

---

〔1〕 王觐：《中华刑法论》，中国方正出版社 2005 年版，第 21 页。

〔2〕 江庸：《为刘景桂谋杀案正告检察官》，载《法律评论（北京）》1935 年第 12 卷第 27 期。关于江庸的职业法律人身份，参见《逯明出狱，昨日取保开释，律师江庸发表意见》，载《益世报（天津版）》1935 年 5 月 4 日，第 8 版。

〔3〕 《平情杀案判决书》，载《时事新报（上海）》1935 年 5 月 4 日，第 10 版。

〔4〕 《河北高等法院第一分院刑事判决》，载《北平地方法院刑事判决案卷》（第 2 册），全国图书馆文献缩微复制中心 2005 年版，第 533~540 页。

人预谋杀人罪行"。法官之所以做出这一结论，是因为其将案件事实和法律条文一一进行了比对。例如，法官先列举了刘景桂的呈堂供证，指出刘景桂声称自己想杀遑明的说法站不住脚，因为二人"晤面机会甚多，而杀人手段又非即须枪杀"，如刘景桂"果有杀害遑明决心，何以未见诸实施"？因此，法官认定刘景桂确实预谋杀害了滕爽，"想杀遑明"的说法只是"饰词规避显难采信"。[1]与此略有不同，法官在对遑明部分的判决里采取先写法条，后写结论的方式。[2]法官"查刑法第229条（旧刑法第244条）之诈奸罪"，指出该罪"须告诉乃论之罪"，且"知悉犯人之日起于六月内为之"。随后，法官跳过了对遑明是否有诈奸行为的实质判断，直接依据刑法亲告罪的总则规定，提出遑明的情节"不在本院予以审判之列，自无论追究之余地"。[3]在列举完全部判决书所涉法条后，法官结束了这篇洋洋洒洒数千字的判决书。

"奉法为尊"并非本案判决书的专利。尽管与整齐划一的判决书写作格式相比，律师们的文书更有自由度，但在实质内容上，律师们与判决书不谋而合，现以两位辩护律师所作的辩护意见书为例进行分析。

在一审期间，遑明的辩护律师梁柱律师和王振华律师便共同就"遑明妨害风化罪"给出了辩护书。这封辩护意见书严格遵守司法三段论的论证方式，将辩护意见书分成"事实之认定""法条之解释"和"遑明之行为不构成犯罪"三个部分，分别对应三段论中的大前提（事实）、小前提（法条）和结论（成罪与否）。[4]这样的写作手法是律师有意为之，因为梁柱律师和王振华律师还针对刘景桂的杀人行为提交了辩护意见书（注意，刘景桂并非二位律师的委托人），而为刘景桂所写的这份辩护意见书则没有明显的分段分点，

---

[1]《北平桃色惨案上诉判决书原文，刘景桂改判无期徒刑，遑明公诉部份不受理》，载《时事新报（上海）》1935年9月30日，第3版。

[2]《北平桃色惨案上诉判决书原文（上），刘景桂仍处无期徒刑，遑明公诉部份不受理》，载《时事新报（上海）》1935年9月29日，第4版。

[3]《刘景桂案判决书遑明公诉部分不受理原因》，载《大公报（天津版）》1935年9月26日，第6版。

[4]《辩护意见书：遑明妨害风化罪》，载《北平地方法院刑事判决案卷》（第1册），全国图书馆文献缩微复制中心2005年版，第117~130页。

第八讲 刘逯情杀案："情义"与"法理"之间北平社会再审视

只是平铺直叙，意在为逯明的辩护铺路。[1]因此，从两份辩护意见书的对比中可以看出，在律师们希望用心、专业地提供辩护时，他们更倾向于采纳司法三段论的写作方式。

司法文书的内容也别有趣味。本案中，逯明一方的辩护律师梁柱在第二审提交的辩护意见书便是事实辩护的典范。在辩护书中，梁律师着重分析了"证据的有无"和"证据的证明力"两个问题。可见，其已然明了法律事实是有证据支撑的事实，而举证质证之意并不在为"证据"自身争辩，更在于"证据"所代表的事实是否成立。梁律师的辩护词展示了当时部分律师的法律意识。在意见书中，梁律师开篇便声明，辩护状将逐条对检察官起诉的诈奸罪和强奸罪作出回应。[2]针对诈奸罪指控，梁律师表示他在庭审中已有详细解说；[3]针对强奸罪指控，梁律师认为第二审检察官罔顾第一审中各方的言词证据，贸然提起对逯明的强奸罪指控，与事实不符。随后，梁律师又从案件时间、空间，实施强奸行为的必要性方面，分别说明逯明既无强奸的可能，也无强奸的必要。总之，在证据问题上做文章，通过证据说明事实如何，既是梁律师的辩护思路，也是其法律意识的体现。

无论律师们的辩护意见是否成立，本案中的几位律师均没有通过煽情等与法律无关的方式提出辩护。对于最可能涉及"情"的刘景桂，其辩护律师刘煌律师采用判例来辅助说理；对于逯明的强奸嫌疑，梁柱律师不仅以逯明和刘景桂的感情为据，更给出了事实上不可能的理由。当然，理由是否被认可，是法院司法审判的责任，律师的说理方式本身就具有单独的意义。因此，无论是文书上还是法庭上，控、辩、审三方均"奉法为尊"；仅有的涉及情状的部分，则是为了适配"情状可悯"而作，本质上仍是法律辩护的一部分。司法审判中的诸位职业法律人——无论其属于控方、辩方还是审判方——展现出高度的一致性。

---

[1]《辩护意见书：刘景桂杀人一案》，载《北平地方法院刑事判决案卷》（第1册），全国图书馆文献缩微复制中心2005年版，第105~116页。

[2]《梁柱律师为逯明亦提出辩护书，反驳初审上诉理由，逯表示愿在监习画》，载《益世报（天津版）》1935年9月2日，第8版。

[3]《言词辩论笔录（民廿四年八月九日上午七时）》，载《北平地方法院刑事判决案卷》（第2册），全国图书馆文献缩微复制中心2005年版，第469页。

(二) 司法近代化的先声：职业法律人与清代司法传统的断裂

通过透视刘景桂案中媒体视角与职业法律人视角存在的差异，以及职业法律人彼此间的共性，可知这些职业法律人无疑共享同一套法律文化，他们共同在法学院/系学习法学知识，对案件分析有着相似的方法论，并会得出大同小异的分析结果。有学者将这种法律文化称为"内部法律文化"，意指职业法律人内部对法律的认识。[1]专职诉讼人员的律师、专掌司法权的法官，以及刑事诉讼中控、辩、审三方的刑事诉讼构造，在晚清以前不成体系。晚清以后，中国刑事诉讼的程序法与实体法都发生了巨大变化。但诚如黄宗智所言："司法实践既不同于成文法，也不同于民间习俗。"[2]法律实践和成文法典之间常有背离，因此立法层面、制度层面的诸多变化并不天然意味着司法审判的变动。那么，清代的司法传统在新立法、新社会状况面前，到底发生了怎样的变化？这种变化是否意味着新的法律文化乃至司法传统的诞生？

广义来说，晚清的司法传统体现在审判里诸多的惯习中。无论是在案件分类上采取"重情、细事"的二分法，[3]抑或在案件审断上遵循"告则准，准不一定理，理不一定准（审），审不一定断，断不一定依律"这一规律，[4]均可归属广义的"司法传统"。在这些林林总总的司法传统中，最能体现与司法近代化之间区别的，当属传统司法中"情、理、法"结合的审断方式。"情、理、法"这一判案方式体现在晚清各级、各类审判中。滋贺秀三指出，"情、理、法"三者在清代官员处理公务时是相提并论的。[5]不仅在

---

[1] Lawrence Friedman, *The Legal System: A Social Science Perspective*, Russell Sage Foundation, 1975, pp. 223~268.

[2] 黄宗智：《法典、习俗与司法实践：清代与民国的比较》，上海书店出版社2003年版，第6页。

[3] [日]寺田浩明：《日本的清代司法制度研究与对"法"的理解》，王亚新译，载王亚新、梁治平编：《明清时期的民事审判与民间契约》，法律出版社1998年版，第22页。

[4] 里赞：《晚清州县诉讼中的审断问题：侧重四川南部县的实践》，法律出版社2010年版，第60页。

[5] [日]滋贺秀三：《清代诉讼制度之民事法源的概括性考察——情、理、法》，王亚新译，载王亚新、梁治平编：《明清时期的民事审判与民间契约》，法律出版社1998年版，第22页。

第八讲 刘逵情杀案:"情义"与"法理"之间北平社会再审视

相对轻微的"州县自理案件"[1]中如此,在"命盗重案"[2]中亦然。但这种推理方式与刘景桂案中职业法律人的看法及做法大相径庭。在刘景桂案中,无论律师、检察官、法官还是学者,均与前述的司法传统相去甚远,存在明显的断裂。

一方面,这种断裂是形式上的。古代判词的制判者往往采取边叙边议的策略,将案件事实和判决理由合二为一。[3]但到了刘景桂案中,这样的特色已消失殆尽。刘景桂案的三份判决书均按照"身份信息—案由—主文—事实—理由—署名"的统一格式写作,规范性极强。由于三份判决书分别由三所法院的不同法官写就,可以说部分职业法律人已经发展出了不同于清代司法传统的文书写作方式。这种形式上的断裂还可从庭审中发现。与清代庭审中时不时见到当事人依靠声势先声夺人,法官咆哮公堂、却无可奈何无法镇住庭审的情形不同,[4]刘景桂案的三次庭审虽然受到社会各界充分关注,以致旁听席上水泄不通,但庭审却依旧按照既定流程进行,两次庭审之间的程序也都符合当时的刑事诉讼法:控辩双方依序提问发言,按律答辩应诉,法官纠问听答。井然有序的庭审、格式严谨的文书,无不显示着职业法律人与司法传统之间的断裂。

另一方面,这种差异也体现在实质内容上。清代判词中法律前提的确定并不是单纯的"找法",更是需要将找到的法律依据转化为"最终适用的裁判依据"。[5]晚清法律适用的目的在于"情法两平",因此常用"比附""类比"

---

[1] 有学者表示"在9200余件判例中……几乎每一件在文字表达上都有'情'或'理'字,所涉及的情理包罗了清代社会的千态万象。"参见陈小洁:《清代司法判例情理表达的内在价值及现代启示》,载《法学》2016年第11期;李栋:《超越"依法裁判"的清代司法》,载《中国法学》2021年第4期;杜军强:《法律原则、修辞论证与情理——对清代司法判决中"情理"的一种解释》,载《华东政法大学学报》2014年第6期。

[2] 俞江:《明清州县细故案件审理的法律史重构》,载《历史研究》2014年第2期。除此之外,对《官箴书集成》《判语录存》的研究也观察到相近的现象,参见赵娓妮:《晚清知县对婚姻讼案之审断——晚清四川南部县档案与〈樊山政书〉的互考》,载《中国法学》2007年第6期;汪雄涛:《明清判牍中的"情理"》,载《法学评论》2010年第1期。

[3] 张清:《中国古代判词与当代刑事判决书对比研究》,载《比较法研究》2019年第3期。

[4] 徐忠明:《小事闹大与大事化小:解读一份清代民事调解的法庭记录》,载《法制与社会发展》2004年第6期。

[5] 陈小洁:《中国传统司法判例情理表达的方式——以〈刑案汇览〉中裁判依据的选取为视角》,载《政法论坛》2015年第3期。

等推理技术。反观刘景桂案的判决书、辩护状、起诉书,"三段论"式的形式逻辑结构成为常态。类似的说理方式也从司法过程延伸到职业法律人的文章评述中。职业法律人之文依旧立足实定法来评价案情,选取切入点。"情""理"似乎被驱逐出司法领域,留下的只是法言法语。在职业法律人文书中可以明显看出,司法三段论的大前提已从清代"情、理、法"的综合,变成近乎纯粹的实定法。

这种断裂表明,即使刘景桂案的司法审判不足以代表民国时期司法审判的全貌,仍然可以说,部分地区的法律语言已经发生了转变,[1]共享一套"内部法律文化"的职业法律人群体已经出现。而这些,都应当被视为司法近代化的先声——尽管近代化的进程因地而异。刘逯情杀案的确提示着我们,在1935年,新兴的内部法律文化正在诞生,近代司法与传统的裂隙已然出现。

一起法律上并不复杂甚至十分简单的情杀案件,却在1935年的北平引起了轩然大波,并在随后的10年里余波荡荡。显然,仅从教义学上做案例分析是不够的——围绕此案,公众媒体各抒己见,给出许多富有洞见的评论。但与公众媒体百花齐放形成鲜明对比的则是职业法律人的特殊性:公共领域的职业法律人在问题选取、说理方式、受众面向方面共享类似的偏好;司法领域的职业法律人严守法条、回避"人情",即使唇枪舌剑也不依靠动人心弦的语词语句,相反法条和法理的辨析成为主流。

诚如赖特·米尔斯在《社会学的想象力》中所说:"要努力避免把人理解成孤零的碎片,或是独立自在即可领会的领域或系统"。[2]对本案所涉及的媒体报道、评论,职业法律人所起草、撰写的判决书、起诉书、辩护状、法律评述等文本进行研究的意义正在于此。刘逯情杀案并不是孤立的、自为自在的个案,而是在妇女解放运动发轫之后、司法近代化转型进行之中的个案。案件反映的绝非只是本案一案的法官、律师、检察官的特点,更是司法近代化浪潮中职业法律人群体存在的一些共同之处。而媒体所呈现出的公共情感也绝非一些孤立的评议;相反,这些表述毋宁说是在妇女解放运动余波之后,

---

[1] 黄源盛:《晚清民国的社会变迁与法文化重构》,载《法制与社会发展》2020年第3期。
[2] [美]C.赖特·米尔斯:《社会学的想象力》,李康译,北京师范大学出版社2017年版,第318页。

人们逐渐对性别平等、性别刻板印象形成了新的认识，从而基于自身立场给出价值判断。

通过对本案的个案考察，得以揭示出案件背后的社会状况，以及个案所折射出的结构性问题，因而，立足个案但又跳出个体的零碎叙事，能够成为一种重要的研究视角和思考维度。许多时候，看到某一个事件、某一条新闻、某一则历史故事，都可以思索在这些看似孤立的故事里，是否有着结构性因素的展现，又是否体现了个体能动性的闪光。

◆ [延伸阅读]

1. [美] 林沁郁:《施剑翘复仇案：民国时期公众同情的兴起与影响》，陈湘静译，江苏人民出版社2021年版。

2. [美] 丛小平:《自主：中国革命中的婚姻、法律与女性身份（1940~1960）》，丛小平译，社会科学文献出版社2022年版。

3. [美] 陈美凤:《法庭上的妇女：晚清民国的婚姻与一夫一妻制》，赵珊译，广西师范大学出版社2025年版。

◆ [课后思考]

1. 如何理解刘逷情杀案发生后评论者认为虽然"五四"以来的妇女解放运动已经过去了10余年，但性别平等远远没有实现？

2. 如何看待职业法律人在法律相关的议题上极力规避"情感"的做法，"理性"在民国时期的新兴法律文化中为何得到特别强调？

3. 如何认识20世纪30年代的律法精神与古代司法传统之间形成的断裂？

主题五

女性、战争与民族主义

第九讲

"娜拉事件"：战前"妇女回家"思潮与政治话语博弈

◆ [教学提要]

1935年元旦，磨风艺社在南京举办了易卜生戏剧《娜拉》的演出，引发了社会的广泛关注，并因其产生的连锁反应和社会影响被称为"娜拉事件"。意外的是，饰演主角"娜拉"的小学教师王光珍因参与该剧而遭受了学校的解聘。社会各界人士的唇枪舌剑使得事件迅速升温。王光珍的个体遭遇并非孤立的社会现象，可视为民国时期女性解放困境的一个缩影，渗透着媒体炒作、女性启蒙、政治与民族社会革命等多重内涵。"娜拉事件"的复杂性更在于，不仅超越了性别解放的基本范畴，还涉及进步文艺界在国统区的生存困境，更牵连着战争年代国共两党妇女解放政策的分歧，由此成为性别政治话语形成过程中的一个关键节点。

◆ [教学目标]

1. 细致梳理1935年南京"娜拉事件"在媒体宣传中的一波三折，以个体与社会的关系为视角，结合战前"妇女回家"思潮，考察王光珍所遭遇的失业、失家、失誉等难题。

2. 探讨当时知识女性面临的集体性困境，引导学生审思"娜拉事件"背后所蕴含的政治文化动因和社会性别观念。

3. 探赜在民族解放的紧迫语境下各方关于"娜拉"出路问题的争论和方案，深入分析不同政治立场的党派在文艺阵线和社会动员中展开的话语博弈。

4. 理解国难救亡、女性解放与政治在同一时空下共存并生的历史局面和深层意蕴。

◆ [案例导入]

在现代中国性别解放话语的叙述中,"娜拉"既是一个无法绕开的命题和符号,同时随着时代语境的变迁也彰显出了不同的谱系和内涵。"五四"时期,"娜拉"作为反叛传统家庭制度的"新女性"典范,成为新文化社会精英共同追捧的对象。校园既为女性提供了反抗封建家庭、男女社交公开、追求婚恋自由、争取经济自主的人生舞台,同时也孕育了一批以陈衡哲、冰心、庐隐、冯沅君、石评梅为代表的女性知识精英。然而,走进社会的"娜拉",一旦按照"五四"性别话语安排人生时,传统相夫教子的角色与追求个体人生价值之间的矛盾则迅速凸显:或因"既不能管理家庭琐事,又无力参与社会事业",发出了"何处是归程"的迷茫与苦闷;[1]或因忙碌于烦琐的家务,终与"书籍长久地分了手",陷入了"学的是师范,做的是妻子"的悖论;[2]或为兼顾家庭与社会赋予的双重使命,难以避免疲于奔命的窘境。其中,她们有的甘愿在社会中充当"花瓶",有的因误解平等自由、醉心物质享乐,沦为了都市的"摩登女郎"。特别是伴随着国民革命的退潮,"新女性"进入一个"不能善后的恐怖时期"[3]。"娜拉"的光环开始逐渐流失,各界弥漫着批判与反思"娜拉出走"的浪潮。至20世纪30年代,政治、民族主义话语与性别解放问题的相互交织,使得女性性别角色的定位发生了不同于"五四"时期的转变,"新贤妻良母"形象得到了普遍的推崇。一方面,《妇女生活》《妇女共鸣》等杂志展开了多次关于"妇女回家"的讨论;另一方面,在新生活运动中,南京国民政府规定和限制女性的穿着及社交,纠正浪漫不羁之恶习,而代之以淳厚朴素之美德,并将女性改良家庭的使命提升到了复兴中华民族的高度。从这个意义而言,"妇女回家"的思潮,既是对"五四"至20世纪30年代女性与家庭关系的再检讨,也是时代语境下性别观念

---

[1] 庐隐:《胜利以后》,载中国现代文学馆编:《庐隐代表作》,华夏出版社1998年版,第103~115页。

[2] 叶圣陶:《倪焕之》,载叶至善、叶至美、叶至诚编:《叶圣陶集》(第3卷),江苏教育出版社1987年版,第8~273页。

[3] 傅琛:《关于娜拉出走问题》,载《女师学院学刊》1935年第3卷第1~2期。

第九讲 "娜拉事件":战前"妇女回家"思潮与政治话语博弈

的转型。

本讲从 1935 年的"娜拉事件"切入,中国共产党领导下的"中国左翼戏剧家联盟"(以下简称"剧联")南京分盟下属的磨风艺社剧团,为抗议国民党"妇女回家"的复古逆流,在南京公演了易卜生的戏剧《娜拉》,带动了社会上一股热议"娜拉"问题的新潮,促进了时人对于妇女解放出路的反思。本讲将妇女史与政治史的研究视角相结合,在分析女性在追求性别平等过程中所面临的多重困境与挑战的基础上,结合当时复杂的政治局势与国难救亡的时代背景,探究文艺话语权的博弈,比较双方在重塑女性角色议题上的差异化路径,进而揭示"娜拉事件"中性别解放与政治话语双重变奏的历史现象。

一、媒体炒作:"娜拉事件"的一波三折

"剧联"南京分盟的公开剧团——磨风艺社[1],认为封建势力的重新抬头,已使得性别解放的车轮大有退回"五四"以前的趋向,"新贤妻良母"的枷锁再次将女性关进了"旧日的牢笼"[2]。有鉴于此,磨风艺社于 1935 年元旦在南京举行了为期 3 天的《娜拉》公演,由南京分盟的吕复、舒强、水华饰演赫尔茂、柯克洛和南陔医生,兴中门小学女教师王光珍扮演女主角"娜拉",以及东方中学的周芬、南京女中的常绍珍、汇文女中的李世坤 3 位女中学生出演莎文、爱兰和乳娘各角色。[3]该剧以张扬"新女性"个性、重提"娜拉"精神为主题,期以唤醒时人对"五四"女性启蒙话语的历史记忆,得到了观众的热烈喝彩。如有评论者赞叹道,此为"一九三五年南京艺术界的第一个 sensation"[4]。然而,公演前夕,王光珍意外地接到了校长马式武的解聘书,[5]其他 3 位参演的女学生也遭到开除或斥责的处分,[6]随后部分社员还遭遇被国民党逮捕的厄运,史称"娜拉事件"。

---

[1] 吕复、许之乔:《左翼"剧联"南京分盟》,载文化部党史资料征集工作委员会编:《中国左翼戏剧家联盟史料集》,中国戏剧出版社 1991 年版,第 277~285 页。

[2] 旅冈:《漫话"娜拉年"与"戏剧年"》,载《申报》1935 年 12 月 27 日,第 15 版。

[3] 《轰动一时的"娜拉"》,载《女青年月刊》1935 年第 14 卷第 3 期。

[4] 林伍:《谈南京的娜拉事件》,载《女青年月刊》1935 年第 14 卷第 3 期。

[5] 《市社会局长昨召娜拉询话》,载《新民报》1935 年 2 月 6 日,第 4 版。

[6] 《轰动一时的"娜拉"》,载《女青年月刊》1935 年第 14 卷第 3 期。

公演结束后，磨风艺社向各校提出抗议，赴南京各报馆请求声援，并于 1935 年 2 月 3 日在《新民报》上刊登了一篇署名为"娜拉"的"自白书"：

……我总是虚心的学习，尽我所有的力量，来忠心我的职务……在去年十二月里……（我）被派演《娜拉》这角色……当时我向社里郑重提出条件，就是不旷课、不请假……在排演《娜拉》的期间，我仍然安心地在学校任教，课本仍然是按时批改，并且没有请过假，这也是铁一般的事实……

在不久之后，学校方面知道我演剧的事了，就有人偷偷的告诉我说"你不要演戏，如果校长知道，恐怕下半年的职业发生问题"……我想决不会有这样的事的，于是我也就本着一个教育的良心的驱使，依然热情地来干我的理想工作——戏剧。

十二月二十八日那天，马校长忽然发表了辞退我的话，革我的职了……指出我教育成绩在丙等的考语，再加"不努力"三个字……所谓"欲加之罪何患无辞"罢了……

虽然，我失业了，我被许多恶劣的环境包围着，但是我的意志，已经加倍坚强起来……我将永远地在戏剧舞台上及人生的舞台上学习，永远忠实于艺术……[1]

这篇"自白书"主要叙述了王光珍平时尽心尽职的教育表现、参演《娜拉》前后兼顾教育与演剧双重任务的努力、对因演话剧而遭校长解聘的抗议，但其实这并非王光珍本人所作，而是磨风艺社借用王光珍之名义在《新民报》上发表的公开信。在此基础上，磨风艺社请求社会局和教育部严密调查、主持公道。磨风艺社负责人瞿白音声明，话剧是社会教育的重要手段之一，而南京"居然出了这种怪事，真是新都教育界的耻辱"，并质问既然交通部次长可公开演戏，为何小学教员却因演剧而遭解聘？[2]

在此压力下，1935 年 2 月 4 日、5 日，马校长先后致函《新民报》，要求对"娜拉"及各界的"不实"之词进行更正：

---

[1]《何日才有光明之路，娜拉为演话剧而失业》，载《新民报》1935 年 2 月 3 日，第 6 版。

[2] 吕复、许之乔：《左翼"剧联"南京分盟》，载文化部党史资料征集工作委员会编：《中国左翼戏剧家联盟史料集》，中国戏剧出版社 1991 年版，第 277~293 页。

第九讲 "娜拉事件":战前"妇女回家"思潮与政治话语博弈

(一)王光珍去职,系聘约期满……并非中途革职可比。至续聘与否完全依据平日成绩,决非因演剧而被辞退。

(二)敝校通知更聘教员,系在廿三年十二月二十八日……

(三)王女士演剧……敝校同人事前完全不知……直至二月三日阅华报载娜拉等情,方知王女士曾演剧也。敝校通知更聘在前,而王女士演剧在后,可见王女士去职决非为演剧,其理甚明。

(四)演剧……非惟无损人格,并可藉以练习发表能力。敝校学生每次开恳亲会或月会时,曾于歌舞及话剧均有所表演,即校外亦有时参加……

(五)鄙人亦曾排演《英雄与美人》及《可怜闺里月》等话剧……[1]

在这封函件中,马校长一是强调学校对王光珍的解聘与演剧实无关联,而是基于教学考核未达标准,不予续聘的例行公事;二是声明学校和本人皆大力支持话剧运动,不存在故意为难参演话剧的王光珍之嫌。从表面上看,马校长纯属按章办事,然若细究之,作为教育家和话剧爱好者的马校长,断言对本校教员参演世界名剧《娜拉》毫不知情,又称毕业于师范学校的王光珍未能达到该校的教学要求,难免令人生疑。

因此,马校长的声辩书发表后,同情王光珍者围绕"王光珍是否因演剧而被解聘""王光珍能否胜任教职"两大焦点问题展开了批判。对此,南京文艺界、教育界、话剧界及政界迅速发表了声援王光珍的文章,仅《新民报》馆每天收到的相关稿件便"以数十件计"[2],多数认为王光珍不应因演剧而被解聘,且毕业于师范学校的她完全能够胜任教职。理由有如下四个方面:

首先,任何话剧的公演皆需提前排练。如有人指出,"戏剧如果搬上了舞台,其先期的排演与准备,至少非半月之前不可"[3]。然而,马校长在王光珍参演《娜拉》之后,方做出解聘的决定,故其所持的"解聘在前,演剧在后"辩词与事实不符。

其次,据有心者调查,1934年12月25日,南京市各报刊便刊登了关于

---

[1] 《兴中门马校长也曾演过话剧》,载《新民报》1935年2月5日,第4版;《从前唱过文明戏,马校长男扮女装》,载《新民报》1935年2月6日,第4版。

[2] 编者:《关于娜拉的话》,载《新民报》1935年2月9日,第6版。

[3] 卜少夫:《慰"娜拉"及其他》,载《新民报》1935年2月7日,第3版。

《娜拉》公演的广告。[1]实际上，热心话剧的马校长于1934年12月28日向王光珍发出解聘书时，早已获知王光珍参演《娜拉》的消息，因此马校长所称"事前完全不知"乃掩盖演剧为解聘原因的辩护之词。

再次，王光珍与3位参演《娜拉》的女中学生同时遭到各校处分，也证明了其被解聘与演剧之间确实存在关联。对此，林伍深感怀疑，认为若非四校校长联合蓄谋为之，天下哪有"事情竟那么巧"[2]？

况且，王光珍曾接受过南京中学高中部师范科的教学训练，取得了全校第九名的突出成绩，并已通过南京市社会局的师资审核，在兴中门小学中担任一年级的教务，可谓绰绰有余。[3]故而，教学能力未能达标并不能成为马校长解聘王光珍的真实理由。对此，有论者反问道，若成绩优异的王光珍尚且遭到解聘，则兴中门小学的各教学部门均将受到质疑，这无疑暴露了马校长欲盖弥彰的丑态。[4]为进一步揭穿马校长的谎言，还有人建议社会局重检王光珍的教学成绩，以免其"横遭牺牲"[5]。

舆论对"娜拉事件"的声援，一时间呈现出铺天盖地之势。有人观察称，"日来南京各报……直闹得满城风雨，几乎把这桩事看得比国贼出卖了中国都郑重"[6]。面对喧嚣的声讨，马校长仅发表了申辩书后便缄默不言。有论者嘲讽道，马校长已"黔驴之技，窘态毕露。他一切的伎俩，无非想掩饰他的错误，但是愈声明愈糟，真所谓青竹搅粪缸，愈搅愈臭了"[7]。

二、失业、失家、失誉：王光珍之遭遇与女性集体性困境

从表面上看，在舆论的推动下，磨风艺社取得了胜利。然而，王光珍在获得"戏剧运动前进的牺牲者""女性解放运动的典型代表"等殊荣的背后[8]，却遭到了来自学校、政府、家庭、社会舆论的排挤、敷衍、禁锢、指

---

[1] 侯鸣皋：《我们应有具体的主张》，载《新民报》1935年2月8日，第3版。
[2] 林伍：《谈南京的娜拉事件》，载《大晚报》1935年2月21日，第6版。
[3] 宋昭：《妈妈的一生：王苹传》，中国电影出版社2006年版，第3~4页。
[4] 青波：《对马校长的申明的申明》，载《新民报》1935年2月7日，第4版。
[5] 孙德中：《"娜拉"为社会所牺牲了吗?》，载《新民报》1935年2月5日，第4版。
[6] 梅屑：《赶娜拉回家》，载《社会日报》1935年2月14日，第1版。
[7] 侯鸣皋：《我们应有具体的主张》，载《新民报》1935年2月8日，第3版。
[8] 灵武：《论南京娜拉事件》，载《新社会》1935年第8卷第6期。

第九讲 "娜拉事件":战前"妇女回家"思潮与政治话语博弈

摘,不仅陷入了失业、失家和失誉的多重困境,而且无法为自身"言说",仅能被动地接受各界纷繁的"代言"。事实上,王光珍的遭遇实为该时期女性所面临的集体性困境的彰显,内中折射出"五四"至20世纪30年代女性与家庭观念的变迁,以及女性角色、权力、地位的变动。

(一) 王光珍的"失业"难题

在校长发表声辩书的同一天,兴中门小学的教员向《新民报》寄送了一封联名信:

……近闻贵刊刊载"娜拉"因演剧革职一事,不胜骇异。缘"娜拉"此次排演该剧,在此前绝未向同人道及,即其每晚进城排演,亦疑其因事回家,绝不知其为排演而离校。故更聘原因决非为演剧问题。事实俱在,尽可查询……此项声明,敢以人格担保,纯系良心主张,绝非受任何情面之利用。惟恐社会不明真象,特此郑重声明。[1]

教员们为何要以"保护校长"的姿态,努力消解王光珍演剧与被解聘的联系?表面上他们是为了削弱控诉马校长的舆论力量,但内中隐藏的是"推卸责任"和"受校长胁迫"的深意。马式武不仅是兴中门小学校长,还是南京市教育局的科员,一向以管理严格著称。对于王光珍公开参演《娜拉》这一"反叛性"的行为,教员们尽管知晓王光珍每晚奔波在校园与剧社之间,多次在夜里背诵剧本、在梦里念台词而被同事唤醒,但却一致表明完全不知晓其演剧的态度,其中缘由,乃出于对马校长管理教员规则的忌惮,以免同王光珍一道遭遇失业的厄运。[2]

事实上,马校长做出解聘王光珍的决定并非出于对新文化及话剧运动的反对,他亦是话剧的推崇者和实践者,如在求学期间曾参演过《英雄与美人》《可怜闺里月》等话剧,且在兴中门小学大力倡导话剧演出。[3]

那么,马校长与王光珍产生矛盾与对立的真实原因是什么?一方面,是深夜归校以及在剧场上抛头露面等行为,违背了该校对教员"安于职守""得

---

[1] 《全体来函》,载《新民报》1935年2月6日,第4版。
[2] 青波:《对马校长的申明的申明》,载《新民报》1935年2月7日,第4版。
[3] 《兴中门马校长也曾演过话剧》,载《新民报》1935年2月5日,第4版;《从前唱过文明戏,马校长男扮女装》,载《新民报》1935年2月6日,第4版。

体大方"的训诫。1932 年,马校长出版了《南京市立兴中门小学概况》一书,要求全体教员"藉资惕励",将切忌"精神散漫",作为规范教员行为举止的标杆。[1]然而,作为仅有半年执教经历的王光珍,参演《娜拉》违反了该校的规章与制度。[2]另一方面,缘于剧中的装扮与南京国民政府对于女性在衣着、发型、举止等方面的整饬背道而驰。1935 年前后,南京市政府多次颁发文件,取缔舞片、广告、文字中包含有香艳和隐晦等内容,严禁女性烫发,以正道德风气[3];而王光珍身着开放的西洋服饰、身披卷发出演《娜拉》,明显偏离了政府整顿女界风气的取向。如,一评论者道出了这一实质:

你看她(演娜拉照片)头发烫得蓬松松地,穿着袖子不掩半臂的西装……,现今三令五申不许小学女教员和姨太太一样装扮的年头儿……这是何等地不"风化"啊![4]

可见,马校长是南京国民政府理念的践行者,这决定了南京国民政府、马校长、教员三者最终在解聘王光珍这一问题上站在同一战线。马校长对于王光珍的解聘最终获得了政府的默认和配合。为平息风波,社会局局长李德心和交通部次长张道藩曾出面调解,承诺助王光珍复职,允其参加戏剧,且同意磨风艺社重演《娜拉》[5],但最终未见政府的处理措施,仅是在舆论压力下勉强开具的"空头支票"[6]。并且,其他 3 位女学生也未有归校就读的消息。

(二)王光珍的"失家"困境

被学校逼回家庭的王光珍,不仅难以获得谅解,还招致了父亲严厉的责罚。1935 年 2 月 6 日,《新民报》记者赴王家采访时,王父方得知王光珍的失业是演剧所致,竟勃然大怒:

---

[1] 马式武:《南京市立兴中门小学概况》,南京市图书馆民国特藏部藏 1932 年版。
[2] 宋昭:《妈妈的一生:王苹传》,中国电影出版社 2006 年版,第 2~7 页。
[3] 《元旦实行取缔奇装》,载《新民报》1935 年 1 月 2 日,第 3 版;《挽浇风砺末俗,取缔肉感广告》,载《新民报》1935 年 2 月 4 日,第 5 版。
[4] 双用:《伸冤与造冤》,载《新民报》1935 年 2 月 7 日,第 3 版。
[5] 吕复、许之乔:《左翼"剧联"南京分盟》,载文化部党史资料征集工作委员会编:《中国左翼戏剧家联盟史料集》,中国戏剧出版社 1991 年版,第 289 页。
[6] 宋昭:《妈妈的一生:王苹传》,中国电影出版社 2006 年版,第 21~35 页。

第九讲 "娜拉事件":战前"妇女回家"思潮与政治话语博弈

……记者受其殷勤接待后,即将此事原委,言之甚详。然被对其女儿失业,异常愤懑。登时表现极不愉快之色,继发出不欢之言。记者复多方慰藉,其气稍平,但自是不复续谈。其语气中大有对彼女娜拉将用严重制裁……并云娜拉出走已在昨日,先生找伊谈话,大可待诸异日……据云王系安徽曲阳人……生女三人,娜拉其幼女也。长女王光美,任教徐州,二女王光琅,任徐家巷小学教师,均系毕业中学,品学甚佳。夫妻得此三女工作,以娱晚年……[1]

从上述材料得知,王父支持三个女儿完成了中学学业,并允许她们在社会上自谋生计,实际上并非传统意义上的封建大家长,但对于王光珍参演话剧的行为却难以接受。据王光珍之女宋昭回忆,王父认为王光珍已沦落为戏子,让家族"丢尽了脸面",故将其"狠狠地揍了一顿,然后把她锁进了小阁楼,再不许她跨出家门一步"。为实施救援,磨风艺社同仁曾登门邀请王光珍赴上海演出。王父却"把大门一关,站在院子里,大声痛骂瞿白音,愣是把瞿白音给骂走"。此外,家族中的长辈得知此事后,也纷纷劝说王父尽快将王光珍嫁出。随后,便有"好几个有钱人家的公子",为目睹王光珍之美貌,争先派媒人登门求婚。为了反抗家庭的包办婚姻,王光珍唯有以绝食相威胁,陷入了"既失业又失家"的双重困境。[2]

王父与王光珍之间产生冲突的缘由是什么?实缘于两者在接受"五四新文化"中的倾向性差异。一方面,作为女儿的王光珍,期望通过教育的途径追求人格和经济的独立以及婚姻的自由,成为一位能够主宰自己命运的"新女性"。另一方面,对于王父而言,在"五四新文化"的洗礼下,也放松了对女儿身体的束缚,且允许其走出闺阁,进入新式学堂。在放足方面,王父默许、宽容了女儿"偷偷地把裹脚布剪开",革除封建陋俗对女儿身体的戕害;在求学方面,王父满足了女儿接受新式教育的愿望,特别是对王光珍先后考上南京女子中学和市立南京中学高中部师范科的公费生,又以"女生第一,全校第九名的优异成绩"毕业后,进入兴中门小学任教等突出表现,深感

---

[1]《大雪纷纷访娜拉》,载《新民报》1935年2月7日,第3版。
[2] 宋昭:《妈妈的一生:王苹传》,中国电影出版社2006年版,第12~13页。

"很有面子"。[1]

然而，在性别解放道路上，王光珍却比父亲走得更远，不仅将"新文学"和"新女性"读物藏于学校以避免父亲的搜查，而且瞒着父亲加入南钟剧团等组织。[2]与之相比，王父对于"五四"女性解放话语的接受仅限于教育层面的松动，目的是"把孩子培养成一个为人之师者"，期望女儿成为具有"新教育，旧道德"的女性，但绝非允许突破社会主流的家庭道德观念。因此，当王父认为王光珍的演剧之举已"败坏了家庭的名声"后，则以囚禁和逼婚的方式剥夺了女儿的人身自由和婚姻自主权。

（三）王光珍的"失誉"尴尬

学校将王光珍逼回了家庭，家庭又将其逼进了社会，但进入社会场域的她，更遭遇了任意指摘。有论者批评道，失业本是现今一种"平淡无奇的现象"，若有真才实学，何愁没有立足之地，但王光珍采取"向社会告哀"的方式，恰是暴露了弱者的本质[3]；又有论者讽刺道，王光珍仅是"利用社会爱起哄的心理，以制裁她的'怨家'某校长"[4]；至于不敢在"自白书"上署真实姓名，不啻深知演剧为"不体面不名誉的事，而处处掩饰"，实难副"娜拉"盛名。[5]

王光珍为什么会陷入"失誉"的尴尬境地？一方面，缘于磨风艺社将《娜拉》的公演视为抵御新生活运动的堡垒，告诫女性"不要迷醉在那享乐的圈子里面"[6]，不要再做"小松鼠"和"不懂事的孩子"，而要发扬"五四"性别话语，与"复古"的文化症候抗争到底。[7]这显然背离了"新贤妻良母"思潮对女性角色的规范，故招致对"娜拉"产生反感情绪者的强烈抵制。另一方面，部分男性知识分子的性别焦虑，使其坚信"回家"才是女性正当的出路。如林语堂指出，回归家庭才是"女子最好、最相宜、最称心

---

[1] 宋昭：《妈妈的一生：王苹传》，中国电影出版社2006年版，第2~7页。
[2] 宋昭：《妈妈的一生：王苹传》，中国电影出版社2006年版，第5~6页。
[3] 万岭：《一枝冷箭》，载《朝报》1935年2月10日，第3张第10版。
[4] 剑：《"娜拉"》，载《朝报》1935年2月6日，第2张第6版。
[5] 剑：《再说"娜拉"》，载《朝报》1935年2月7日，第2张第6版。
[6] 猛亚：《谈中国娜拉》，载《妇女月报》1935年第1卷第1~2期合刊。
[7] 兹九：《娜拉在中国》，载《申报》1935年2月24日，第17版。

第九讲 "娜拉事件":战前"妇女回家"思潮与政治话语博弈

的职业"[1]。"娜拉出走"所引发的女性与家庭传统纽带的断裂,使得他们因家庭中"妻子/母亲"角色的缺失而深感不安。如在同时期以性别为题材的小说文本及现实境遇中,凌叔华书写了女主人公绮霞的丈夫因不满于妻子为了追求理想而外出求学,最终另择新欢的苦闷;[2]还有《女子月刊》主编黄心勉,既难以承担超负荷的工作,又无力应对繁重的家务,最终导致了积劳成疾的悲剧。[3]从这个意义上而言,王光珍大胆、叛逆、开放的演出姿态,自然难以获得"妇女回家"呼唤者的认同。

除此以外,妇女运动进步的有限性使得"失誉"后的王光珍,难以获得女界同仁实质性的援助。当王光珍为此表现出"对于都市生活,委实感觉厌烦……所愿者希望在乡村教学,以便饱享自然"的悲观情绪时[4],"妇女文化促进会"尽管派员亲赴其寓所致以慰问,赞扬其"现身舞台,为妇女运动努力之精神",但若谈及对王光珍现实处境的关照,却流露了爱莫能助的惋惜。[5]身处"失语"和"被言说"尴尬的王光珍,除了《新民报》刊登和其他报刊转载过一则由磨风艺社代写的"自白书"外,此间并未见其发表过相关的言论。

王光珍的悲剧是否仅是一己之遭遇?有人将"娜拉事件"与1935年初发生的著名影视人阮玲玉因与情人官司缠身而被迫自杀、黎元洪的遗妾黎本危因再嫁而被青岛市政府逐出境外、浙江省主席鲁涤平的遗妾沙氏因殉节而获得各报刊的赞赏等事件相提并论,指出自"五四"以来,社会在思想方面非但鲜有进步,反呈复古之势。[6]正如茅盾所言,王光珍的遭遇折射了该时期女性困境的某种共性,但这"决不是中国的女性太弱,而是因为中国的社会还没替出走后的娜拉准备好'做一个堂堂的人'的环境"[7]。

---

[1] 林语堂:《婚嫁与女子职业》,载《时事新报》1933年9月13日,第3张第4版。
[2] 凌叔华:《绮霞》,载郑实选编:《凌叔华文集》,北京燕山出版社1998年版,第64~78页。
[3] 上官公仆:《悼黄心勉女士联想到节育》,载《女子月刊》1935年第3卷第7期。
[4] 《友人传出消息,娜拉有了出路》,载《新民报》1935年2月11日,第6版。
[5] 《妇女文化促进会派员慰问娜拉》,载《新民报》1935年2月6日,第4版。
[6] 何宝图:《三件事所给予我们的教训》,载《新民报》1935年2月23日,第4版。
[7] 茅盾:《从〈娜拉〉说起——为〈珠江日报·妇女周刊〉作》,载《茅盾全集》(第16卷),人民文学出版社1988年版,第140~142页。

三、"娜拉"的出路：民族救亡语境下的女性抉择

若细究公演《娜拉》的磨风艺社的属性，以及1935年前后民族危机的空前严峻，亦可知晓"娜拉事件"远远超出了性别解放这一范畴。

(一)《娜拉》公演背后：文艺话语权的争夺

磨风艺社隶属于中国共产党领导下的"剧联"南京分盟。1931年1月，"剧联"在上海成立，吸收了诸多优秀的戏剧编导、演员以及戏剧理论创作者，成功地在进步戏剧界建立了中国共产党领导的文艺联合战线。[1]除了在上海建立总盟外，"剧联"还于北平、汉口、广州、南京、杭州、南通、天津、太原、济南、青岛、成都、归绥等城市设立了分盟或小组。[2]南京分盟则于1933年8月正式组建，以磨风艺社和大众剧社为公开剧社。[3]身处南京国民政府"文艺查禁"最为严格的城市——南京，南京分盟及磨风艺社成为应对南京国民政府"文艺统制"政策的骨干力量。

磨风艺社发表的"自白书"，无异于控诉政府当局摧残"剧联"的宣言：

……为什么干教育的人，头脑会这样的浅薄残酷？为什么社会会这样的守旧，还把戏剧当为无耻的下流的事情？在民国政府三民主义治理下的小学校长会这样的无知？教育和戏剧有什么冲突？为什么小学教员不能演戏？为什么教育家要摧残薄弱的中国戏剧运动？中国剧运何日方有光明之路？……演戏到底是不是正当的活动……

我并不希望仅仅在我个人方面的援助……我所希望的，是从这次事件，可以唤起社会人士的注意，引起有意义的论争，来推进整个的戏剧运动、文化运动。[4]

---

[1] 周伟：《章泯——左翼舞台艺术的奠基人》，载谢晓晶主编：《章泯纪念文集》，中国电影出版社2011年版，第41页。

[2] 赵铭彝：《左翼戏剧家联盟是怎样组成的》，载文化部党史资料征集工作委员会编：《中国左翼戏剧家联盟史料集》，中国戏剧出版社1991年版，第40~52页。

[3] 吕复、许之乔：《左翼"剧联"南京分盟》，载文化部党史资料征集工作委员会编：《中国左翼戏剧家联盟史料集》，中国戏剧出版社1991年版，第277~285页。

[4]《南京娜拉事件的经过》，载《戏周刊》1935年第27期。

第九讲 "娜拉事件"：战前"妇女回家"思潮与政治话语博弈

对于该社的演出和控诉，南京国民政府的态度经历了从拉拢到镇压的转变。在事件发生之初，交通部次长张道藩不仅将王光珍的遭遇视为话剧运动做出的"光荣的牺牲和代价"[1]，而且指责马校长鄙视和摧残戏剧运动，以及对教育者高尚人格的玷污。[2]中央党部文艺科长张德中也认为，马校长对王光珍解聘，形同"旧社会对于新文化的一种反动"[3]。这固然在客观上为南京分盟的文艺控诉起到了一定推动作用。然究其实质，他们是藉此机会拉拢磨风艺社，为实现对南京话剧界的"统制"。

鉴于磨风艺社声名大噪，张道藩邀请王光珍等参加"春节宴请文艺界"大会，尝试将剧团纳入政府当局的宣传系统的范畴之内。对此，该社深为疑虑，未全员出席大会，但为确保在南京文艺界的生存空间，仅派吕复一人前往。[4]只是，磨风艺社"不合作"的态度，引来政府当局的不满，致使国民党于"三八节"前夜采取了查禁的行动。

1935年2月7日，徐方等5人致函《新民报》，称"娜拉事件"诚为"一九三五年本京一社会问题……要求该社重行公演一次，以享社会人士之爱好戏剧者及未有机缘观看《娜拉》者之渴慕"[5]。鉴于此，磨风艺社计划于"三八节"再为观众呈现一场精神盛宴，以期将"娜拉事件"的影响力推向高峰。[6]然而，《娜拉》的再度公演却陷入"出师未捷身先死"的困境。1935年3月7日晚上，磨风艺社遭到特务组织的查封，导演章泯以及瞿白音等正排练的社员纷纷被捕。[7]该社不得不于1935年3月8日宣布停止公演，并将组织转向地下。[8]

值得注意的是，1935年4月20日，南京国民政府发布了一则瞿白音等被

---

[1] 张道藩：《光荣的娜拉!》，载《新民报》1935年2月4日，第6版。
[2] 张道藩：《质问开除演剧的教员和学生的几位校长》，载《新民报》1935年2月5日，第4版。
[3] 孙德中：《"娜拉"为社会所牺牲了吗?》，载《新民报》1935年2月5日，第4版。
[4] 吕复、许之乔：《左翼"剧联"南京分盟》，载文化部党史资料征集工作委员会编：《中国左翼戏剧家联盟史料集》，中国戏剧出版社1991年版，第289页。
[5] 《有人要求〈娜拉〉再公演》，载《新民报》1935年2月8日，第3版。
[6] 磨风艺社：《再演〈娜拉〉献词》，载《新民报》1935年3月8日，第4版。
[7] 王光珍虽已从乡下赶回南京筹备3月8日的公演，却因在家休息，未赴排演现场，故幸免被捕。参见《乘兴而来败兴返，"南京娜拉"骑驴去》，载《新民报》1935年3月10日，第5版。
[8] 姚时晓：《左翼"剧联"大事记·1935年3月》，载文化部党史资料征集工作委员会编：《中国左翼戏剧家联盟史料集》，中国戏剧出版社1991年版，第501~502页。

捕社员的"脱党宣言",宣言声称他们主动接受"三民主义"、归附国民政府的立场。这份宣言是否属实?从随后的人生经历看,瞿白音等6位被捕社员并非服膺南京国民政府统治。事实上,此篇宣言实属伪造,南京国民政府欲借文艺分子的名义,宣传"三民主义"以期增强统治的合法性。[1]

继之,随着"剧联"将《娜拉》再度公演的计划从南京转向上海。1935年6月下旬,张道藩的话剧《摩登夫人》抢先在上海金城大剧院演出,大力宣传"妇女回家"的论调。[2]为与之抗衡,中国共产党联合了各大剧团的进步力量,组建了一个具有"强大演出阵容"的"业余剧人协会"[3],还特意选择在公演《摩登夫人》的剧场推出《娜拉》,取得了轰动一时的效应,并首次在中国话剧舞台上采用了天幕、月亮和乐队伴奏等独特的艺术形式,这在中国共产党领导下的戏剧运动史上具有特殊的意义,即实现了从游击式的小剧团向联合式的大剧场表演的转型,"走上了正规化、职业化的道路"[4],以至1935年获得了"娜拉年"的美誉。

至于《娜拉》在南京和上海为何经历了遭禁与新生的不同命运?这与两地的政治气候密切相关。其中,当时上海"华洋杂居"的租界环境,为《娜拉》的演出提供了较为宽松的政治环境,而南京则处于国民政府的直接统治之下,使得"娜拉出走"的历程显得步履蹒跚。从磨风艺社公开抵制到转向地下、转战上海以及参与随后的改组等系列行动,既体现了进步剧团在南京国民政府"文艺统制"政策的夹缝下,为谋取生存空间而努力的因应之策,也暗示南京国民政府的"文艺统制"难以对"异己"势力实现有效的控制或清除。

(二)民族主义话语的渗入:战争年代国共两党妇女政策的差异

伴随着民族主义话语的渗入,"娜拉事件"的背后还隐含着更为深刻的意蕴。"九一八事变"以来,国难日益严重,迫使"全民皆为民族主人翁"的

---

[1] 姚时晓:《左翼"剧联"大事记·1935年6月》,载文化部党史资料征集工作委员会编:《中国左翼戏剧家联盟史料集》,中国戏剧出版社1991年版,第502~503页。

[2] 《上海剧院首次公演》,载《申报》1935年6月19日,第20版。

[3] 毛羽:《阵容强大的业余剧人协会——30年代话剧运动散记之一》,载文化部党史资料征集工作委员会编:《中国左翼戏剧家联盟史料集》,中国戏剧出版社1991年版,第245~250页。

[4] 《章泯年谱(1906—1975)》,载谢晓晶主编:《章泯纪念文集》,中国电影出版社2011年版,第224~225页。

第九讲 "娜拉事件": 战前"妇女回家"思潮与政治话语博弈

意识愈发浓郁,达成了"将包括女性在内的全体国民整合到民族救亡的队伍中来"的共识。然而,关于如何重塑女性角色这一命题,国共两党在策略上却呈现出"要求女性回家"与"动员女性出走"的不同取向。

其中,南京国民政府主张女子应根据两性在生理上的差异,为社会尽不同的职责,故在新生活运动中大力动员女性回归家庭,要求女性遵守"四维八德",学习烹饪、缝纫、刺绣、编织等技能,并推广家庭卫生运动和妇女识字运动:

> (妇女应)身体力行,方能够使新生活运动普及于社会,普及于家庭。妇女界更应当遵守新生活规律、守规矩、守时间、有礼貌,讲求整齐清洁,生活要简单朴实,戒除一切过去的恶习惯,大家能够实行新生活,才配做一个现代妇女……妇女应先从家庭改良为基本的运动……方能达到妇运目的……[1]

应当如何看待南京国民政府对于女性的定位?一方面,"五四"时期所倡导的个性、自由、独立、自主等女性解放精神,进入20世纪30年代后,逐渐显得并非迫在眉睫;与之相反的是,服从、团结等集体主义理念,则被视为更为重要的品质。另一方面,"五四"以来"摩登女郎"的风行,违背了传统以及战争年代所需求的简朴、坚韧的精神;而新生活运动将家庭视为改造国家的起点,以及振兴民族的场域,并赋予了女性改良家庭之使命这一设想,在客观层面上为增强"家"与"国"的纽带,整合全体国民的力量,提供了一条可能性的路径。

然而,在中国共产党看来,抗日救亡是全民族的共同使命,不应存在性别的畛域,认为"妇女回家"的论调,不仅是对"五四"精神的背离,更与民族救亡的迫切任务不相适宜。因此,中国共产党依旧鲜明地高举自二大以来的妇女解放旗帜,[2]通过上演《娜拉》等文艺形式,捍卫"五四"性别话语。实际上,中国共产党动员女性继续走出家庭,投身社会建设,是期以将女性解放纳入社会改造和民族救亡的浪潮之中,改造当前的社会经济制度,

---

[1]《省妇女会昨举行三八妇女节纪念会》,载《江西民国日报》1934年3月9日,第2版。
[2]《关于妇女运动的决议》,载中央档案馆编:《中共中央文件选集(一九二一——一九二五)》,中共中央党校出版社1989年版,第56~57页。

建设真正自由平等的社会。[1]随着全民族抗战的爆发,救亡话语的绝对至上,女性在家庭中从事卫生健康等方面的渐进改良,终究显得不合时宜。相反,中国共产党所倡导的动员女性参与民族国家救亡这一性别解放路径,更切合时代语境的内在需要。

只是,王光珍却不幸地被卷入"娜拉事件"的漩涡,且被当局者排挤出体制内的校园舞台[2]。由此可见,"娜拉事件"的风波伴随着20世纪30年代性别解放面临的新困境而兴起,然而,国共两党在文艺政策话语权方面的争夺,则使得性别问题政治化。只是,由于民族救亡语境的主导力量,抗战前夜国共两党对于女性角色的重塑,又使得"娜拉事件"再度回到性别解放这一原初命题。故而,在"娜拉事件"中间,演绎了性别解放与政治话语的双重变奏。

1935年前后,伴随着新生活运动的开展,"妇女回家"论调的弥漫,使得"新贤妻良母"角色的重塑渐有取代"五四新女性"的趋向。为了将性别解放再度推向新的高潮,中国共产党领导下的"剧联"南京分盟的公开剧团磨风艺社,以对政府当局"反叛性"的姿态,在南京公演《娜拉》,高举"五四"时期"娜拉精神"的旗帜。然而,出演《娜拉》的女主角王光珍,先后遭遇了学校的解聘、家庭的惩戒以及社会的指摘,陷入失业、失家、失誉的困境。内中缘由,既有传统家族制度及道德伦理的束缚,也与部分男性知识精英的性别焦虑不无相关,同时女界解放的有限性也使得王光珍在"娜拉事件"中颇为无助。更重要的是,王光珍出演"娜拉"的行为,违反了南京国民政府在新生活运动中对女界的诸多规制。至于公演《娜拉》策动者的磨风艺社,最终被当局者查禁,不仅反映了进步文艺界在国统区受到的限制,也反映了国共两党在女性角色重塑以及妇女政策层面存在分歧。在这段丰富而充满张力的事件中,媒体宣传、女性解放、政治博弈,以及民族主义话语等多元而复杂的内涵交织且纠缠其间,使得性别解放与政治话语的双重变奏,演绎了属于"娜拉事件"精彩纷呈的独特记忆。

若将视野投向"娜拉事件"风波后的王光珍,则可发现其在自我反省中

---

[1] 伊凡等:《娜拉座谈》,载《妇女生活(上海1935)》1936年第2卷第1期。
[2] 宋昭:《妈妈的一生:王苹传》,中国电影出版社2006年版,第13页。

继续探索着性别解放的出路。经历了乡下短暂的归隐，1935年底王光珍离开南京，转战西北影业公司，1936年与中国共产党党员宋之的结为连理，正式加入"剧联"上海总盟，并改名为王苹，从而开启了生命中戏剧、影视职业化的文艺生涯。[1]至全面抗战爆发后，王苹奔走于重庆、香港、昆明各地参演戏剧，并得到了毛泽东、周恩来等党的最高领袖的褒扬和接见，逐渐从一个具有朦胧性别解放意识的女教师，成长为一位接受中国共产党领导的女性文艺骨干。[2]1949年以后，王苹先后进入东北电影制片厂、总政文化部电影处、八一电影制片厂工作，导演了《柳堡的故事》《永不消逝的电波》《江山多娇》《霓虹灯下的哨兵》等经典电影，以及大型音乐舞蹈史诗《东方红》等，践行了一名社会主义新人、文艺旗手的光荣使命。[3]时过境迁，尽管一度风靡南京的"娜拉"王光珍，逐渐淡出了公众的视野，然而作为新中国第一位"女导演"的"王苹"，成为文坛演艺界一颗冉冉升起的新星。由此可见，革命使得失语后的"娜拉"探索出了一条获得新生的康庄大道。

进而言之，在近代中国性别解放历程中，代表"五四"精神符号的"娜拉"，作为家庭反叛者的形象，以性别启蒙者的姿态，曾激励过无数女性追求自我觉醒，并承载了民族的寓言。然而，随着民族主义话语成为时代的主潮，女性启蒙的任务在救亡这一使命的感召下，显得并非那么迫切，故而"娜拉"这一符号所代表最原初的内涵也渐趋被消解。诚然，"五四""娜拉精神"的重提，已无法应对民族救亡语境下对女性解放所提出的新命题，而女性、英雄与家国三者的结合，实为抗战与民族复兴时代对于女性切实的呼唤和期许。实际上，"娜拉事件"受挫后的王光珍，对于中共党组织的靠拢与转向，不仅完成了从"五四新女性"向"民族女英雄"形象的转变，而且演绎了"中国式娜拉"从"出走"到"革命"这一性别解放路径的脉络。这种独特的人生书写，既呈现出了与革命道路之间某种同构性的关系，并且这种性别解放与民族解放的合一，也隐喻了现代中国的性别文化与政治实践。

---

[1] 宋昭：《妈妈的一生：王苹传》，中国电影出版社2006年版，第22～26页。
[2] 宋昭：《妈妈的一生：王苹传》，中国电影出版社2006年版，第36～70页。
[3] 宋昭：《妈妈的一生：王苹传》，中国电影出版社2006年版，第235～236页。

◆ [延伸阅读]

1. 杨联芬：《浪漫的中国：性别视角下的激进主义思潮与文学（1890—1940）》，人民文学出版社 2016 年版。

2. 许慧琦：《"娜拉"在中国：新女性形象的塑造及其演变 1900—1930 年代》，上海三联书店 2024 年版。

3. 孟悦、戴锦华：《浮出历史地表：现代妇女文学研究》，北京大学出版社 2018 年版。

◆ [课后思考]

1. 王光珍为何因演出戏剧《娜拉》而遭遇失业、失家、失誉的尴尬？

2. 王苹成为新中国第一位女导演，导演的《柳堡的故事》被称为"新中国电影的一抹温柔"，在严肃的军事题材中融入了清新浪漫的爱情戏份，是否蕴藏着"娜拉"精神的遗产？

第十讲

木兰从军：战时孤岛与大后方对传统女性故事的现代讲述

◆ [教学提要]

抗日战争时期，上海"孤岛"与桂林"文化城"成为"木兰从军"故事新讲述的热土。通过分析欧阳予倩创作的两个关键文本，比较其对于故事母题、原始文本的显著超越。对于替父、从军与还乡等情节所进行的加工及改写，无不是一种关涉实际政治问题的针对性回答。在复兴上海影业市场及桂剧改革背景下，洞察木兰故事再创造的变迁轨迹及其在不同地区的叙事取向，深入分析战时文化知识人对于女性英雄形象塑造的迫切需求，理解社会各界重构家国观念与政治整合的新愿景，发掘救亡图存的时代语境中"木兰从军"的"故"事"新"编所蕴含的现实寓意。

◆ [教学目标]

1. 深入挖掘"木兰从军"这一经典故事在战时孤岛与大后方的现代诠释，聚焦"孤岛"电影中木兰形象在家国情怀叙事视角下的重塑，以及大后方桂剧中木兰故事所映照的战时西南社会的真实图景。

2. 以文化传承与艺术创新的双重视点，引导学生思考战时文化精英对于建构女性主体性身份的期许，阐释"木兰从军"这一传统女性故事在民族救亡背景下被赋予特定的社会意义和文化价值。

3. 启发学生探讨经典历史文化资源的挖掘与创新，及其在沟通古今、连接传统与现代中所扮演的桥梁角色，坚定文化自信与中华民族认同。

◆ [案例导入]

作为中国古代的历史传说,花木兰这一形象被广泛接受,源自北朝民歌《木兰诗》。至晚到唐代,木兰的故事已广为流传。唐人多次为花木兰立庙,文士歌咏木兰的诗作更是不胜枚举。花木兰作为女性英雄的形象逐渐被民众所崇敬,并且被愈发神圣化。元、明、清时期,花木兰成为了具有"神力"的女性形象,与此同时,随着理学思想的倡扬,花木兰身上的"贞节孝烈"的因素也不断被加以强调。

在近代中国,对"木兰从军"故事的演绎长盛不衰,其谱系的展开与中华民族命运的变动息息相关。为配合中华民族的救亡运动,"木兰从军"的故事曾被多次改编,搬上戏剧舞台,其所涉及的剧种也丰富多样。如《花木兰传奇》(陈蝶仙)、《木兰从军》戏本(侠抱)、《木兰从军》戏本(《中国白话报》刊)、《木兰从军》戏本(《女报》刊)、《代父征》(梅兰芳、齐如山)、《新花木兰》(言慧珠)以及《木兰从军》(许如辉)等。[1] "木兰从军"故事的现代讲述,不仅承续了原有故事中的思想文化内涵,还在"故"事"新"编的基础上反映出战争年代的时代面向。其中,抗日战争时期对木兰故事的改编热潮尤为值得关注:"孤岛"上海与大后方"文化城"桂林,先后出现了对"木兰从军"故事的新的讲述。在一系列代表性文本中,欧阳予倩分别作于1938年与1942年的两部《木兰从军》剧本,无疑成为其中引人注目的作品。由这些作品所完成的"木兰从军"故事的现代讲述,不仅具有跨媒介的特性,还具有跨地域观照的可能,电影与地方剧中的"木兰从军"故事,在与作为历史传说的"前文本"构成互文性的同时,也在其各自不同的上演地域之间形成对话。

本讲将抗日战争时期"木兰从军"故事的再讲述问题,置于上海与桂林两个地域进行观照。"孤岛"上海与"文化城"桂林所涌现出的"木兰从军"故事的改编,不仅涉及战争年代女性英雄的塑造,抗战时期家国观念的新内涵,以及桂剧改革视野中的木兰故事等主题,也与剧作家欧阳予倩20世纪40

---

[1] 马紫晨、周绍成、海燕主编:《豫剧名家演出本——花木兰(十一场豫剧)》,中州古籍出版社2003年版。

年代文学轨迹的变化发展密切相关,由同一作家在不同时空所创作与修改的文本序列,更具有文本对读的空间。这一论题的展开借助跨地域、跨媒介的多重视野,以文本解读为中心,重现历史现场,分析抗日战争时期木兰故事的现实隐喻,解读"木兰从军"故事在不同地域叙事差异形成的原因,以期发现战时文化语境中的新问题。

一、"孤岛"电影:家国之间的女性英雄

1937年,上海文化界、戏剧界人士在关闭了多年的卡尔登戏院召开大会,欢迎离沪三年的田汉先生归来,并成立了上海戏剧界救亡协会。大会推选欧阳予倩任主席团主席。欧阳予倩在发言中介绍,上海话剧界在抗战开始后曾分赴内地和前线进行演出宣传,话剧界救亡协会扩大为戏剧界救亡协会,主要以适应时代并担负起时代的使命为目的。田汉则呼吁戏剧界在抗战救亡这一共同的目标下统一合作起来,"要从镜框的舞台中跳到更广大的阵地中去。不论哪一层的文化艺人,各人擎起各人的武器,要开辟新的道路,从救亡工作中来救自己"。[1]同年,欧阳予倩在上海又先后组织成立了"中华剧团"与"中华京剧会",编导并参演了多部配合抗战宣传和救亡的剧作。

1938年4月,由于上海的各类抗战救亡艺术活动受到日军新闻检查所的威胁,欧阳予倩离开上海,辗转于香港与桂林两地。同年,受电影人张善琨之邀,欧阳予倩在香港写作完成了电影剧本《木兰从军》。影片《木兰从军》由上海新华影业公司摄制,导演为卜万苍,主演陈云裳、梅熹。[2]影片于1939年2月16日在"沪光大戏院"上映。电影脚本发表在阿英主编的《文献》丛刊第2卷第6期上,署名欧阳予倩。[3]

正是对于传统故事的巧妙改编,对于电影叙事策略的准确把控,使得电影《木兰从军》在上映之初便受到了观众的热烈欢迎,可谓"人人说好,场场满客",且"开映月余,依然客满"。电影连映85天,打破了当时上海电影的卖座纪录,引起"孤岛"电影界的轰动与热议。《木兰从军佳评集》曾用

---

[1] 万良:《上海戏剧界救亡协会成立始末》,载《上海戏剧》1994年第3期。
[2] 电影《木兰从军》,中国电影资料馆复制收藏,湖北电影制片厂1983年洗印。
[3] 欧阳予倩:《木兰从军:有声电影脚本》,载《文献(上海1938)》1938年第2卷第6期。

"最高的赞词",向观众推荐这一"沉着、有力的杰作":"它像海啸中的怒语;它像卸枚疾走的行军;它更像天色灰黯以前的风暴;它更像战士们出征前的鼓噪;它说出了此时此地中国人民的愤怒,与他们慷慨激昂的情绪。"[1]

"孤岛时期"的"木兰热"与当时的政治局势密切相关。首先,面对抗日战争愈发严峻的形势,可以通过"历史"讽喻"现实"。借用历史上抵御外族侵略的爱国主义题材,隐喻"此时此地"沦陷区抗日救亡的政治诉求,构成了这一特殊历史时期的隐微修辞,木兰从军故事的再演绎由此应运而生,它所引起的轰动效应,表征着公众内心慷慨激昂的战时情绪。正如傅葆石评价称,作为"孤岛"电影标志的《木兰从军》,它的成功之处在于投射了中国大众在上海这座困城里所经历的痛苦和具有的渴望[2]。可见,花木兰作为巾帼英雄形象在"孤岛"上海的重现,引发了"此时此地"社会性情绪的集体表达,极大地满足了民众心目中对民族英雄的呼唤。其次,历史题材的剧本,既可以应对"孤岛"严格的文艺审查环境,也能够缓解当时电影与戏剧界"剧本荒"[3]的尴尬局面。"孤岛"时期,尽管上海的电影与戏剧工作者一度苦于没有合适的演出剧本,但此际上海电影的发展则借一时兴起的历史片热潮转向繁荣期。这一转折的形成,电影《木兰从军》功不可没,人们甚至认为欧阳予倩《木兰从军》的成功,"在精神上领导上海电影界向着光明大道上进发"[4],"上海电影界只有循着这条路,才能保证斗争的胜利,确立最坚固的基础"[5]。时任杂志《文献》主编的阿英也撰文表达对《木兰从军》的高度肯定。他认为,电影《木兰从军》的出现,使上海电影界从"没落"转向"苏醒",较其他各版本的木兰故事,电影《木兰从军》具有更为鲜明的"时代感"与"进步性",并且配合了目前抗战的形势及其需要,有利于战时的观众,成为上海电影界的新的血液,可谓抗战以来上海最好的影片。[6]

---

[1]《木兰从军佳评集:大英夜报无冕徐丽陈立三先生合评》,载《新华画报》1939年第3期。
[2][美]傅葆石:《双城故事:中国早期电影的文化政治》,刘辉译,北京大学出版社2008年版,第51页。
[3] 莫讳:《中国电影的演进及其他》,载《新华画报》1939年第4期。
[4] 于由:《春节国片总评》,载《大晚报》1939年2月20日,第6版。
[5] 栖桦等:《推荐电影〈木兰从军〉》,载《大晚报》1939年2月17日,第6版。
[6] 鹰隼:《关于"木兰从军"》,载《文献(上海1938)》1938年第2卷第6期。

第十讲　木兰从军：战时孤岛与大后方对传统女性故事的现代讲述

影片《木兰从军》在"孤岛"上海的热映，同时也引发了电影界对于古装历史片创作道路的讨论。一方面，这一时期古装历史片的走红并非偶然，历史传说与民间故事题材较容易走近大众，便于寄托"民族意识"[1]，以先代人的史迹激发今人，从而借传统故事获得现实的"启示性"。对比同时期放映的历史题材影片《孟姜女》《楚霸王》和《貂蝉》，评论者多将《木兰从军》的成功归因于故事本身积极的价值取向以及电影流利轻快的叙事节奏："木兰从军的故事本身，原来就很有意义。它是动员一切力量捍卫国土的有力指示，经过欧阳予倩先生重新加以处理之后，它已经超过了历史的价值，而与我们息息相关"[2]。人们认为，在当时的"孤岛"，采取历史或民间的故事来作为电影题材，已成为国产电影取材的新途径。另一方面，电影《木兰从军》的热映不仅引发人们再度关注作为历史传说的木兰故事母题本身，也引导人们思考传统故事与社会现实的关联，这种"古为今用"的意图在抗战语境中表现得尤为明显。剧作者从古人身上取今人所需，以配合抗战语境中的"大时代"与"新生命"[3]。诚然，这并不意味着"把历史上（或民间）的古色古香，和可歌可泣的故事，依样画葫芦地搬上银幕就了事……只要在并不十分违背史实记载的原则下，把有意义的部分加以强调，没有意义的部分尽量减削，甚至全部扬弃"。影片《木兰从军》"意识之健全，内容之真实，形式之充满力的美"，被视为历史片中借古喻今的成功范例，无论是内容还是形式，都被誉为"抗战前后所不多见的佳构"。评论界尤其看重编剧欧阳予倩的意义："他尽可能地，透过历史，给现阶段的中国一种巨大的力量，它告诉我们怎样去奋斗，怎样去争取胜利"[4]。

正如唐代诗人韦元甫在《木兰歌》中对花木兰"忠孝两不渝"的赞美，"忠"与"孝"构成木兰故事的两个叙事基点。[5]在木兰故事的历次改编中，"忠"与"孝""国"与"家"的主题一直是题中应有之义。1939年的电影《木兰从军》将故事发生的背景置于唐朝，木兰是老军人花世荣的次女，父母

---

[1]　莫讳：《中国电影的演进及其他》，载《新华画报》1939年第4期。
[2]　《木兰从军佳评集：申报白华先生之评》，载《新华画报》1939年第3期。
[3]　《木兰从军佳评集：申报白华先生之评》，载《新华画报》1939年第3期。
[4]　栖桦等：《推荐电影〈木兰从军〉》，载《大晚报》1939年2月17日，第6版。
[5]　李志生：《中国古代妇女史研究入门》，北京大学出版社2014年版，第315~317页。

在堂,木兰的哥哥在从军中牺牲,木兰还有一个待字闺中的姐姐与一个年幼的弟弟。她自幼跟随父亲练就一身武艺,影片特别强调了她的弓马娴熟,百发百中,着力表现了木兰在战争中的"又忠又勇,足智多谋",而这正是属于"现代木兰"〔1〕的性格。临行前,木兰对父亲说:"多谢爸爸教得女儿一身武艺,使得女儿能够尽忠报国,又成全了女儿的孝道,真是两全其美。"

影片《木兰从军》基于历史传说"花木兰替父从军"的基本故事情节,另外设置了花木兰的战友、影片男主角刘元度这一角色。在木兰进入军营、从军杀敌的过程中,穿插进花木兰与刘元度从相识到相知、从战友到夫妻的爱情戏份。在行伍中,木兰曾多次以自己的聪明正直应对军中营混子的欺侮,也结交了刘元度这一志同道合的战友,并在凯旋后与之结为夫妇。因此,"木兰从军"的故事可以看作由两条叙述线索生成的,一条线索是女性英雄尽忠报国的故事,另一条线索则是战时女性追求自由爱情的故事。与此同时,导演卜万苍也十分注重影片叙事的张弛节奏,木兰、刘元度与军营中的叛变者斗智斗勇,并最终戳穿其卖国阴谋,成为电影中情节最为紧张的一段,而木兰与刘元度互诉衷肠的叙事则表现得缓慢而悠长。

电影《木兰从军》的结尾颇耐人寻味。在凯旋祝捷会的晚上,微醉的木兰与她属意已久的刘元度月下独白,以歌声相诉衷肠的场景,配合着《月亮在哪里》的背景音乐与皎洁的月光,在军营帐篷内外营造出了浓厚的抒情氛围,构成了电影中最为浪漫的一段情节;具有舒缓而优美的调子,音乐在造成情节推进的同时,也形成了叙事节奏的波动,凯旋的木兰辞谢了皇帝的嘉奖,脱下战袍,换上女装,与刘元度喜结良缘。影片尾声中木兰的换装则伴随着凯旋的喜悦,木兰在"脱我战时袍,著我旧时裳"的过程中重返家庭生活,也在"当窗理云鬓,对镜帖花黄"〔2〕的姿态里回归女性的平凡。这一结尾预示着,作为女性英雄的花木兰,在"孤岛"时期的上海,具有了"全能性"的榜样意义:木兰一方面凭借着个人的智慧与英勇,像男性一样,完成身上所肩负的为父尽孝的家族任务与抗敌御侮的民族使命;另一方面又刚柔并济,拥有典型的女性特质,追求自由与爱情。她既令人仰慕,又归于平凡,

---

〔1〕《木兰从军佳评集:申报白华先生之评》,载《新华画报》1939年第3期。
〔2〕(宋)郭茂倩:《乐府诗集》,中华书局1979年版,第374页。

第十讲　木兰从军：战时孤岛与大后方对传统女性故事的现代讲述

成为政治宣传与社会动员的女性英雄符号。

从欧阳予倩最初的剧本，到最终呈现在观众面前的电影，其间加入了导演的修改、演员的演绎。这一再创造的过程，同时也伴随着从文字叙述到视觉表现的转化。从电影的直观镜头来看，作为"孤岛"时期上海古装历史剧的代表，影片《木兰从军》对于花木兰服饰的设计十分考究。在历代"花木兰替父从军"故事的改编中，"木兰换装"都是无法被修改的细节。服饰的意义不仅限于道具层面，而是触及了"女扮男装"这一关键性情节。整部电影以木兰打猎射箭的镜头拉开帷幕，马背上的花木兰，身着男子服饰，其精准的箭法与到位的姿态，不仅意在表明木兰的英武之气，也暗示着木兰身上坚韧的力量；而对于回到家中的木兰，镜头则对准了木兰织绢时柔美的侧影，温婉娴淑的"好女儿"与"好姐姐"形象跃然于观众眼前；木兰与父母辞别前去从军的一刻，是影片里历次"木兰换装"中最为核心的一环，电影巧妙地融入了地方戏曲的元素，引发强烈视听效果的不仅在于木兰身着战装的威武气势，而且在于木兰舞枪弄棒的英勇姿态，犹如中国传统戏曲舞台上的绝妙表演。

至于演员陈云裳，借助出演木兰这一英雄的女性角色，凭借其优秀的演技，塑造出了奔放、英武、智慧的"现代木兰"形象。在影评界，如《现世报》认为，演员陈云裳功不可没，不同于许多剧团中女作男角的"扭捏之态"，她的戎装打扮英俊非凡、气概刚强，"陈云裳的木兰很能称职，打拱、舞剑等等不特没有破漏，并且似乎极富功夫的，几个化装都好，校尉的英俊，闺女的秀丽，番女逼肖，都是应付裕如"[1]。这使得陈云裳甚至赢得了"欲使胡蝶失色"的"南国影后"的美誉。[2]

可以说，对女演员陈云裳的精心包装，对花木兰与刘元度爱情婚姻"好莱坞式"的浪漫渲染，对故事大团圆结局的特别设置，其中固然包含了导演对于娱乐性与商业性的考虑，但也与剧作家欧阳予倩对现代女性问题的关注密不可分。

一方面，强调"妇女也能抗敌"是欧阳予倩战时文学创作的一贯主张。

---

[1]　任慕云：《观"木兰从军"后》，载《现世报》1939年第50期。
[2]　《木兰从军佳评集：新闻报簾先生之评》，载《新华画报》1939年第3期。

而在战争年代,以女性形象表现民族意识与爱国情怀,将女性重塑为战争动员的象征符号,又包含了特定的性别政治意涵。正如傅葆石所分析:"如果娇柔无力、留守家园的女性都能挺身而出保卫家国,那么在社会和历史公共舞台上作为主角的男人,则更有义务舍弃一己之私利为国效力。"[1]另一方面,面对抗日战争这一特殊的历史情境,男女的性别差异被抗敌救国这一更高的时代主题所统摄,作为女性的木兰,不仅拥有参军的合法理由,还被作为与男性无差别的时代英雄所颂扬。于是,作为民族英雄形象的花木兰被大众文艺所成功制造出来,而战争动员中女性参军服役的问题,也借花木兰替父从军这一故事题材得以传奇式的、想象性的解决。

二、大后方桂剧:西南社会现实的侧影

抗日战争时期的欧阳予倩,历经了战争文化的洗礼,多次转辗于上海、香港与桂林,逃难迁徙的经验与途中的见闻,让欧阳予倩对于"木兰从军"故事的改编有了新的思考。1942年,欧阳予倩以"孤岛"电影《木兰从军》脚本为底本,将其改编为桂剧《木兰从军》[2]。1944年,此剧还作为第一届西南戏剧展览会的开幕剧演出。皖南事变后,组建西南戏剧展览会初由欧阳予倩和田汉倡议,1943年11月,桂林戏剧界正式开始西南剧展的筹备工作,欧阳予倩被推为筹委会主任。1944年2月15日,西南剧展暨艺术馆新厦落成典礼隆重开幕,欧阳予倩、田汉、熊佛西、李文钊、瞿白音等以及来自西南八省23个戏剧团队近1000人参加,是抗战期间一次空前轰动的规模巨大的盛会,茅盾称其为"国统区抗日进步演剧活动的空前大检阅"。

全面抗战爆发后,在广西大学校长马君武的发起与推动下,桂林成立了"广西戏剧改进会",针对传统桂剧中的糟粕因素进行改良。1938年4月,欧阳予倩应马君武之邀,由上海经香港到达桂林,受聘为广西戏剧改进会顾问,主持桂剧改革工作,希望在"改良桂戏方面多下功夫"[3]。1939年9月,欧

---

[1] [美]傅葆石:《双城故事:中国早期电影的文化政治》,刘辉译,北京大学出版社2008年版,第32页。

[2] 欧阳予倩:《电影半路出家记》,载《欧阳予倩全集》(第6卷),上海文艺出版社1990年版,第392页。

[3] 华嘉:《访欧阳予倩先生谈香港的戏剧与电影》,载《救亡日报》1939年10月1日。

第十讲　木兰从军：战时孤岛与大后方对传统女性故事的现代讲述

阳予倩受邀二度由港入桂，再次着手桂剧改良事业，在被誉为抗战时期的"文化城"的桂林，展开了桂剧改革的深入实践。桂剧《木兰从军》的创作便是这场改革中的重要成果。1939年11月，欧阳予倩将原广西戏剧改进会所属桂剧团进行了整顿，1940年春正式命名为"桂剧实验剧团"，并亲任团长，编排新戏与整理旧戏并行。

欧阳予倩指出，旧桂剧拥有大多数观众，但内容多半不适宜，封建思想、奴隶道德、迷信的宣传，占据了中心。[1]针对这些问题，欧阳予倩提出了桂剧改革的基本步骤：首先要建立一个"健全的职业剧团"，把桂剧从"商业剧场"中解放出来，真正成为一项严肃的"事业"；其次，革新桂剧的内容，使之"与现代的社会思想相吻合，而有积极的意义，并在形式上加以新的处理……音乐、舞台装置、灯光、服装、化装都要予以统一的处理"；最后，还需要打破地域封闭性，吸收姊妹艺术的长处，同时保持桂剧的传统风格。[2]作为抗战时期内迁西南的知识分子的代表，欧阳予倩自1938年至1944年在广西的活动时间长达7年之久。在这段时期，欧阳予倩改革桂剧的实践，开拓了桂剧表现现代题材的先例，使桂剧这一传统剧种获得了反映现实生活与斗争的能力，并服务于抗日救亡运动。

旧桂剧有800多出传统剧目，题材多为历史故事。欧阳予倩在这一时期的戏剧作品，包括话剧、戏曲和歌剧共28部，其中同样包括了很大比例的历史题材剧作。事实上，早在20世纪20年代末，欧阳予倩对广义的"历史剧"就形成了一套自己的看法。他认为，历史题材的戏剧叙事，不应照搬原有情节，而应注重历史与现实的关联："我们要在现代舞台上使其（历史剧）复活这也是一个重要的使命。如若只拿过去的事实照样铺叙一番，岂不是丝毫意义没有？""并不是布置一个梦境似的迷宫，而是要使观众因过去的事迹联想到目前的情况，这就是所谓'反映现实'"——使历史剧"演得如现实一样，绝不宜使观众感觉到是另一世界的事"，唯其如此，才能创作出具有"新生命"的剧作。[3]

20世纪20年代欧阳予倩的这一追求，已经触及了20世纪40年代桂剧改

---

〔1〕　欧阳予倩：《关于旧剧改革》，载《克敌周刊》1938年第23期。
〔2〕　欧阳予倩：《改革桂戏的步骤》，载《公余生活》1940年第2卷第5期。
〔3〕　欧阳予倩：《戏剧理论改革之理论与实际》，载《戏剧》1929年第1卷第1期。

革实践中一个重要的理论命题。20世纪40年代欧阳予倩所领导的桂剧改革是在更为广义的"旧剧（戏曲）改革"背景下进行的。如果追溯其理论背景，则与"民族形式问题的论争"以及1942年《在延安文艺座谈会上的讲话》密切相关。在欧阳予倩看来，旧戏的改革一方面顺应了戏剧本身的发展趋势，另一方面也始终与抗战有关系。正如廖沫沙所言："抗战使中国变了，也使中国的戏剧变了"[1]。利用或改革民间戏曲形式作为抗战宣传的工具，成为抗战爆发后戏剧界的一种重要趋向。然而，民间戏曲的"现代化"进程并不容易，它涉及传统戏曲与舶来品话剧，乃至电影的对话。当时流行的论断是"旧瓶装新酒"，即在传统戏曲形式下添加进现实生活中的新内容。欧阳予倩则并不囿于戏曲内部的"形式与内容"论争，他的戏曲改革实践不局限于戏曲内部，而是主动与时代新命题对话。因此，桂剧改革视野中的"新桂戏"《木兰从军》，呈现出鲜明的现实关怀。

20世纪40年代，欧阳予倩曾阐明自己写作这类历史题材剧作的初衷："近年来，我有一个心愿：我想多写出一些坚强诚实忠义的人物，鼓励气节，为摇动、浮薄、奸猾的分子痛下针砭。不论为男为女，不论身份尊卑，不论事情的大小，我都要用全力加以描写，《桃花扇》《木兰从军》和《李秀成》，都是从同一动机出发。"[2]但细读桂剧《木兰从军》剧本，可以发现欧阳予倩除了塑造出花木兰"坚强诚实忠义"的人格和高尚的"气节"之外，还触及了战时中国语境下的诸多现实的社会问题，对这些问题的处理也构成了剧作家以戏剧形式回应时代命题的方式。桂剧《木兰从军》表现出欧阳予倩对于如何将"木兰替父从军"这一历史传说题材进行现代演绎的持续性思考。桂剧版本的木兰故事，延续了"孤岛"电影《木兰从军》的基本故事情节，同时对抗战新形势下西南地区的社会现实问题给予了特别关注。

关注西南地区抗战语境中的现实社会问题，对木兰故事情节的灵活处理，离不开欧阳予倩的历史剧创作原则与立场。他在回顾西南第一届剧展时曾断言："这个时代是了不得的大时代"，"很好的戏剧题材随处皆是"，之所以题

---

[1] 易庸（廖沫沙）：《读欧阳予倩的旧剧作品——兼论旧剧改革》，载《戏剧春秋》1942年第2卷第3期。

[2] 欧阳予倩：《〈忠王李秀成〉弁言》，载苏关鑫编：《欧阳予倩研究资料》，中国戏剧出版社1989年版，第161页。

第十讲　木兰从军：战时孤岛与大后方对传统女性故事的现代讲述

材受限并不是由于剧作家缺少"深刻地体验"与"诚恳地描写"，而是限于"种种生活上的压迫"，导致"剧作家、导演都失去了创作的自由，没有研究和体验的余裕"。因此，欧阳予倩呼吁剧作家们"把圈子放得大一点"，"不仅描写环境，还要创造环境"[1]。这也表明，欧阳予倩剧作中的现实关怀，并非单纯触及"历史真实性"与"生活真实性"，而是兼及剧作家的"体验"与"创造"。

考究《木兰从军》剧本的形成，欧阳予倩在20世纪60年代初曾有回忆。故事是由作者在原有历史传说的基础上"加了一点虚构的情节"发展而成的：

> 当时我翻了一翻明、清两代的一些笔记中有关木兰从军的传说。如俞正燮的《癸巳存稿》所引《江南通志》的记载，说木兰姓魏，隋恭帝时人，立了很大的战功，从军十二年，人不知为女子，凯旋回乡，改着旧裳，同行尽骇，皇帝听到，要纳她为妃，她不从，一气就自杀了。据说，也就因为这样，史官没有为她立传。我本想把她作为一个反封建的女性，把戏写成悲剧，后来一想，为了宣传抗战，鼓舞人心，应当着重写她的英勇和智慧。[2]

延续1938年《木兰从军》电影剧本中对家国主题的叙述，欧阳予倩在1942年的桂剧剧本中，针对"家与国""忠与孝"的问题进行了更为具体而全面的思考。影片中木兰"忠孝两全"的美德被赋予了新的时代内涵。实际上，木兰参军的目的并不仅在于冒名顶替年迈多病的父亲以尽孝道，更在于完成一项自身的使命，由此构成了对"忠孝两全"这一传统伦理观念的全新阐释。因此，抗战年代木兰从军故事的演绎已经突破了历史上"孝、家"这一模式，不再局限于传统伦理道德层面，更注重宣扬木兰的民族意识，并将木兰的"孝亲爱家"置于"尽忠报国"的大前提下，进而确定了"木兰之孝"的新的伦理价值内涵。

剧本设置了木兰与刘元度的深夜对话，刘元度问起花木兰为何还不睡，是不是想念家乡，花木兰回答："为了保卫家乡才去当兵打仗，自己的家乡怎

---

[1]　欧阳予倩：《能否把圈子放得更大》，载《新文学》1944年第1卷第4期。
[2]　欧阳予倩：《电影半路出家记》，载《欧阳予倩全集》（第6卷），上海文艺出版社1990年版，第390页。

能不想。"[1]刘元度与花木兰谈到家中是否有妻室,花木兰的唱词为"目下争的是胜利,个人之事不须提"。全剧不仅呼吁大的"国"超越小的"家",对民族国家的"忠"超越对个体家庭的"孝",也同样强调"家"在"国"中应有的位置,即"家"在"国民"心中不可替代的情感所系。

桂剧《木兰从军》与电影《木兰从军》的结尾类似。战争的激荡使得身处闺中的木兰放下女子织绢绣花的本职,走出家庭,走向战场。作为英雄女性的木兰,在完成了她的从军使命后,如何回归平凡,重新开始她的新生活,电影与桂剧给出了一个颇为理想化的答案:花木兰与战友刘元度月下谈情,倾诉衷肠,归家后二人结为夫妻。在他们看来,战争与乱世并不构成日常生活的障碍——边关无事,二人同务农桑;边关有事,一同再上前线,在花木兰身上,"妻子"与"元帅"的身份也可以顺利地进行相互转化,如此大团圆的爱情婚姻模式无疑代表了当时人们心中简单化的理想诉求。

此外,桂剧《木兰从军》对这一问题的叙述也借用了普通百姓最为朴素的抗战心愿。剧本还设置了周苞、王泗这两个农民兵,以他们之口道出了千万农民兵的参战理由,只有保"国",才能安"家":

王泗:我怕敌人来了,老婆也难保,我要打走敌人,才保得住老婆。
周苞:我怕国破了家也保不住,我要先打走敌人再回家。[2]

诚然,桂剧《木兰从军》对"家"与"国"的思考并非去情感化的、口号式的宣扬,剧本中"家"与"国"的关系并不是单纯的二元对立,"家国之间"的现代国民也不再彷徨于"保家"与"卫国"的矛盾选择之中。颇有意味的是,剧本特别安排了敌军阵营中相对应的叙事情节:当敌军的士兵们唱起了思乡曲,首领哈利可汗气急败坏,马上传令"斩立决",规定今后军中不允许再有人唱思乡曲。这与木兰对士兵们耐心的心理疏导形成了鲜明对照。显然,剧作者更为赞同木兰的策略,肯定战士思乡的自然情感。

---

[1] 欧阳予倩:《木兰从军(桂剧)》,载《欧阳予倩全集》(第3卷),上海文艺出版社1990年版,第349页。

[2] 欧阳予倩:《木兰从军(桂剧)》,载《欧阳予倩全集》(第3卷),上海文艺出版社1990年版,第361页。

第十讲 木兰从军：战时孤岛与大后方对传统女性故事的现代讲述

值得特别关注的是，在电影及桂剧《木兰从军》的文本中，各类人物所负载的政治身份与民族认同均多少带有二元论的思维特点。军营中的人物，不是民族英雄，便是卖国汉奸。如此黑白分明的判断与命名，忽略了处于"忠"与"奸"之间复杂的"灰色地带"。因此，分析抗战时期"木兰从军"故事中各类士兵身份命名，可以发现，对军人形象的书写不无简单化与二元化的思维倾向。战争对文化心理与文化结构的影响是普遍的，人们逐渐开始并习惯以泾渭分明的二元对立观点分析复杂的社会现象与人物身份。爱国与叛国、英雄与汉奸、忠与邪、好与坏、"非此即彼"成为战时语境中人物身份的命名方式，即便到了和平年代，这种思维习惯也不无影响。这两部木兰文本对人物政治身份的设置，无疑是抗日战争时代文化意识结构的症候性表现。

1942年的桂剧剧本与1938年的电影剧本之间的差异性也颇为明显。如果说1938年的电影剧本着力表现木兰的"英勇和智慧"，从而借用电影这一大众文艺工具"宣传抗战，鼓舞人心"[1]，那么到了1942年的桂剧剧本，欧阳予倩则更具体深入地挖掘了木兰故事的现实性意义。从某种程度来说，1942年的桂剧剧本可以看作是1938年电影剧本的延伸、拓展与深化。

"西南"这一地域概念与今日不同，20世纪40年代的西南地区指"西南五省"，以四川、贵州、云南、湖南、广西五省为其范畴。[2] 面对"西南"这片相对封闭的空间，欧阳予倩所作剧本更多地关注了如何向民众解释"战争"的本身，即通过"现代木兰"之口，为西南民众讲述了战争的意义，启导人们思考士兵究竟为何而战，以及战争结束后中国该向哪里去的问题。

例如，廖沫沙除了肯定《木兰从军》中所倡导的民族意识外，还引用剧中第三场木兰父亲接到出征军书时的对白，分析剧本中对现代战争与古代战争性质区别的深刻思考：

兰父：怎么帅府有信到来？好，拆书念与我听。

木兰：女儿拆过了。

兰父：说些什么？

---

〔1〕 欧阳予倩：《电影半路出家记》，载《欧阳予倩全集》（第6卷），上海文艺出版社1990年版，第390页。

〔2〕 中国旅行社编：《西南揽胜》（Scenic Beauties in Southwest China），中国旅行社1940年版。

木兰：说的是匈奴犯境，元帅兴兵抵挡，命爹爹入队应卯，又要去打仗去了。

兰父：啊？打匈奴吗？你看清楚了没有，打哪个？

木兰：打匈奴（以信示父）。

兰父：打的是侵占我们土地的强盗吗？（一面接信，一面说）哈哈哈哈！儿啊，想为父打了一世的仗，总是打的自家人，替一个人去争天下。我受过好几次伤，这里，这里，这些伤都是白受了，如今也轮到我去打外来的强盗，替国家出力，为父有了葬身之地了。好，好，好！[1]

木兰父亲的心声"代表异族侵凌时代千百万人们的心声"，在廖沫沙看来，欧阳予倩"捕捉了这一个平凡而又普遍的民族最高意识，随手织入他的剧作中，看来虽很容易，实际却是在旧歌剧中采用新的现实内容新的思想意识的一个大问题"[2]。剧本的这一表达不仅是现实的，更是现代的。所谓的"现代的表达"，反映在这段人物对白中，则主要表现为现代的战争观念，实际上概括了古代战争与现代战争的根本差异：不同于传统战争"替一个人（君主）去争天下"的作战动机，"现代"的战争是"为国家而战"，国家作为一个具有现代内涵的民族共同体，将全民纳入战争格局，形成现代社会全民参战的总体战态势。从某种程度而言，木兰的执戈卫国不再是单纯地向父尽孝，也不再是古代社会征兵服役制下的被动行为，而成为现代社会战争动员过程中具有明确民族主义意识的现代国民的主动选择。因此，"木兰从军"中的"从军"具有两重内涵：既是"女性的从军"，又是"全体国民的从军"。

又如，在桂剧剧本《木兰从军》中，欧阳予倩从侧面叙述了战争产生的原因，借敌人首领哈利可汗的独白隐喻当下抗日战争中的"内忧"问题：

哈利可汗：（念）冲风冒雪过沙漠，堪羡中华物产多。百万健儿操练好，

---

[1] 此段引用应是廖沫沙于1942年所见的初版本（未见），与其后收入《欧阳予倩全集》中的文字略有不同，此处原文录入。参见易庸（廖沫沙）：《读欧阳予倩的旧剧作品——兼论旧剧改革》，载《戏剧春秋》1942年第2卷第3期。

[2] 易庸（廖沫沙）：《读欧阳予倩的旧剧作品——兼论旧剧改革》，载《戏剧春秋》1942年第2卷第3期。

试看鞭影断黄河。孤,哈利可汗是也。世居漠北,将勇兵强,因爱中华气候温和,物产丰富,久想兴兵夺取,多少年来,没有机会可以下手。可喜近来,中华起了内乱,有机可乘,因此点起大兵百万,要杀进长城,首先占领延安府,然后扫荡江南。[1]

在这里,欧阳予倩将外敌入侵的根源一方面归结为敌人觊觎中华的富饶领土;另一方面则认为,正是由于"中华起了内乱",敌人才"有机可乘",进而告诫民众,抗战救国首先要解决内忧问题,团结各方力量。

再者,桂剧《木兰从军》多处交代了作为统帅的木兰对各方力量的团结,尤其关注了阶级冲突背景下的强行征兵问题:

花木兰:列位呀!
(唱)弟兄们休流泪免悲声,
你们都是善良的人。
可恨那豪绅恶霸心肠狠,
教你们披枷戴锁去充军。
这时候忍下心头恨,
必须要一步一步挨到边城;
到了边城再把计来定,
去掉了枷锁才好谋生。
如今前方军事紧,
一定要你们去当兵,
那时节拿起刀枪拼性命,
打退了敌寇好做人。[2]

桂剧《木兰从军》设置了4个被强行征调的农民兵,他们在从军的路上怨声载道,与"豪绅恶霸"多次发生冲突。剧本并未回避抗战年代西南地区

---

[1] 欧阳予倩:《木兰从军(桂剧)》,载《欧阳予倩全集》(第3卷),上海文艺出版社1990年版,第325~326页。
[2] 欧阳予倩:《木兰从军(桂剧)》,载《欧阳予倩全集》(第3卷),上海文艺出版社1990年版,第348页。

因大量征调农民兵而引发的社会矛盾，而是通过剧中木兰语重心长的疏导，启发民众理解抗战时期征调农民军的现实性与必要性。廖沫沙重点关注了桂剧《木兰从军》中此类"新鲜现实的问题"，赞赏欧阳予倩在改革旧剧中所加入的此类"新内容与新事物"，认为"欧阳先生在改革旧歌剧运动中，已经走上了一条大道"。[1]

此外，桂剧《木兰从军》还安排了"众父老"与"花木兰"的对白，剧本由此展开了"团结抗战"主题之下"军与民"关系的探讨，即团结战区当地的父老百姓，一方面解决军队的粮食与兵力的困难，另一方面则为抗战打下基础。军民一体，万众一心参与抗战成为剧本的另一关注焦点。

《木兰从军》的情节设置与当时的抗战局势密不可分，1942年后，抗日战争进入相持阶段，社会思潮中不乏对抗战胜利后的想象。剧本叙述到木兰所率领的军队进入胜利的最后关头时，元帅花木兰不断强调战争的"反攻"任务既激动人心，又最为艰巨。更值得关注的是，桂剧《木兰从军》不仅书写了战争的阶段性胜利，更将其置于战后建国的视野中探讨。当木兰所率领的军队赢得了胜利时，木兰在一片欢呼中陷入沉思，剧本安排了这样一段独白：

花木兰：我们倘若自不努力，敌人去了还能再来。况且，内忧外患，用兵多年，国家的元气伤了，生聚教训至少还要十年。房子烧了要重新建造，田地荒了要努力耕种，失学的儿童要好好教训。必定要使天下没有饥寒之人，没有失学的子弟，没有吃闲饭的败类。然后民能富，兵能强，国家才能有真正的太平。如今不是苟且偷安的时候……[2]

花木兰的独白既高屋建瓴，又思虑深广，同时回应着"抗战"的理念。剧本的叙述启发观众——不应仅仅满足于对战争胜利的想象，而应将战后的问题看作战争自身的延续，并将其作为一个严肃而重要的议题进行思考。

---

[1] 易庸（廖沫沙）：《读欧阳予倩的旧剧作品——兼论旧剧改革》，载《戏剧春秋》1942年第2卷第3期。

[2] 欧阳予倩：《木兰从军（桂剧）》，载《欧阳予倩全集》（第3卷），上海文艺出版社1990年版，第389~390页。

三、多重视野下的"木兰从军"

在战时语境下考察历史传说或传统故事的改编,包含着多重性与复杂性的视野。"故"事如何"新"编的问题,既涉及"讲故事人"的自身观念,又离不开其所处的大时代的社会文化语境。当我们聚焦在抗战时期"木兰从军"故事的现代讲述问题时,"孤岛"上海与"大后方"桂林无疑成为不可回避的观照视点。作为"东方好莱坞"的上海,是中国电影的发祥地,自晚清以降便孕育着中国的摩登文化与现代商业气息。1939 年的电影《木兰从军》,尽管叙述的主线仍然是"家国之间"女性英雄的再现,然而其中娱乐性元素的视觉呈现也无疑成为影片难以回避的重要问题,女性形象在"换装"过程中的重塑,具有"全能性"特质的女性英雄的制造,同时带来了探讨"孤岛"上海女性与家国问题的多元视野。

而在桂剧改革背景下出现的新桂剧《木兰从军》,则延续了剧作家欧阳予倩对"木兰从军"这一故事母题的思考。抗战形势下西南社会中的现实情境成为桂剧《木兰从军》集中关注的问题,相比于电影《木兰从军》对于"噱头"与"浪漫"色彩的设计,桂剧《木兰从军》则以剧中人物之口,道出了"家国之间"的普通百姓的抗战心声,关注"家"在"国"中的位置与作用,"家"对于"国民"情感归属的重要意义。同时,进入战略相持阶段的后期,桂剧《木兰从军》也触及了诸如当时社会中内忧与外患的关系,军民合一的基础,以及元气大伤的中国如何为日后的"抗战"做足准备的现实性问题。

因此,抗日战争时期对"木兰从军"故事的再演绎,既是现实的表达,也是现代的表达,其中无处不隐喻着人们对于抗战的想象。抗战的年代是变动不居的年代。从 1938 年到 1944 年,随着战争形势的变化,从沦陷区到大后方,从东南沿海到西南地区,在抗日战争的历史语境中,对木兰从军这一历史传说的现代演绎,既包含了对当下社会态势的思考,也融入了战时文化心理与政治诉求,更牵连着自"五四"以来妇女解放、追求自由爱情的历史命题。尽管在"木兰故事"漫长的演绎史中,抗战时期的木兰文本只是其中的一小部分,但所呈现的战时风貌与现实关怀却颇值得关注。

除此以外,值得一提的是,战时"木兰从军"故事的流转变迁还拥有更为广阔的叙事空间,其所牵动的文化政治争议,还显示出跨媒介、跨区域、跨国度的多义性特征,确有"余音绕梁,三日不绝"值得玩味之处。晏妮的《战时上海电影的时空:〈木兰从军〉的多义性》一文,针对电影《木兰从军》如何走出沦陷区,搬运至国统区公映,甚至漂洋过海,传入日本的电影院这一充满曲折的历程,进行过深入系统的考察,故在尾声还有必要对《木兰从军》跨越政治版图这一延伸性议题做出介绍。[1]

晏妮在研究中指出,电影《木兰从军》尽管在"孤岛"上海获得了"人人说好,常常客满"的热议反响,契合了当时举国上下同仇敌忾的民族主义思潮,但运送到重庆时却遭到了影片被焚毁的飞来横祸,成为电影史上著名的政治事件。焚毁原因缘于影片开篇童谣插曲中"太阳一出满天下"的歌词触动了国统区民众敏感的神经,加之影片使用日本胶片、资金来源不明等因素,导致一些文化知识人将这一原本宣扬"抗日"精神的电影强行曲解成为具有"亲日"色彩的作品。在强大的舆论攻势压力下,新华电影公司制片人张善琨唯有被迫做出表态,承诺将歌词中的"太阳"改为"青天白日",才勉强洗刷了被冠以"卖国电影"的污名化标签。而主演陈云裳也因这场风波而受到牵连,其虽在上海因饰演木兰角色而红极一时,但在重庆则面临着舆论的质疑和谴责,人们对女性道德的要求相较于男性更为严苛,这既是两性权力关系中不平等的显现,也不免反映出性别在政治运作中的复杂性。

重庆焚片事件过后,电影《木兰从军》被引介到日本,但受太平洋战争爆发这一政局形势的影响,该片竟被日本大众文化所改造,"抗日"一说在日本社会的话语规训下得到进一步消解。这使得一部以抗日题材为初衷的电影明显超越了创作者最初的文化政治立意,在经过了由不同政治语境、不同权力主体以自身利益为转移的加工和改写之后,甚至实现了对文本原义的反转与颠覆,从而与历史现场的原貌相比变得面目全非,这一独特的历史现象揭示了跨文化传播中的文化重构及意义转换。并且,在此过程中,各方力量对陈云裳个人身份诠释的转变尤为显著,使其从一个被上海观众喜爱的女英雄,变成了在重庆被控诉为汉奸的女演员。陈云裳的经历既折射出性别伦理的深

---

〔1〕 晏妮:《战时上海电影的时空:〈木兰从军〉的多义性》,载姜进等:《娱悦大众:民国上海女性文化解读》,上海辞书出版社2010年版,第292~301页。以下三个段落是编者所添加的对该文的概括、介绍及分析。

层次问题,也从侧面回应了在动荡的战争年代,人物个体不可避免地被卷入政治磁场而遭遇"他者"言说的无奈。

总之,电影《木兰从军》的案例为我们提供了一个深入了解文化政治互动的窗口,电影文本与历史上的木兰故事、历朝历代的文学作品以及特定的时代环境之间存在着复杂的互文关系。《木兰从军》不仅是抗战时期的一部影片,更是一个文化符号,承载着在政治文化和社会意义层面的话语隐喻。从电影《木兰从军》的跨地域与跨国传播及其引发各派人士的不同读解,不仅可以窥见同一部影视文化作品在不同政治背景下如何被赋予新的价值定义,而且能够发掘性别、政治和文化等元素纵横其间所掀起的波澜。就此意义而言,电影《木兰从军》的文化政治争议与叙事话语变迁不仅是电影史研究的范畴,更是近代中国社会政治文化交融与冲突之下的一个浓缩景观。

◆ [延伸阅读]

1. 陈雁:《性别与战争:上海 1932~1945》,社会科学文献出版社 2014 年版。

2. 姜进等:《娱悦大众:民国上海女性文化解读》,上海辞书出版社 2010 年版。

3. [美] 傅葆石:《双城故事:中国早期电影的文化政治》,刘辉译,北京大学出版社 2008 年版。

◆ [课后思考]

1. 电影《木兰从军》如何体现了抗战年代女性、英雄与家国之间关系的重构?

2. 欧阳予倩怎样借助桂剧《木兰从军》来反映抗战时期西南大后方的社会现实问题?

3. 电影《木兰从军》运送到重庆上映之际,却引来了一场遭遇焚毁的厄运,可否梳理并探究重庆焚片事件的脉络经纬?

实践教学案例

《柳堡的故事》：新中国电影的一抹温柔

◆ [实践教学目标]

在实践教学案例中，基于第九讲王光珍与"娜拉事件"这一议题，进行延伸性拓展，贯通从"王光珍"到"王苹"的女性个体生命史轨迹。在讲授"娜拉事件"的基础上，探讨王光珍改名后在"革命之家"中女性主体身份的锻造，承接其成为新中国第一位女导演的后续故事。鉴于此，本课程选取王苹导演的电影《柳堡的故事》作为研讨对象，通过学生观影、分组报告、自由讨论、教师评议等实践教学环节，从开放式的视角、多学科的探究、多维度的交流，深度剖析影片蕴藏的多元价值内涵。

◆ [实践教学提要]

电影《柳堡的故事》上映于1957年，由经过"娜拉事件"思想洗礼而成长为新中国第一位女导演的王苹担任编导，是新中国成立初期社会主义女性电影的经典力作，因其创作于"双百方针"提出之际，凭借革命与爱情这两条并行不悖的叙事主线的交织与融合，以及革命战争年代儿女情长的温情叙事，成为"新中国电影的一抹温柔"。影片的时代背景发生于抗日战争时期，讲述了新四军扎根江南水乡柳堡，组织革命武装力量，引领当地群众并肩战斗的爱国故事，同时贯穿着一条男女主人公在革命斗争中相识相恋以及为革命事业坚守爱情的叙事暗线。

一方面，导演王苹对电影中的女主角二妹子、男主角李进等人物角色的塑造耐人寻味，特别是"二妹子"（农家姑娘）成长为"田学英"（革命同志)的身份蜕变，在某种意义上成为阐释革命战争年代女性主体性地位转换升华的经典模式。另一方面，电影插曲《九九艳阳天》营造了诗情画意的抒情氛围，白云、垂柳、河流、风车、水田等美景意象，加之电影对白中的方言特色，无不构成了一种清新明朗的艺术设计。重要的是，电影中对于如何正确处理个体利益与集体利益的探索，鼓励女性在革命战争的实践中追求自由爱情的话语表达，实现了对于同时期社会主义女性电影的超越，并明显带有导演王苹在"娜拉事件"中所表现出的大胆、开放等具有"娜拉"鲜明特质的精神财富。

◆ [实践教学环节]

1. 介绍王苹的艺术成就。
2. 观看电影《柳堡的故事》。
3. 欣赏电影插曲《九九艳阳天》。
4. 学生小组报告与自由讨论。
5. 教师评议与专业解读。

◆ [实践教学研讨角度]

1. 了解电影《柳堡的故事》设定的抗战时期新四军在江南水乡柳堡组织军事武装、领导群众开展抗敌救国工作的时代背景。

2. 分析电影中的女主角二妹子、男主角李进等立体化的人物角色，尤其注重考察二妹子在探索女性独立人格与男女平等的过程中主体性身份的成长轨迹。

3. 理解电影文学的剧本结构设置、情节演进安排，以及剧本语言风格中的方言特色。

4. 阐释电影镜头聚焦柳堡河流、田野、村庄等江南水乡美景在烘托环境上的美学效果。

5. 解读电影插曲《九九艳阳天》中的音乐旋律对于营造影片浪漫抒情氛围的促进作用。

6. 挖掘电影中包含的爱情与革命的双重主题思想以及二者之间在冲突中实现融合的并存关系。

7. 探讨导演王苹在电影中如何巧妙协调革命战争年代个体利益与集体利益的关系。

8. 比较《柳堡的故事》与新中国成立初期女性电影之间相比的创新突破之处。

9. 探究《柳堡的故事》所表现的革命年代的青春旋律与人性温情，如何闪烁着导演王苹从"五四"走来的"娜拉"光芒的思想印记。

10. 思考影片中二妹子的女性角色塑造与导演王苹早年追求个性解放之间的一致性内里。

◆ [实践教学教师解读]

王苹在导演的一系列反映社会主义主旋律的电影中，将性别解放、阶级解放与民族解放之间实现合流与交融，成为以王苹为代表的新中国第一代女性导演在银幕上突出彰显的基调。其在《冲破黎明前的黑暗》（1956）、《柳堡的故事》（1957）、《永不消逝的电波》（1958）、《江山多娇》（1959）、《霓虹灯下的哨兵》（1964）等代表性的作品中，塑造了由抗日战争、解放战争时期成长起来，并投身社会主义建设的女性群像。[1]诸如，掩护八路军受伤排长的农家妇女凤霞和李大娘[2]；反抗地主与伪军逼婚并加入革命队伍的农家姑娘二妹子[3]；在白区配合从事中共接发电报工作的女工何兰芬[4]；带领村民整治荒山为花果山的铁姑娘岳仙；在夫妻关系中保持独立人格并无私支援前线的革命老区妇女队长春妮等[5]。上述一系列女性形象的产生，展现了新中国成立初期电影创作中女性主义与女性人格在新社会制度下的发展。

其中，诞生于"双百方针"提出这一特殊背景下的故事片《柳堡的故事》，在严肃的军事题材中切入了清新浪漫的爱情戏份，则呈现出了相较于其随后导演的作品以及新中国成立初期的电影更为丰富的张力。《柳堡的故事》改编自1950年作家胡石言在《文艺》期刊上发表的同名小说，经由胡石言与

---

[1] 陈播：《创造银幕的美——王苹同志为人民的艺术奉献》，载《当代电影》1991年第2期。
[2] 严锴主编：《冲破黎明前的黑暗》，中国民主法制出版社2015年版。
[3] 张照富、严锴改编：《柳堡的故事》，吉林出版集团有限责任公司2012年版。
[4] 张照富、严锴改编：《永不消逝的电波》，吉林出版集团有限责任公司2012年版。
[5] 刘凤禄等主编：《霓虹灯下的哨兵》，四川大学出版社2017年版。

剧作家黄宗江、导演王苹的再创作,讲述了1944年新四军某部副班长李进协助柳堡的农家姑娘二妹子摆脱地主与伪军的抢婚与压迫,由此产生恋情,一度萌生留守在地方工作、组建小家庭的想法,后经指导员教育,暂且搁置了个人情感,转而投身到南下的战争中,直到5年后重回柳堡,与成长为革命同志的田学英(二妹子)相逢的故事。[1]

与同时期的女性电影相比,《柳堡的故事》被誉为"新中国电影的一抹温柔"。在新中国成立初期,表现爱情题材的电影往往成为银幕上的"盲区"。然而,凭借1956年"双百方针"提出之际相对宽松的环境,王苹在展现革命战争宏大叙事的同时,将爱情的戏份与温情,以及女性追求独立平等、自由恋爱的个性化诉求,以一种清新隽永的风格加以呈现。[2]这无论是在王苹的导演生涯,抑或在当时的文艺界都实属难得,无疑是一次大胆的尝试与创新,并且明显地留下了她本人从"五四"走来的思想足迹。

《柳堡的故事》由两条主线生成。明线是副班长李进在党的教育下,逐步正确处理个人利益与集体利益、革命利益之间关系的思想转变,暗线则是李进与二妹子在反抗地主阶级与敌伪斗争中互生爱慕,一度面临着时空隔离的考验,最终在柳堡解放之际终成眷属的抒情诗。[3]巧妙的是,影片中没有一句情话,唯见二人有克制的眉目传情,如打退抢粮的伪军后,"李进将围裙带子还给二妹子时,二妹子望了李进一眼,而李进被这一眼触动了心弦,有些陶醉的感觉";又如李进将二妹子从抢亲的船舱中救出时,二妹子深情地喊了一声"副班长",虽然言语简短,但饱含着浓郁的感激与爱恋;再如结尾李进重回柳堡与二妹子重逢水乡渔舟之上,将手臂轻轻地挽着她的肩膀,以这种无言的方式诉说着长达5年的别离与共同在战争环境中锻炼起来的革命意志。[4]并且,歌曲《九九艳阳天》取自山东民歌词谱,贯穿影片始末,伴随着情节的推进,内容侧重各异的歌词在一定程度上促进了主题思想的发挥,"通过歌

---

[1] 石言:《党·集体·作者——"柳堡的故事"创作的体会》,载《中国电影》1958年第10期。
[2] 远婴:《历史与记忆——论王苹导演》,载《电影艺术》1991年第2期。
[3] 贾霁:《动人的故事,可喜的成就》,载《中国电影》1958年第3期。
[4] 王苹:《〈柳堡的故事〉导演阐述》,载佐临等:《电影导演阐述集》,中国电影出版社1959年版,第154~159页。

声,把那些在对话中难以表达的思想感情,传达给了观众"[1]。开篇新四军在帮助田大爷修房子时唱出了李进对于姑娘欲言又止的爱恋:"九九那个艳阳天来哟/十八岁的哥哥呀坐在河边/……/小哥哥为什么呀,不啊开言/……/十八岁的哥哥呀想把军来参/……/哥哥惦记着呀小英莲/风车呀不定那个车难转哪/决心没有下呀,怎么开言";在河边收衣服的二妹子则以相同的歌词回应了新四军的情意;随后,离开柳堡前夜李进陷入愁思,歌声中满怀着对于二妹子深深的留恋以及再度相聚的企盼:"九九那个艳阳天来哟/十八岁的哥哥呀告诉小英莲/这一去呀翻山又过海呀/这一去三年两载呀不回还/这一去呀枪如林弹如雨呀/这一去革命胜利呀再相见";结尾的歌声则抒发了李进与二妹子船上相逢的欢喜以及彼此坚守的欣慰:"九九那个艳阳天来哟/十八岁的哥哥呀细听我小英莲/哪怕你一去呀千万里呀/哪怕你十年八载呀不回还/只要你不把我英莲忘呀/等待你胸佩红花呀回家转"。[2]

配合着浪漫的爱情故事,影片还将白云、垂柳、木桥、小舟、河流、村舍、风车、水田、油菜花等充满诗情画意的意象元素融入到情节叙事中,正如王苹本人所述,它"朴实而细致""真挚而动人""干净明朗""情调悠扬"[3]。王苹在《永不消逝的电波》《霓虹灯下的哨兵》中将这些场景与镜像置于摩登都市上海,无疑是残酷的革命战争背景下一种浪漫清新的艺术表达与艺术实践。这种别具一格的美学效果,"将知识分子的个体情感和(农民、士兵)大众的情感融为一体"[4],其实源于王苹早年出生的环境与成长记忆。对此,王苹的女儿宋昭表示:"妈妈从小生长在南京,对江南水乡的秀丽景色非常熟悉,特别是她在铜山镇小学教书时,对农村老百姓当时的生活状况很了解。当她到柳堡选外景时,一眼就看好了田间转动的风车……立即把好几场戏都安排在风车下拍"[5]。同时,影片整体风格的设计也与王苹女性主义思想中

〔1〕澎潮、李桂芬:《对"九九艳阳天"的两种不同意见》,载《人民音乐》1958 年第 3 期。

〔2〕《九九艳阳天》,载旷晨、潘良编著:《我们的五十年代》,中国友谊出版公司 2005 年版,第 217 页。

〔3〕王苹:《〈柳堡的故事〉导演阐述》,载佐临等:《电影导演阐述集》,中国电影出版社 1959 年版,第 151 页。

〔4〕[美]王玲珍:《王苹与中国社会主义女性电影——主流女性主义文化、多维主体实践和互嵌性作者身份》,王玲珍、肖画译,载《妇女研究论丛》2015 年第 4 期。

〔5〕宋昭:《妈妈的一生:王苹传》,中国电影出版社 2006 年版,第 102~103 页。

坚持女性柔美特质的认知之间不无关联。

《柳堡的故事》侧重表现二妹子追求独立人格、男女平等的强烈愿望，这集中体现在二妹子两度参加革命队伍思想动机的前后变化。二妹子首次萌生参军意识是在慰问受伤的李进的交谈中，得知部队里的女兵不需要打仗，可以"在后方医院工作，在被服厂工作，看护伤员"，急切地表示自己完全能够胜任，"栽秧、浇水、做衣服、薅草"，即使上战场也在所不惜。尤其是当她听说新四军讲求"男女平等"时，两眼冒出亮光，满怀期待地表达了即刻想参军的愿望，甚至称"我跟你们走，就是要到天边我也跟着去"〔1〕。从后面的情节推进看，这次参军并非意味着二妹子已经产生了参加革命的自觉，而是为了挣脱地主汪掌柜、汉奸刘胡子的逼婚，以及面对为保全小儿子而选择妥协的懦弱父亲而被迫逃离。正如王苹本人所述："她爱她的父亲，但父亲的懦弱她只是可怜，要她无条件的顺从她是不肯的，因此在老头从汪掌柜家回来的那天夜晚和父亲的哭闹是有反抗情绪的。她爱她的弟弟小牛为了全家的幸福，她积极地想办法要从根本上来解决这个问题"，故将获得拯救希望的目光投向了来到柳堡的新四军。〔2〕尽管二妹子仍旧停留在"自我拯救"的思想范畴，但其间所蕴藏着反抗父权与反抗阶级压迫的巨大能量，也为她后来在新四军撤离柳堡后主动加入革命队伍提供了必要的思想准备。解放战争中，二妹子主动请缨，担任妇女干部，加入中国共产党，与男性乡亲们一同"钻水荡，打游击"，运送公粮，并剪去麻花长辫，代之留起短发，身背步枪，英姿飒爽，〔3〕无不表现出在革命熔炉中成长起来的女性坚强勇敢的一面。伴随着从"农家姑娘"二妹子向"革命女战士"田学英同志的身份置换，其完成了"拯救自我"向"拯救柳堡"的转变，这也标志着她追求独立人格观念的形成，以及男女平等地位的实现。与第一次参军动机的被动性相比，这一次则是在新四军在柳堡期间践行"军民团结"的感染与影响下的主动选择，即投身到为柳堡人民谋解放的事业当中。可见，王苹通过二妹子的形象塑造与革命道路，诠释了以平等、正义、奋斗为内核的社会主义女性电影的新内涵，

---

〔1〕 张照富、严错改编：《柳堡的故事》，吉林出版集团有限责任公司2012年版，第58~60页。

〔2〕 王苹：《〈柳堡的故事〉导演阐述》，载佐临等：《电影导演阐述集》，中国电影出版社1959年版，第160页。

〔3〕 张照富、严错改编：《柳堡的故事》，吉林出版集团有限责任公司2012年版，第204~208页。

表明了社会主义制度有意将革命意识、民族主义信念嵌入到女性解放的想象与实践，即以国家主义为前提的女性主义立场，"女性通过劳动与革命涤清了一切羞辱与污蔑，将自身的革命经验编织为通向一个平等自由世界的进步实践"〔1〕。正如毛泽东所言"时代不同了，男女都一样。男同志能办到的事情，女同志也能办得到"〔2〕。

除此以外，"二妹子"向"田学英同志"转变的女性个性成长史，表现出的叛逆、反抗、追求女性独立平等的精神境界，不免使人想起导演王苹本人的人生履迹。因此，"二妹子"个体形象的蜕变与王苹的女性主体性身份重建之间存在某种暗合与关联。〔3〕这既是对"娜拉"精神的继承和弘扬，也展现了社会主义制度下女性获得政治主体地位与"娜拉"的新生。

《柳堡的故事》肯定了在严酷的战争环境下青年男女追求自由爱情的能动性与合理性的一面，表现出革命年代青春的旋律与人性的温情，无疑也闪烁着"五四"时期"娜拉"的光芒。在影片的改编过程中，导演王苹对于抒情分寸的表现方面把握得尤其细腻，她承认"每一个人民战士的个人利益、幸福、爱情和家庭都必须融汇在人民彻底解放之中"〔4〕，但她并无意回避战争年代普通人的儿女情长，甚至给予革命青年向往与追求自由爱情更多的镜头画面。一方面，这体现在副班长李进对于年轻貌美、聪明能干、大胆热情的二妹子的青春躁动，部队即将远征之际的不舍，以及重回柳堡的欣喜陶醉等三个阶段复杂的心理变化。如李进看到二妹子提着水壶走进屋子时，眼睛虽盯着手中的书，但心思早已飞向了她，接过二妹子递过来的碗竟紧张地慌了神，不由自主地颤动了一下，使得衣服被水洒湿了，见二妹子为之擦拭，脸更是涨得通红；〔5〕又如李进向指导员承诺搁置对二妹子的情愫后表现出一种难掩的失落，随后在拒绝小牛替二妹子邀约小桥见面时又经历了复杂的内心斗

---

〔1〕 马春花、韩琛：《王苹电影叙事范式再解读——兼及新中国30年电影》，载《理论学刊》2010年第7期。

〔2〕 《毛主席刘主席畅游十三陵水库》，载《人民日报》1965年5月27日，第1版。

〔3〕 陈联：《访王苹》，载《瞭望周刊》1985年第39期。

〔4〕 王苹：《〈柳堡的故事〉导演阐述》，载佐临等：《电影导演阐述集》，中国电影出版社1959年版，第151页。

〔5〕 张照富、严锴改编：《柳堡的故事》，吉林出版集团有限责任公司2012年版，第56~57页。

争,从田家搬出后夜里换哨之际仍禁不住地向二妹子家留恋地望了一眼;[1]再如部队即将参加大反攻之际,李进不免伤感落寞于不知何时才能归来,但在指导员的劝说教导下最终坚定表达了放弃在地方工作的念头,决心抛开私人情感,坚守入党时"为劳苦大众奋斗到底"的誓言。[2]另一方面,二妹子对李进的情感也经历了从欣赏到感激、从爱慕到依恋的转折。如二妹子归来之际看到李进为田家修缮房屋,又从小牛口中得知他不仅杀敌英勇,还会写字、插花时,不免流露出一种纯真质朴的好感;[3]又如二妹子被李进从地主恶霸手中救回以后,在感激之余的爱恋之情油然而生,不仅穿起了崭新的新衣衫,梳妆打扮迎接攻打蒋桥凯旋的部队,而且专门为李进绣好了黑色的布鞋、绣花碗袋、红五星手帕等手工制品。[4]

王苹在影片创作中既将李进与二妹子视为有担当使命与远大理想的革命青年,同时也承认了他们作为普通人寻常的情感诉求。除了男女主人公以外,王苹对于指导员在离别柳堡之际"回头"一幕的刻画,同样耐人寻味。在电影剧本交付审核时,"回头看姑娘"这一情景原先被要求删除,但王苹将之"捡回来"并进行了艺术化的处理,以此反衬出李进在行军路上踏步不回头的坚定革命意志,[5]这在军民关系政治化以外还赋予了一种更具有"人情味""生活感"的艺术表达。[6]

《柳堡的故事》还突破了1920年—1930年间以来普罗文学"革命+恋爱"的叙事模式。有学者认为,战士李进是革命队伍的代表和化身,如果说最初二妹子与李进初识时爱情还带有个人主义色彩,那么当二妹子说出自己被伪军逼亲的痛苦后,爱情得到了净化和升华,并且双方幸福的结局也取决于战争的胜利,政治因素成为爱情保障的唯一要素,而双方的性格、兴趣等这些因素则处于可以被忽略的地位。[7]但在笔者看来,二妹子对李进的爱情与她

---

[1] 张照富、严锴改编:《柳堡的故事》,吉林出版集团有限责任公司2012年版,第105~109页。
[2] 张照富、严锴改编:《柳堡的故事》,吉林出版集团有限责任公司2012年版,第195~199页。
[3] 贾霁:《动人的故事,可喜的成就》,载《中国电影》1958年第3期。
[4] 张照富、严锴改编:《柳堡的故事》,吉林出版集团有限责任公司2012年版,第189~191页。
[5] 宋昭:《妈妈的一生:王苹传》,中国电影出版社2006年版,第110~111页。
[6] 王苹:《〈柳堡的故事〉导演阐述》,载佐临等:《电影导演阐述集》,中国电影出版社1959年版,第159~161页。
[7] 尹鸿、凌燕:《新中国电影史(1949—2000)》,湖南美术出版社2002年版,第36页。

对于革命事业的热爱之间，已经不纯粹是一种简单的结合。无论是他们最初情感的产生，还是离别5年期间各自对于爱情的守护，其实更主要来源于人性的自然情愫，当然也少不了他们在平行时空中（留守柳堡/奔赴前线）培养起来的革命情谊与革命信念。二妹子在追求自由爱情的同时，还完成了政治身份的置换，即从"乡村少女"到"革命同志"的转型，影片结尾的称谓从无名的"二妹子"向拥有学名的"田学英同志"的变化，也意味着她将5年爱情的坚守，转化为对革命之家的认同，且从对部队的仰慕者发展成为与部队并肩作战的伙伴，[1]这也是自由爱情绽放浪漫之花的生动写照。可见，《柳堡的故事》通过对战时女性追求自由爱情故事的细腻化处理，可以为理解革命与爱情的关系提供裨益。实际上，二妹子对李进感情从隐性向显性的发生，与其在新四军的帮助下摆脱地主阶级的压迫密不可分，随后二人爱情的汇合，则又在柳堡完全赢得解放战争胜利的情境下，由此从侧面回应了近代以来女性解放与阶级解放、民族解放三者共生并存的命题。影片的这一构思，某种程度上也与解放战争时期王苹在宋之的奔赴解放区后，一度孤身坚守在上海配合工作，直至革命胜利后重新相聚的现实故事，颇有相互映照之妙。[2]

◆ [延伸阅读]

1. 宋昭：《妈妈的一生：王苹传》，中国电影出版社2006年版。
2. 张钦震主编：《艺术新声：王苹访谈录》，中国电影出版社2022年版。

◆ [实践教学案例选题推荐]

1. 从"发现女性"到"成为英雄"——迪士尼电影《花木兰》（2020）。
2. 从"校园女神"到"问题少女"：国产青春片中的女性形象与叙事转向——以《致我们终将逝去的青春》《后来的我们》《少年的你》为例。
3. 国产战争题材电影中的女性形象与性别叙事——以《风声》《金陵十三钗》《明月几时有》《那些女人》为例。

---

［1］周雪花：《"八一"厂女导演与"上海"情结——王苹电影中的阶级、革命与性别》，载崔志远、吴继章主编：《中国语言文学研究（2019年春之卷）》，社会科学文献出版社2019年版，第129页。

［2］宋昭：《妈妈的一生：王苹传》，中国电影出版社2006年版，第55~60页。

4. 都市情感电影与记忆史视野下"北京叙事"的流变——以《城南旧事》《北京，你早》《北京遇上西雅图》为例。

5. 市井与摩登：情感叙事中的上海图景——以《苏州河》《罗曼蒂克消亡史》《爱情神话》为例。

6. 母亲题材电影中的家庭叙事与女性话语——以《茉莉花开》《你好，李焕英》《妈妈！》为例。

7. 青春校园电影与文化重构视域下的现代爱情话语——以《盛夏未来》《我们的样子像极了爱情》《一闪一闪亮星星》为例。

8. "女性力量"重建乌托邦——《好东西》对新型两性关系的解构与新生。